均衡·包容·就近

城市基础教育的社会空间解析与规划

Equitable, Inclusive and Accessible
Socio-spatial Analysis and Planning of Urban Basic Education

毕 波 ◎著

中国建筑工业出版社

审图号：京S（2024）047号
图书在版编目（CIP）数据

均衡·包容·就近：城市基础教育的社会空间解析与规划 = Equitable, Inclusive and Accessible: Socio-spatial Analysis and Planning of Urban Basic Education / 毕波著. -- 北京：中国建筑工业出版社，2024.8. -- ISBN 978-7-112-30139-3

Ⅰ.G639.2

中国国家版本馆CIP数据核字第2024N27P21号

责任编辑：刘　静　徐　冉
文字编辑：赵　赫
书籍设计：锋尚设计
责任校对：赵　力

均衡·包容·就近
城市基础教育的社会空间解析与规划
Equitable, Inclusive and Accessible
Socio-spatial Analysis and Planning of Urban Basic Education
毕　波　著

*

中国建筑工业出版社出版、发行（北京海淀三里河路9号）
各地新华书店、建筑书店经销
北京锋尚制版有限公司制版
建工社（河北）印刷有限公司印刷

*

开本：787毫米×1092毫米　1/16　印张：14¾　字数：242千字
2024年8月第一版　　2024年8月第一次印刷
定价：**68.00元**
ISBN 978-7-112-30139-3
（42120）

版权所有　翻印必究
如有内容及印装质量问题，请与本社读者服务中心联系
电话：（010）58337283　　QQ：2885381756
（地址：北京海淀三里河路9号中国建筑工业出版社604室　邮政编码：100037）

推動教育公平

惠及萬羅眾生

序

　　中国基础教育中存在的不平衡、不公平问题历来是热点、难点议题，处理好量与质的关系、效率与公平的关系，离不开空间规划的作为。一方面，人口增速放缓、少子老龄化、区域人口增减分化等新的人口发展形势深刻冲击着教育资源格局；另一方面，从"有学上"到"上好学"的人群需求变化也长期考验着教育改革成效。城乡、地区、校际、群体之间的基础教育发展不平衡、不充分现象，反映出教育规模效益、选择规律与就近入学规范性目标之间的根本矛盾，需要空间规划的系统研讨。

　　从对"学区房"现象的关注出发，本书从规划视角提出基础教育资源空间配置公平性的问题。透过教育学、公共经济学、社会学等多学科研究融贯，总结不同层面教育资源配置效率与公平的矛盾原理；回顾不同时代从学校设施规划到教育空间规划的实践演进脉络，提出教育空间规划的总体目标与规划范式的多重转型，为社会系统规划提供思路。对北京城市就学分异格局的识别、东西方国际经验的总结，也有助于对支撑教育公平的空间规划路径形成更多的思考。其创新点具体在于：

　　首先，通过系统梳理规划在不同空间层面面临的效率与公平的矛盾原型、干预原则和方法思路，打破学科思维界限，提升空间规划对教育公平的认识。明确提出教育资源配置或具有可达性的空间公平并不等同于教育公平，在设施资源均等化配置、资源均衡分布之外，还需要理解教育内在机制，配套就学公平的政策规划，综合满足均衡、包容、就近的目标。

　　其次，系统梳理从单元空间到连续空间的空间公平评价，乃至离散设施的布局优化研究，为基础教育空间规划整理了一套更为完善的空间公平评价方法体系。在明确规划面临效率与公平矛盾原型、干预原则和方法思路的基础上，基础教育空间公平评价方法库的整理，为教育空间规划实践提供了较系统的技术支撑思路。相应的，对于北京特大城市就学空间格局，研究从补偿原则出发，借助相关方法详细描述不同分异维度的空间公平，解释了不同尺度的机会分布特征，也补充了评价基础教育空间公平的视角空白。

最后，在回顾学校规划实践演变、国内外学区及就学政策体系的基础上，以学区问题为中心，明确了有关教育公平的空间规划与政策规划之间的联系。在教育空间规划落实过程中，需要部门合作与政策配套，才能更好地推进教育公平。特别是学区制的建设，将有可能从简单的空间划分变为支撑基础教育均衡化发展的制度工具。上述三点结论在国内研究中均有一定的原创性。

教育是社会生态的建构雏形，涉及制度和文化的底层机制，空间上存在特定规律。相关规划知识与方法体系的研究需要适应新时代需要，迎接底层逻辑变革的挑战。在当前规划智慧化、治理平台化的创新背景下，无论是在基础教育的行政服务领域，还是在市场化、社会化改革方面，空间规划都将有更多可为之处，未来将通过协同努力，不断推进决策过程的科学化、民主化。

尹稚
清华大学建筑学院教授、博导
清华大学中国新型城镇化研究院执行副院长
清华大学城市治理与可持续发展研究院院长
清华同衡规划设计研究院创始人、资深顾问专家
2024年6月于清华同衡

前言

城市基础教育发展的不均衡、不公平历来是热点、难点议题,其中常见学校冷热不均、跨区就学、教育空间分异等现象。这对传统的设施规划思维构成挑战。从社会空间视角出发,本书融贯教育资源空间配置理论(为什么不公平)、空间公平评价方法(如何定义和识别不公平)和教育空间规划实践(如何应对不公平)的研究,指出从空间规划看待基础教育资源空间配置效率与公平之间矛盾的本质,以及空间规划干预城市就学问题的必要性和可行性。

基础教育空间规划涉及单元空间的教育资源再分配和连续空间的教育系统再组织,而不仅限于设施规划。在供给方面,规划在较大行政单元层面协调中央与地方、政府与市场的资源配置角色,在较小功能单元协调多供给主体的利益关系。在需求方面,规划在连续空间层面调解就学规模效益、就近入学,以及学校和社区多元性目标之间的客观矛盾。以不同尺度空间公平评价为技术支撑,搭建与政策制定配套的规划工作路径,构建均衡、包容、就近的就学组团。

首先,跨学科整理单元空间和连续空间的教育公平评价方法。基于北京三个尺度(市域、内城、近郊)的就学空间格局解析,和自由主义、平等主义两类代表性国家——美国、日本的就学体系经验反思,阐明基础教育政策规划的重要性。定义并识别北京不同区位和群体获得基础教育资源的差异,通过因子分析、相关性分析、问卷调查、访谈等方法,揭示出市域的"中心—边缘"分异、内城的"户籍—文化"分异,以及近郊的"收入—区位"分异特征。

其次,梳理学校规划实践的公平范式演变,和不同范式国家的学区制和就学政策经验,并结合国情,提出在现有规划体系中嵌入不同层面的基础教育空间公平评估，完善教育区划调整和就学政策设计的规划工作路径，组建数据平台、规划师角色转换的保障策略。

最后，提出以学区科学定位、合理空间化、厘清治理逻辑为核心的教育区划体系构建及就学公平政策建议。

本书受众面广、启发性强，不拘泥于抽象理论或具象实证，通过融贯的社会空间视角，为规划学、地理学背景的读者求解教育公平问题提供思路，也为教育学、社会学、公共管理学等领域的研究者拓展空间干预方面的思考。在打破思维界限的基础上，促进多方在相关决策中达成共识与合作。

目录

第 1 章　引言 / 001

城市基础教育资源配置不均的宏观背景 / 009
规划转型：从设施规划到基础教育空间规划 / 015
破解"学区房"问题：空间规划能做什么？/ 018

第 2 章　社会空间视野下的基础教育 / 025

社会空间思辨 / 026
制度空间：基础教育资源的空间配置逻辑 / 028
文化空间：基础教育的社会空间分异机制 / 032
物质空间：规模效益、择校与就近入学之矛盾 / 037
问题本质：效率与公平之必然矛盾 / 043

第 3 章　基础教育空间规划三角：均衡、包容、就近 / 045

教育公平与空间公平 / 046
程序公平与实质公平 / 051
实现均衡、包容、就近的充分就学 / 053

第 4 章　基础教育资源空间配置的评价与优化 / 055

单元空间的基础教育均等化评价 / 056

连续空间的学校可达性评价 / 069

离散设施选址与布局优化 / 079

第 5 章　北京市域、内城、近郊的基础教育社会空间解析 / 089

市域："中心—边缘"的分异格局 / 090

内城："户籍—文化"的分异格局 / 105

近郊："收入—区位"的分异格局 / 120

第 6 章　基础教育空间规划实践 / 137

学校规划：乌托邦时代、工业时代、后工业时代 / 138

4.0基础教育的社会空间规划：就学生态营造 / 150

自由主义范式：美国学区制与就学反隔离政策 / 156

平等主义范式：日本教育体制与就学公平政策 / 175

第 7 章　基础教育空间规划路径：制度、文化、技术 / 183

制度路径：学区制改革与促进机会流动 / 184
文化路径："就学—居住"一体的地方资本培育 / 190
技术路径：基于真实需求识别的有效供给 / 193

第 8 章　城市基础教育空间规划展望 / 197

规划对象：从空间实体到就学生态 / 198
规划方法：从单一理性到复合理性 / 199
规划角色：从技术工具到协作平台 / 200
结语 / 202

参考文献 / 207
后记 / 225

第1章
引言

城市基础教育资源配置不均的宏观背景

规划转型：从设施规划到基础教育空间规划

破解"学区房"问题：空间规划能做什么？

21世纪以来,作为重要的民生领域和社会可持续发展要素,基础教育发展进入深化均衡阶段,而区域、城乡、校际和群体之间的不平衡、不充分发展矛盾仍然突出,地理空间特征明显。

我国以首都北京为代表的超大城市,经济社会资源累积与人口虹吸效应显著,基础教育资源空间配置不均的问题典型。每年幼升小、小升初的升学季,有关"学区房"的新闻总会跃上头条,引发广泛热议(图1-1)。2014年起,教育部重申就近入学原则并试行学区制,是一种国际通行惯例,但对于优质资源供需失衡的大城市,却造就了"天价学区房";2016年起,由于"多校划片""六年一学位"等政策出台,房产与名优学校学位捆绑形成的高房价难以撼动。直到2022年起,受到人口、市场等结构性因素变化影响,部分"学区房"价格下跌,而学区标签依然抢眼。

其中反映城市基础教育资源空间配置的**不均衡、不均等**问题,有待系统研讨。

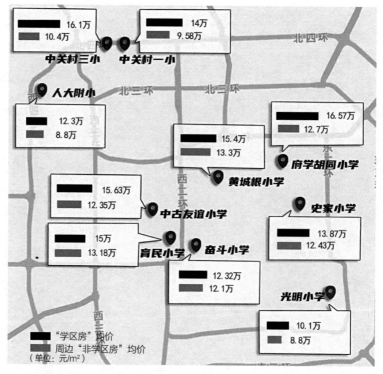

图1-1 近年来北京中心城区"学区房"价格地图
来源:根据中介房价统计自绘

● 不均衡：空间失配

区域、城乡、校际之间教育资源配置不均衡——表明经济和社会互动意义下资源"量"与"质"的空间供需失配，且"质"的失配问题更为突出。

譬如北京，近30年来外来人口增多、就学需求持续增加。但由于机构精简、撤点并校、保障不足等原因，基础教育设施总量在不断减少，而住宅开发远远快于配套建设，商品房竣工及销售面积大幅增加（图1-2）。代建政策中的逐利行为导致学校欠配、少配、挪用较多；保障性住房亦常见配套不足。

从"质"的角度，名优校密集的东城、西城和海淀区高地，与输出就学需求的外围新区、新城之间的基础教育质量落差明显（图1-3）。设施供需冷热不均：超大规模名校本部一位难求、扩张维艰；而新校空间使用率不

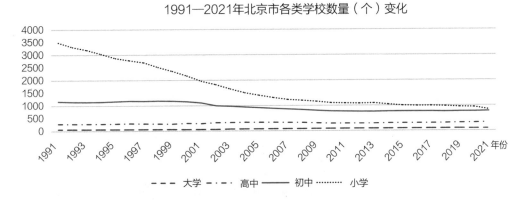

图1-2 北京市各类学校数量与住宅建成面积变化
来源：北京市统计年鉴

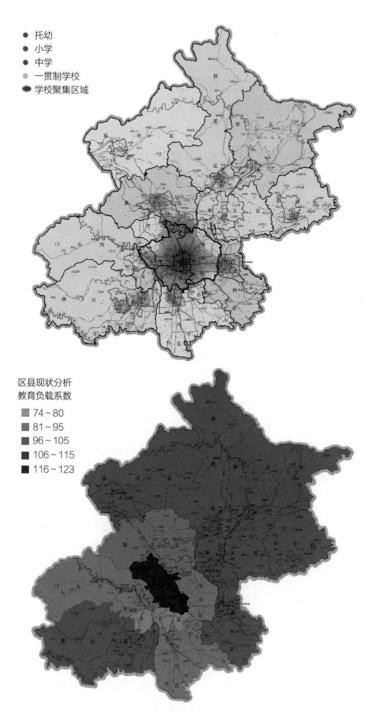

图1-3 2011年北京市基础教育设施分布密度与各区教育负载系数（教育负载系数=本地就学数/本区学生数，＞100%表示承担外区入学需求，＜100%表示输出入学需求）
来源：北京市基础教育设施规划

高、薄弱学校闲置,甚至在人口衰减地区出现一个人的学校,表明一系列的"学—住"空间分布不平衡。

一是**以房择校**。中上阶层家庭具有选择所偏好学校和居住区位的能力并影响房价,这加剧了教育质量在住房市场的资本化,形成相当于重点学校择校费的"学区房"溢价(Zheng,Hu,Wang,2016),进一步驱动重点学校周边的居住社会空间重构,从而形成教育绅士化现象(郑磊,王思檬,2014)。

二是**跨区通学**。调查显示北京中关村一半以上小学生就学距离已超过2km(余柳,刘莹,2011)。众多家长驾车接送子女上下学行为加剧了北京的交通拥堵和空气污染(Lu,Sun,Zheng,2017)。就近入学政策实施以来,北京城六区中小学生上下学平均出行距离仍分别有7.0km和6.4km,甚至长达10km以上(图1-4)。

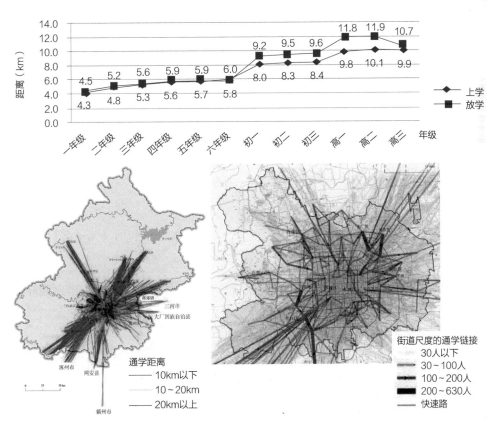

图1-4 (上)2015年北京城六区中小学生上下学平均距离 (下)北京重点中小学周边公交站点刷卡记录
(上)来源:2015年北京市就学出行调查报告
(下)来源:吴运超、易斯卿

因此，**就近入学是满足日常就学便利的法理原则，但一刀切的就近入学政策公平性存疑**。以住房和户籍作为入学权利依据，先赋性的条件差异就会导致教育机会不均。相对于大城市居住郊区化，中心区学校分布更为密集，加上人户分离，"学—住"空间不匹配现象普遍，划片入学与就近上下学并不完全存在关联。而重点学校倾向于突破学区限制，吸纳更多优质生源，家长也有追逐优质教育资源的扎堆倾向，导致多元的择校途径。

可见，在优质资源空间配置均衡的前提下，紧密联系居住区位与入学权利的政策才能促进就近入学；亦有必要允许一定程度的择校，例如通过空间与政策维度的共同作用，达成教育机会的合理匹配（图1-5）。

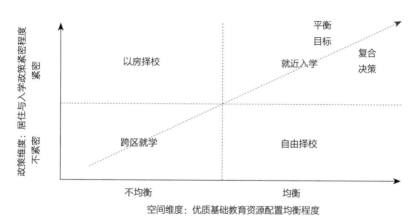

图1-5 空间与政策维度对城市就学的共同影响
来源：自绘

● 不均等：机会障碍

进一步看，**教育机会在不同区位、类别的住区、学校、人群之间分布不均等**——形成贫富、本地和外来人口教育机会的差异，凸显出城市公共价值和行动的缺失。

特别是外来人口就学需求不容忽视。过去30年北京市常住人口增量主体为外来人口，以婚龄青壮年居多。受"户口随父母一方""全面二孩"等政策影响，非京籍学龄人口稳步增长，非京籍在校生的占比却由近1/2下降到1/3（图1-6）。

城乡二元体制影响传递到城镇化体系顶端，出现外来儿童入学难、边

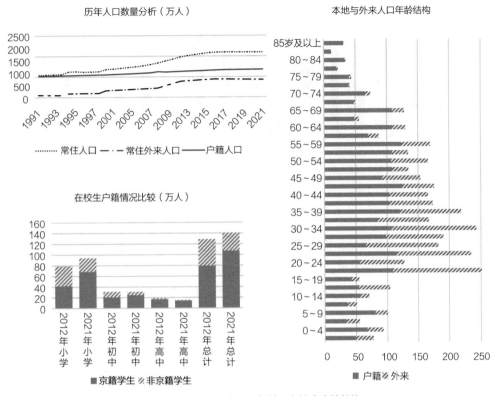

图1-6 北京市本地与外来人口变化、本地与外来人口年龄及在校生户籍结构
来源：北京市人口普查、北京教育年鉴

缘化等现象。在公共资源相对短缺情形下，外来儿童入学权利限制政策甚至有所强化。《北京市教育委员会关于2014年义务教育阶段入学工作的意见》要求非京籍适龄儿童提交"五证"❶等证明材料，导致非京籍儿童的升学信息采集人数减少，显示出从"以业控人""以房控人"到"以教育控人"的制度性障碍。

更为隐蔽的机会障碍来自教育的空间分异，包括居住分异和学校分异。不同区位、不同类别的住区和学校对应关系不同，形成了不同群体的不同入学途径，造成教育机会不均等。就宏观的居住空间分异而言，外来人

---

❶ "五证"一般包括：父母或其他法定监护人在京务工证明、在京实际住所居住证明、全家户口簿、在京暂住证、户籍所在地开具的无监护条件证明；"相关材料"未作统一规定，由各区县自行解释，某些地方甚至要求28证之多。

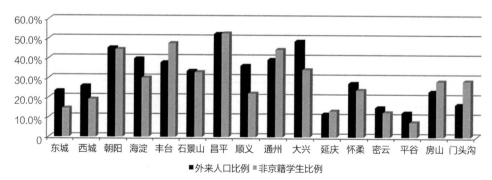

图1-7　2012年北京各区外来人口和非京籍学生比例
来源：北京市基础教育设施规划

口在近郊和城乡接合地区比例较高、核心区和远郊比例较低，非京籍学生主要集中于昌平、丰台、朝阳、通州和大兴等区（图1-7），而原有优质校与新建校、一般校分布呈"中心—边缘"格局。各区由于教育资源质量及外来人口集聚程度不同，形成客观的教育地理分异。

在住房、收入和户籍等维度上，微观的居住分异对不同群体获得教育机会，乃至教育成就差距产生影响。择校和聚居行为通过住房市场形成"群分"（sorting），即社会经济地位相近家庭的孩子接受同类教育，形成较封闭的交往圈（丁维莉，陆铭，2005）。优质资源集中的内城，出现教育因素驱动的绅士化（gentrification）（Wu, Zhang, Waley, 2016）；而在外来人口集聚的近郊，流动儿童就学空间受到挤压（郑童，吕斌，张纯，2011）。

学校分异，即学校之间的分异和学校内部的分异，对教育成就差距影响更为直接。三类典型的城市学校——公立学校、私立"贵族"学校或国际学校、打工子弟学校，直接对应不同群体的就学途径（Tsang, 2003）。重点学校吸纳尖子生，公立学校本地生源居多，私立学校则以高收入或外来生源为主。就学校内部而言，外来子弟学校的流动儿童的社会适应性和成绩不如公立学校儿童（Yuan et al., 2013; Chen, Feng, 2013）；公立学校内的流动儿童表现也不如本地儿童（Deng, 2010）。

相比其他城市公共服务，基础教育有加强居住分异乃至社会结构分层的特殊作用。考虑到住房市场传递资源配置格局及社会空间的"链化"效应，对基础教育资源空间配置的规划讨论不得不超越教育设施本身，进而关注教育活动的空间格局、机制及影响，补偿需要差别对待的弱势群体，特别是承担了经济社会发展代价的流动儿童。通过认识问题存在的空间性,以及空间解决问题的能动性,从而探寻系统出路。

城市基础教育资源配置不均的宏观背景

理解城市基础教育资源配置不均的致因,需要认识我国经济社会结构转型、基础教育体制改革、城市教育通道变迁及快速城市化的特殊背景。"学区房"是这些背景的缩影,显示出体制遗留和市场冲击作用的双重影响:一方面,过去效率优先的导向奠定了资源供给不均衡的路径依赖;另一方面,新的社会分层和空间重构又带来了就学需求流向不均等的现象。在城市发展过程中,教育分层就表现为地理空间的机会分布不均和社会分异。

● 经济社会结构转型

过去几十年,我国经济社会结构转型之特殊复杂,无法以西方城市理论涵盖。其特征是体制遗留与资本冲击并存,产生一系列正式和非正式的空间后果(Wu, 2016)。一方面,新自由主义范式带来了城市商品经济、土地与住房市场的繁荣和各类要素流动活力;另一方面,发展型国家机器(国家制度、职能与机构运作的企业主义)主导了大量城市资源配置。伴随大规模的工业化和城镇化进程,大量流动人口涌入城市,就业和住房限制等人口管制虽有所放松(Gu, 2001),但基础教育等城市公共服务的管制(比如外来人口的升学学籍限制)却一直横亘,形成以城乡二元制度传递到城市内部的权利鸿沟。碎片化的社会空间形态、分裂的公共服务体系普遍存在,如后单位制社区、商品房小区、城中村、外籍人社区等匹配了不同体系的基础教育服务。这是分析我国城市教育空间问题的特殊背景。

与此同时,两类因素交织主导了城市社会重构。伴随着社会经济发展,社会分层机制由体制主导转向体制与市场并行主导(Bian, 2002);其表现为身份制消解、非财产型向财产型标准过渡、贫富差距扩大、社会中心与边缘群体进入市场后的关系变化和新社会阶层形成（李强，2008）。一方面，收入因素上升，职业流动成为社会流动基础，住房产权对新分层作用突出；通过教育、专业技术提升职业地位，是中产阶层扩大的方式，也是从乡到城、从小城市到大城市迁居的途径（李强，2015）。另一方面，体制因素尚存，原有政治分层的身份地位由文化、权力、社会资本及户籍制度等传递、复制和转化，例如官僚地位对收入、关系网络、住房获得的影响（Bian, Logan, 1996; Duckett, 2001），以及户籍与升学权利挂钩等。这两类因素在阶层跃迁中复杂叠加，形成利益多元的社会碎片化形态（李强，2008）。譬如去特权化和内部分化的工人阶层（包括进城务工人员）、资本化的管理阶层、受庇护的工商业精英、地位模糊的知识阶层，以及成分不稳定且无共性的中产阶层等（Bian, 2002），不同阶层群体的教育通道显然不同。

● 基础教育体制改革

从供给方面，城市基础教育资源配置不均很大程度上受体制遗留因素影响。回顾我国基础教育体制改革政策：思路导向上，从追求效率优先到强调均衡公平；财政体制上，从中央集中管理到以区县为主；管理实施上，从取消重点、严禁择校、就近入学到"多校划片"，不断促进教育公平（表1-1）。然而，在"城市偏向""精英主义""重高轻基""重点学校"等制度设计下，资源配置不均的局面在短期内仍然不易扭转。

新中国成立初期，为集中力量快速培养人才，中央向城市地区倾斜资源投入。城市内部中小学等级的差序格局形成。早期的干部子女学校被称为中国的"伊顿学院"（Eton Colleges）（杨东平，2006）。由于特权通道引发不满被暂时取消，但也并未削减教育隔离（Bian, 2002）。同时，高等教育优先于基础教育作为财政支出重点，导致基础教育保障不足。继"文革"时期取消重点学校等简单追求教育公平的做法之后，改革开放以来的基础教育供给实际上延续了效率优先的原则，形成"以区县为主"的分权体制。许多地方为在人才培养竞争中占据有利地位，依旧采取集中力量办大事的方式，加强重点学校建设。1995年起各地重点头衔陆续取消，却多被"示范校"和"特色校"等名义替代，校际差距仍长期存在。

新中国成立以来我国基础教育改革主要政策汇总 表1-1

年份	颁布的法律法规	核心内容
1952	中央人民政府政务院颁布《干部子女小学暂行实施办法》	说明干部子女小学投资与师资部署标准及入学资格
1956	教育部党组发布《关于逐步取消各地干部子女学校的报告》	废止干部子女小学特权
1959	周恩来总理在人大常委会的讲话	集中更多力量建设一批重点学校
1962	教育部颁布《关于有重点地办好一批全日制中小学校的通知》	根据周总理指示,在全国范围内集中精力建设一部分"拔尖"的重点中小学
1978	国家教委颁布《关于办好一批重点中小学的试行方案》	在经费投入、办学条件、师资队伍、学生来源等方面向重点学校倾斜;形成国家级、省级、地级、县级的重点学校"层层重点"的金字塔格局
1985	中共中央会议通过《中共中央关于教育体制改革的决定》	逐步将基础教育的管理责任和权力下放至地方政府
1986	国家教委发出《关于在普及初中的地方改革初中招生办法的通知》,人大常委会颁布《中华人民共和国义务教育法》	逐步取消初中招生考试,推进义务教育阶段中小学生就近免试入学,但没有细则解释如何就近入学
1995	国家教委下达《国家教育委员会关于评估验收1000所左右示范性普通高级中学的通知》	重申和进一步实行新中国成立初期建设重点中学的政策
	人大常委会颁布《中华人民共和国教育法》	强调教育公平与教育的非营利性
1996	国务院办公厅转发教委部门《关于1996年在全国开展治理中小学乱收费工作实施意见的通知》	坚持就近入学原则,重点遏制大中城市"择校生"高收费问题,制止"条子生"和"关系生",捐资赞助必须自愿且不准与招生挂钩
1997	国家教委提出《关于规范当前义务教育阶段办学行为的若干原则意见》	在"免试就近"实行困难的大中城市,规范"择校生"录取与择校费使用
2006	人大常委会颁布《中华人民共和国义务教育法(2006年修订)》	倡导教育公平,从法律上取消重点学校,禁止学校在招生时征收择校费
2013	党的十八届三中全会公布《中共中央关于全面深化改革若干重大问题的决定》	统筹城乡义务教育资源配置,破解择校难题,促进教育公正
2014	教育部颁布《关于进一步做好小学升入初中免试就近入学工作的实施意见》	要求合理划定招生范围,落实就近入学原则,严禁小升初以考试方式选拔学生,推进学区制与教育均衡发展
2015	全国部分大城市义务教育招生入学调研座谈会	在教育资源配置不均衡、群众择校冲动强烈的地方,要根据实际情况,稳妥开展"多校划片"
2017起	北京、上海、天津、武汉、成都等城市义务教育入学新政颁布	以"多校划片"为主、"六年一学位"入学新政持续为"学区房"降温

来源:笔者整理

20世纪90年代以来，城市基础教育资源配置不均进入问题凸显期。城乡层面，户籍制度客观阻隔了城市外来人口的义务教育普及性。上海、深圳等特大城市试行"积分入学"政策，初步化解外来人口入学的门槛。城市内部层面，越是在大城市和中心城，资源竞争越激烈。单位共建、附属办学、教育地产等局域化体系埋下跨区就学和以房择校的隐患。2000年之后，有关义务教育入学政策合理性的讨论随之上升，就近入学是权利而非义务（朱家存，2001）；就近入学解决教育机会"量"的均等，择校才能解决"质"的均等（张淑锵，程宏宇，2001）。

● 城市教育通道变迁

从需求方面，教育的社会功能与社会分层密不可分。城市基础教育通道变迁与社会重构相对应，受体制和市场两类因素影响，因此不均等的结果有所强化。一种观点认为[1]，教育分层在我国将成为常态，在改革开放以来社会财富分层的基础上，后代依赖家庭先赋性因素（如优渥环境中的特长培养、校友网络关系、教育投资、捐款等）获得教育资源，从而转化家庭资本；高考制度对社会分层的防范削弱，底层家庭子弟通过教育竞争获得上升通道的机会减少。

这里简单说明我国城市公办和非公办义务教育的入学途径（图1-8）。公办的法定途径是凭学区内房产、户籍就近获得学位，资本化途径则是由择校需求挤入房地产市场形成的，此外还有少数共建、附属入学的特权途径。近年来"多校划片"、取消共建、严控择校等政策导向主要针对后两种途径，并稳固第一条途径，力图实现学区内户籍居民为主的就近入学。非公办入学不受生源居住地限制，法定途径是通过考试测评，资本化途径是缴纳择校费、捐资助学等。非公办学校对外来人口需求承载和教育多元化发展有重要作用，但整体上服务占比小、发育不完善且两极分化；原因在

---

[1] 见罗振宇《即将到来的阶级社会》："不要让孩子输在起跑线上"曾一度反映了教育功利观的前置，基础教育被看作为高等教育和就业储备竞争性的认知、能力、技艺等作准备。而近年来更流行的一句话"有些人不是赢在起跑线上，而是直接生在了终点"，却反映了认知、能力、技艺等都无法逾越的阶层鸿沟。

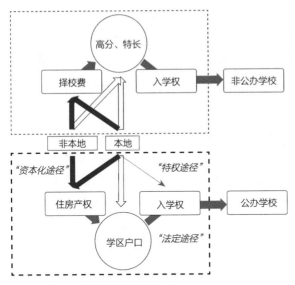

图1-8 城市义务教育入学途径归纳
来源：自绘

于过度强调政府责任、以高考为标杆的绩效评估单一、学龄人口基数不稳定、校际过度竞争且资金和政策保障薄弱等（谢锡美，2010）。

在市场因素影响下，城市家庭教育选择途径的资本化放大了资源配置不均衡的现象。20世纪90年代以来，择校热成为全球范围兴起的潮流（Musset，2012）。随着社会分化的加剧和教育市场化的冲击，城市新兴中产阶层家长的择校意识不断提高（Tsang，2003）。资源竞争通道也从权力地位部分让渡到了经济和文化资本。一方面，新兴中产阶层教育需求十分庞大，焦虑节点不断提前，私立学校、教育地产等方兴未艾；另一方面，基础教育供给体制改革滞后于社会结构变迁。随着重点制、单位制、共建制的瓦解，原有特权通道形成新的维护形式。尽管一部分高端的教育需求被私立"贵族"学校、国际学校等市场通道分流，前重点学校因经费投入、办学环境、师资配备等方面的优势仍然备受推崇（袁佩琦，2008）。

在体制因素影响下，原体制外家庭教育通道的边缘化放大了资源配置不均等的问题。改革开放以来，国家视野之外来自农村地区的城市流动人口主要依赖市场供给的社会服务；而国有企业下岗职工的福利保障多由单位移交政府（Wu，2002）。除了工作机会之外，教育是影响流动人口迁入城市的重要因素（杜鹏，侯佳伟，2006）。城市公共服务的社会化造成被动的基础教育市场化。外来人口就学主要依靠家庭幼儿园、打工子弟学校、民办寄宿学校等，这些学校无论在区位、环境、设施等硬件上，还是师资、办学文化、社会网络等软件上都很难与公立学校相提并论。城市新移民后代，特别是无房无户流动儿童的教育机会被潜在挤出，通过期望、话语、示范等文化再生产机制进一步加强不平等（李煜，2006）。

当前，基础教育供给体制中的政府和市场角色有待回归本位。当市场机制开始代替原体制内的资源配置，诱发的不均衡问题仍有赖体制资源缓解；而体制遗留的不均等问题却依赖市场解决，来自政府的干预较为薄弱。资源配置机制归位的讨论将涉及顶层设计。很明显，社会分层机制中的资本作用上升，教育市场化路径需要科学设计（陆铭，张爽，2007），以解决就近入学单一途径的政策困境。与此同时，基础教育的非公办通道需要拓展，以补充外来人口的就学服务供给，可以由政府放宽户籍限制并主导群体补偿。

● 城市化快速发展

在空间方面，国内数十年城市化的快速发展凸显了城市基础教育资源配置不均的问题。随着大城市建设规模扩张和人口增长，公共服务设施配套滞后，产生临时、局部和特殊的碎片化服务格局。除了社会分层之外，社会空间是社会公正问题的主要表现（李强，陈宇琳，刘精明，2012），反映出公共服务资源的分布特征。体制与市场因素下的教育分层，映射出社会空间（区域、城市、街道、社区、学校）的机会分布不均和教育空间分异（图1-9）。

在区域尺度上，"城市—农村""超大城市—中小城市"彼此割裂的四个世界反差鲜明（李强，王昊，2014），教育资源禀赋差异巨大。系统性不平等的矛盾传递到城镇体系顶端，形成根深蒂固的机会障碍问题。在城市尺度上，建成区的拓展加速了教育空间分异的出现。公共教育设施配置滞后于居住空间的增长和郊区化，边缘区出现两类典型的学校配置情形：捆绑名校分校开发的教育地产、外来人口聚居形成的打工子弟学校。由于教育活动的区位路径依赖作用，中心区优质资源大范围的实质疏解不易，造成空间失配。

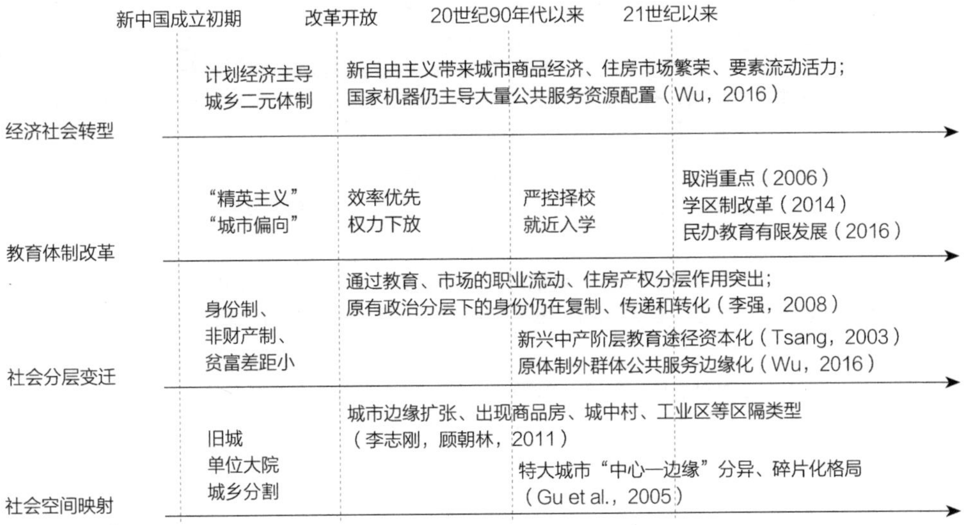

图1-9 我国城市基础教育机会分布不均与社会空间分异的背景变迁
来源：自绘

规划转型：从设施规划到基础教育空间规划

● 基础教育设施规划传统路径的不足

就空间上公平合理的分配基础教育资源而言，常规的设施规划路径面临一定的方法逻辑困境及检验困难（表1-2）。千人指标、服务半径等规范性指标，满足基本的技术要求，但难以触及问题症结或落实到位。例如，《北京市中小学校办学标准（2006）》和《北京市居住公共服务设施配置指标（2015）》制定并细分了设施规划标准，但对于全市小学约60%、托幼约50%不达标的情况，标准实施意义有限：中心区扩建难度大，外围质量提升难。而且，非公办、非正规学校的界定和标准尚不完善，遑论达标，因此缺乏保障扶持。

此外，规划对教育公平的实际问题关怀不足。重点学校取消之后，义务教育严禁统一测评排名，但所谓名校优校仍然存在。素质教育督导等官方评价方案关注素质教育，而对热点学校的追捧则来自升学口碑和房价。

城市基础教育设施规划一般工作路径　　　　　　　　　表1-2

规划阶段	工作内容
现状调研	调研中小学现状，获取学校布点、规模、班额等信息，确定城市发展方向、教委布局思路、学校发展意愿、居民设施需求等规划条件
人口预测	根据以往人口变化、城市居住用地拓展预测城市人口，按相关规范标准确定千人指标，得到适龄儿童需求分布数量（如通过应用队列要素法、人口预测模型等方法精确预测学龄人口数量）
布局规划	根据中小学配置标准和服务半径确定各校大概选址、用地面积和规模等（如应用GIS分析、选址布局模型等方法支持供需匹配和学区划分）；对比现状尽可能减少重复建设、满足各方发展意愿
建设实施	在综合分析基础上确定扩建、改建和新建的中小学数量、规模、区位等，保证满足未来发展需求，交由教委及其他建设主体实施

来源：根据文献（程萍，2014）总结

在优质资源短缺、"择校热"尚难平息的态势下，规划在硬件评价之外，如果很少涉及软件配置的公平范式及政策研讨，就容易陷入"就空间论空间"的困境。

● 基础教育资源空间均衡措施的现状

基础教育资源的空间均衡措施实质上由教育部门主导实施，包括学校标准化建设、扩大优质资源辐射、健全督导评价机制等，可分为跨区均衡、区内均衡和校际均衡三类（表1-3）。如2011年起，北京市教委试点"一体化学校""校网"，通过新建、改扩建、接收等方式增加200余所中小学，以缓解入学高峰供需矛盾；2014年起各区试行"学区制"改革、教育集团、"多校划片"，打造教育新地图。

尽管取得一定成效，上述措施只能促使局部点状均衡。市域层面决策存在短期偶然性，长效机制有待健全；区县层面情况差异明显，也缺乏统一、常态、易于解释、监督和评估的制度。在我国，"学区制"改革处于"摸石头过河"的阶段（王瑜，2015）。就近入学具体细则各地不同，学区划分缺乏决策依据和全局性考虑，存在政策滞后、替换性执行、缺乏信度和效度等问题（吴丹英，2011）。这对空间规划构成难题：学区与已有行政单元（如街道）、规划单元（如街区）的边界关系如何确定？学区制的概念到底是

北京市近年来均衡基础教育资源的主要举措　　　　　　　　表1-3

方向	措施	具体内涵
跨区均衡	城乡一体化学校	2011年起试行资源输出校区际结对，新建、续建、扩建校与本校"一个法人"一体化管理。两校区校长拥有同等人事、财务、教学安排、文化建设等方面权力；共享教学资源、教材、作业系统，统一校内考评系统等
	"校网"	教育薄弱区或学校与名优大学之间形成对点协作机制（University-School、University-District）。如2011年首都师范大学与顺义区展开合作；2014年23所在京高校与海淀、朝阳、昌平、丰台四区签署协议，启动附中附小项目。教育地产中的名校办分校也属于此类
区内均衡	"学区制"改革	各区对中小学分片划区管理，打破校际资源壁垒，组建强弱校联盟的教育集群。学区划分形式包括学校联盟、合作办学等，具体边界可与街道边界重合。一些学区成立日常议事机构，如羊坊店学区委员会，将学校负责人、社区、家长代表纳入学区管理中
	教育集团	整合优质校与普通校，以"教育大区"统筹校际资源，不一定涉及边界划分。如2014年东城区8个学区形成深度联盟、九年一贯制、大年级组制等；丰台区规划16个教育集群与20个教育集团，以各集团优质示范校带动质量提升
校际均衡	横纵结盟	通过"手拉手"、名校挂牌、一校多址等进行区内区间校际结对。横向措施有教师共研、活动举办、学生流动等；纵向措施有改革入学录取方式，如"小升初"一贯制、对口直升和电脑派位入学，扩大优质小学对口初中范围
	"多校划片"	通过多校联合划片扩大优质资源覆盖面，改变某一居住区固定上某一学校的局面。目的是兼顾就近入学和资源均衡，其具体操作标准不一，一定程度上平抑了中心区学区房价❶

来源：根据北京市相关政策报道整理

什么？是否应当统一划分学区？大城市公共服务设施配置研究有必要触及顶层设计问题（张敏，2017）。

此外，随着政府对基础教育均衡发展的重视程度和投入力度提高，各种教育新理念、新需求和新政策不断冲击学校布局思路，相关措施的教育空间公平影响还有待评估。譬如，新布局能否平抑短期的资源竞争、缓解供需冷热不均，或能否引导资源疏解、促进长期的均衡发展？亦有必要将资源布局与教育需求、投入产出、人群分异等因素挂钩，进行系统决策。

---

❶ 见《同衡城市研究|风口浪尖中的房价：再看学区房》：http://www.thepaper.cn/newsDetail_forward_1450242.

破解"学区房"问题：空间规划能做什么？

基础教育资源配置的诸多困境，引发对规划系统认识与干预路径的思考：破解"学区房"问题，空间规划能做什么？在城乡规划向公共政策转型的趋势下，应当秉承公平公正的价值导向（陈锋，2007；蔡克光，陈烈，2010），发展解决复杂问题的系统思维模式、整体性理论方法和政策工具（吴良镛，2001）。

作为事关民生的基本公共服务设施，中小学配置原理有别于医院、绿地公园、文体设施等，常见规划"**数量匹配易、质量均衡难**"，需要认识教育活动的内在规律。忽视其中规律，规划对教育管理实践的应尽职责就会受限。譬如在北京，中小学服务半径实际已超出社区或生活圈范畴。"城乡一体化学校""校网""学区制"改革、集团化办学、"多校划片"等政策的制定和实施，亟待科学的教育空间规划支持。

从质的角度，公平是基础教育的应有之义。空间上讨论的教育公平，不仅是设施布局的**数量均等**，更是服务覆盖的**质量公平**，这要求规划技术方法和公共政策上的双重转型。基于社会空间的辩证思维，从解读基础教育空间不公平的必然性出发——也是"学区（房）"存在的必然性，展开从认识、方法到实践的基础教育空间规划之出路探析。尽管在实操层面，空间规划主要针对设施布局，但相关的评价、预测需要综合制度、文化等多重要素，进而认识和应对更加复杂的社会空间不公平，也是空间规划的己任。

● 公平认识问题

如何理解教育空间及基础教育资源空间配置不均的规律？

什么是教育空间（教育活动存在的空间性）和教育空间所具备的制度和文化意义？认识教育资源（人力、财力、物力）分布、集聚和影响规律，从而定义教育空间规划内涵。

基础教育一般相对于高等教育和职业教育而言，包括幼儿教育（3~5岁）、义务教育（6~15岁）、高中教育（16~19岁）以及扫盲教育，是面向全体国民的素质教育，为终身学习和参与社会生活打下基础。本书综述与实证部分所论及的基础教育主要指以小学和中学为资源的教育。

从物质空间角度，基础教育资源空间配置涉及单元空间和连续空间两个层面：一是教育资源在地理单元（行政区、学区或学校）的（再）分配；二是教育系统的空间（再）组织：包括学校选址布局或关闭、生源区划分、决定教育行政区边界（本地教育局或教育委员会）、中小学组合、校车配置等（Malczewski, Marlene, 2000）。单元的教育空间即行政单元、学区、邻里和学校；连续的教育空间是以一定联系方式（路网）串联的供给（学校）和需求（社区）体系（图1-10）。

不同学科都讨论过基础教育资源空间配置不均的现象和机制。如经济学中的"蒂伯特群分"（Tiebout sorting）❶、政治学中的模式化不平等（patterned inequality）和非模式化不平等（un-patterned inequality）❷、社会学中的教育和居住隔离（educational/residential segregation）❸，关注单元空间之间或内部的分异或不平等；地理学中的公共设施可达性（accessibility）、规划和运筹学中的选址布局模型（location-allocation models）等，则关注连续空间点、线、面的格局差异和优化。

社会实践的物质空间之上，还存在容纳社会关系的制度和文化空间

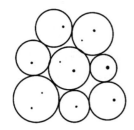 

图1-10　基础教育空间的单元空间和连续空间示意
来源：自绘

---

❶ 不同家庭根据对地方公共产品（如行政区范围内税收支持、提供给本地居民的中小学教育）的支付意愿和能力进入不同邻里社区的群分现象（Tiebout, 1956）。
❷ 模式化不平等是贫困邻里公共服务欠缺、富裕邻里拥有最好公共服务的格局，有时情况会混杂或相反，即非模式化不平等（McLafferty, 1982）。
❸ 出于种族、宗教、职业、生活习惯、文化水准或财富差异等原因，特征相似群体就学于特定学校或聚居于特定地区，不相似群体彼此分开产生的隔离现象。

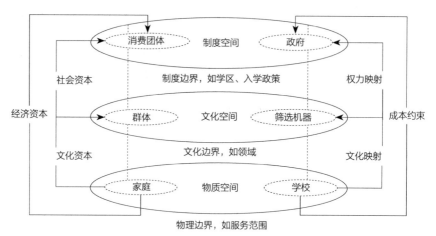

图1-11 基础教育空间的物质、文化、制度三重维度
来源：自绘

（图1-11）。技术上的成本约束形成制度空间（如学区），教育选择、文化上的排他策略映射形成学校和社区的文化空间（如领域），彼此强化（如共建制）或打破（如入学维权诉讼），共同影响学业成就，塑造不平等格局；教育的社会再生产功能反馈于文化空间和制度空间，进一步强化不平等。可见，除了学校布局，学区制构建、社区建设同样属于基础教育空间规划范畴。

回答这一问题意味着，以空间为落脚点，规划面临着来自社会学、经济学、地理学等海量依据的整合，大量社会因子纳入空间评价的方法革新，以及跨部门协作的公共政策制定。将不同空间层面规律相联系，认识基础教育资源空间配置效率与公平之间的必然矛盾及协调余地，决定着教育空间规划的工作内容和路径。

资源配置必然不均，教育空间规划应当秉承怎样的公平价值观？
基于对教育公平和空间公平认识的弥合，探讨基础教育空间规划的一般原则，以对接可能的教育空间政策。

教育公平层面，基础教育是调节社会分配初始不均、提高社会流动性与活力的重要再分配产品。一个国家的教育资源布局、学校规划实践、入学政策导向等都与"什么是公平"的共识密切相关，既受社会形态、文化土壤和福利制度影响，也随着时代价值观念和政治气候变化而变化。

空间公平层面，经典的规划理论，如"田园城市""聚居等级层次体系""邻里单位""生活圈"，都以学校为核心组织居住空间，将学校视为社区功能中心和社区规模的联系纽带，以体现就近入学、规模适宜、层级配置的人居伦理。新近的可达性模型工具的空间公平准则将均衡、包容、就近的原理权衡具体化。

不同层面主观或客观、抽象或具体的公平话语需要兼顾衔接。研究已经意识到，教育资源不等同于简单的教育投资（Roscigno, Tomaskovic-Devey, Crowley, 2006），学校设施可达性不等同于教育资源的可得性（Talen, 2001）；单纯以空间均衡、服务等距为原理的学校布局思路难以应对城市就学问题。对于空间公平而言，大多数规划师认同向弱势倾斜的补偿原则（唐子来，顾姝，2015）；而对于教育公平而言，除了物质空间配置公平，还应考虑文化和制度空间的资源配置公平，以实现更好的补偿。

● 公平评价问题

如何从单元空间和连续空间层面测度基础教育公平？

相对于顶层设计，从底层识别的角度支撑教育空间规划构建，探讨学区划分、设施规划、社区营造的合理机制，以及合理补偿的政策工具。

空间公平（spatial equity）测度本身没有固定的标准方法。对应物质空间的两个层面，空间公平的主要测度工具——可达性可表达为容器空间（container space）和连续空间（continuous space）两类，空间公平也就定义为单元空间上的资源分配的公平，和连续空间上的机会分布的公平（Talen, Anselin, 1998）。同时，离散设施的布局优化也属于连续空间范畴。对此相当多的方法衍生应用于绝对或相对的空间公平评价。

教育公平（educational equity）测度则较为困难，因为其影响因素和表征指标丰富多样。西方对教育公平阐释最多的概念是教育机会均等，即每个社会成员在受教育机会上受到同等对待。影响个体教育成就的因素就被称为"机会"，比如学校设施因素、就学环境因素、家庭心理因素等（袁敏，2010）。除此之外，与空间有关的学校隔离、居住隔离，以及就学可达性也是机会的影响因素。

那么，如何测度基础教育空间公平？空间公平可以评价单元空间上基础教育资源分布的公平、连续空间上不同群体就学机会的公平；教育公平的评价则应纳入影响个体教育成就的社会因素（如个体特征、人群分异）。从空间到人，在不同方法拣选、综合和改进的过程中，寻求符合价值、接近现实且可操作的评价方案。

以北京为例，如何定义和识别基础教育空间公平？

相对于北京已有的教育资源和设施分布评价，有必要联系补偿原则进行教育空间公平评价。从测度"哪里有什么"转为描述"谁获得了什么"，以更精准地识别不同区位群体获得基础教育资源的差异，理解教育空间公平的格局和机制。

考虑到北京作为社会经济转型的超大城市代表，体制与市场因素并存且在不同地区作用程度不同，基础教育资源分布明显与社会空间特征有关。有三类典型的基础教育服务格局：错配的内城（mismatched inner city）、资本化的郊区（capitalized suburbs）和外来人口集聚的郊区（migrant suburbs），将评价研究分为街道、学区、学校三个尺度，在不同空间尺度进行相应的教育空间公平评价探索。

具体而言：街道层面，基础教育资源除"量"以外"质"的分布状态如何？与社会空间之间存在哪些对应关系？学区层面，与学校邻近是否等同于资源可得？生源分配机制是怎样的？学校生源分异与学区居住分异的关系如何？学校层面，实际就学可达性的公平性如何？不同模型模拟的就学格局是怎样的？这些解析为理解超大城市真实的教育资源配置格局提供参考。

● 规划路径问题

空间规划能对基础教育空间公平做什么？

从纵向的时序发展维度，有必要梳理从学校规划到教育空间规划的演进脉络。经典的规划理论蕴含了学校布局均等化和均衡化的思想，其中以邻里单位影响最为深远。而进入工业化时代，学校规划被简化为技术工具，未有突破性的理论进展。标准规范有助于快速实现物质空间的基本均等，对于缓解后工业时代涌现的各种社会空间矛盾意义减弱。从标准改进、分区规划、需求调查到多种可达性工具及GIS模型应用创新，学校配置问题的综合性凸显，因此贴近真实需求的做法成为主流。从学校规划到教育空间规划，更多考虑到"家—校"或"住—学"关系，并恢复早期人本主义对规划背后社会制度的关注。

从横向的国际比较维度来看，有必要明确规划是在怎样的政策环境下发挥作用。教育空间规划概念超越学校规划之处在于涉及教育体系的政策规划。大体来看，国际上存在自由主义和平等主义两种教育公平范式。前者允许甚至鼓励择校，并提高弱势群体的选择能力，以美国为代表，公私并存、高度竞争、实践丰富的教育市场形成穷人滞留公立学校、富人集中私立学校的局面；而通过政府提供教育券等措施，实际上提高了低收入家庭的福利水平。后者则以标准化和普惠性的公立教育体系为重心，芬兰、法国、日本等国发展较好，具有较为均衡的区域经济和人口基础、较为完善的福利制度和占财政支出比例较高的公共教育投入。

学校区位和师资组合形成不同质量资源的空间配置，不仅是技术合理性问题，也是规划公正性问题（周俭，钟晓华，2016）。对于我国地区资源禀赋差异巨大、公共教育支出长期不足且市场化改革有限的现实，未来秉承怎样的教育公平范式和制度体系需要相当的共识，也应当落实到空间层面。教育空间区划调整，是教育空间规划无法绕开的问题，需要不断论证和检验。教育空间规划的方法路径，也需要不断探索和修正。

以北京为例，应当搭建怎样的基础教育空间规划路径？

在阐释基础教育空间公平认识与评价方法的基础上，解析北京案例格局特征，提出因时、因地制宜的规划路径，以形成原则思路、政策逻辑、技术策略和验证机理等方面具体成套的建议。比如，从设施规划到教育空间规划，应当形成怎样的认识转型？纾解城市就学问题，应当赋予规划怎样的职能角色，嵌入怎样的规划任务？应当构建怎样的教育空间区划体系框架，配套怎样的技术方法和政策工具？等等。

规划研究基于调查实证见解和预测，将理性知识转化为解决问题和指导行动的策略（顾朝林，等，2015），为北京构想基础教育空间规划可行的工作方案。一方面，基于理论梳理和经验评价来总结规划转型思路，涉及物质空间背后的社会制度构想和创新，探讨有关学区制改革、就学政策设计等问题。另一方面，根据基础教育空间公平评价，明确策略体系。单元空间层面已有各类教育均衡发展和均等化建议，连续空间层面也不乏具体的评价创新；而将教育公平追求系统落实到空间上，综合实现规模均衡、弱势补偿和就近入学，需要专门的规划研究。

第 2 章
社会空间视野下的基础教育

社会空间思辨

制度空间：基础教育资源的空间配置逻辑

文化空间：基础教育的社会空间分异机制

物质空间：规模效益、择校与就近入学之矛盾

问题本质：效率与公平之必然矛盾

社会空间思辨

● 空间生产与社会空间

空间生产与社会空间理论,为认识基础教育资源配置不均问题的现象、本质及纠正提供哲学基础。作为一种认识论,空间是一套解释人类行为的重要系统。空间生产理论(the production of space)认为,"空间是社会实践的产物":空间是社会生产力、生产资料和生产关系的一部分,也是被社会所生产的;社会空间(social space)是人与周围特定空间环境之间连续的双向互动,是物质空间之外的"第二自然"(Lefebvre,1974)。空间具有承载人类生产、消费等活动的作用,也具有社会关系再生产的"社会性";而社会关系又有存在于既定空间、生产与之相适应空间的"空间性"(Lefebvre,1991)。

列斐伏尔(Lefebvre,1991)用空间实践(spatial practice)、空间的再现(representations of space)、再现的空间(representational space)阐释了物质、精神、社会三元辩证的空间观:空间是社会关系的载体,体现社会建构的逻辑;又是社会再生产的产物,映射社会体系运行发展的结果,具有建构和改造社会的能力。哈维(Harvey,1973)也强调空间形式(spatial form)与社会过程(social process)的互动:"空间形式不能被看成社会过程发生中的无生命东西,而是'容纳'社会过程的事物","一旦一种特定的空间形式创造出来,它就试图常规化,并在某些方面决定社会过程的未来发展"。社会空间表达社会后果,也表征和影响内在的社会关系。

这种辩证的社会空间观,提供了理解教育资源空间配置问题的基础,也表明了空间规划认识教育活动内在规律的必要性。社会空间视野中的教育应当是社会活动而非物质设施,空间规划应当跨学科地理解教育资源空间配置机制、格局及其影响,将教育经济、社会、地理等研究纳入原理之中。

● "社会—空间"辩证法与空间正义

相对于早期的社会空间观,在后现代大都市危机背景下提出的"社会—空间辩证法"(social-spatial dialectics)更强调空间反作用于社会的能动性。生产方式服从于人们的劳动目的,直接决定社会关系与空间关系,两者之间又存在辩证的交互作用(Soja,2009)。简而言之,空间既是社会实践和社会关系的结果和产物,又是社会实践的重要前提和中介,具有建构社会关系的再生产功能。人们与周围环境持续相互适应,不断调整、修改、影响着空间以满足需求并反映自身价值。

基于此,"空间正义"(spatial justice)肯定了规划纠正社会问题的必要性。作为一种社会产物,空间性(spatiality)是对社会关系和社会行为的预先假定和具体化,是社会干预的手段和结果,因而是定义、解读乃至纠正社会公平和正义的重要维度(Soja,2009)。城市危机中的地理不平衡、公共空间私人化、资源分配不公平、文化排斥、种群隔离、城市贫困等,是经济剥削、文化统治和个人压迫的一部分,也是维护和复制社会非正义的一部分(Soja,2009)。从领地正义(territorial justice)、不平衡的地理(uneven geography)、环境正义(environmental justice)、公正城市(just city)到城市权利(the right to the city)等,空间正义已嵌入诸多概念,用于审视城市中的政治斗争、社会极化、环境治理等问题,说明空间不公正是人为的,也是可以改变的。应当有策略地运用社会空间思考与研究,加强制度、文化、公共政策与城市空间关系的研究,赋予空间平等的话语权。

作为对社会空间现象的批判性解释,"空间正义"强调了社会正义的空间性,有助于形成更大范围的社会行动。在这个意义上,城市规划不只是空间布局安排,更是确保资源和机会在空间上公正合理分配的政策平台。以社会空间思辨为基础,空间规划能够超越技术、深入政策层面探讨社会公平,将不同层面规律相互联系以理解现象与本质,形成从原理到实践的逻辑链,能激发有别于传统思维的探索,支持空间规划对教育公平的独立追求和作为。从社会空间视野出发,以下基于对教育空间制度、文化与物质层面的解析,梳理基础教育资源配置逻辑、空间分异,以及效率与公平的矛盾关系,为社会工程思维的规划干预寻求方向。

制度空间：基础教育资源的空间配置逻辑

● 地方与中央关系："空间俱乐部"与蒂伯特模型

在公共经济学视域下，就长远的公益性而言，基础教育可被认为是纯公共产品。而从公共服务的两个特征——"非排他性：人人均可享用；非竞争性：一个人的消费和受益不会影响其他人"来看，以公益性认定基础教育的属性是理想化的。基于教育类型划分、资源要素分解，以及对教育活动时空表现的观察，以学校为载体的基础教育具有混合的产品属性（宋官东，韩雪，2013）（图2-1）。从学校内部来看，多种产品属性并存：公众产出与共享的知识和人才作为公共产品，既非竞争也非排他；某些设施短时间被学生单独使用，既竞争又排他，具有私人产品特征；而介于中间状态的资源，如一定时期对外开放的绿地景观，具有非排他性和竞争性，则属

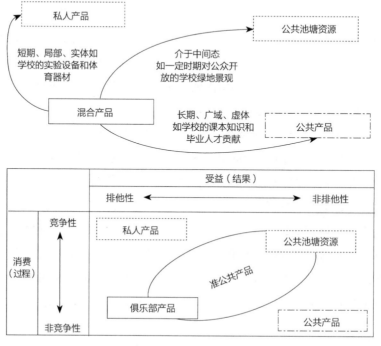

图2-1 学校教育的混合产品属性
来源：根据文献（宋官东，韩雪，2013）改绘

于公共池塘资源（common-pool resources）❶。

从学校外部更大的范围来看，中小学是一种准公共产品，或称为俱乐部产品（clubs goods）❷。学校服务随着距离衰减形成圈域，其中的成员对学校服务的消费过程属于非竞争，但在受益结果上对范围之外的群体排斥，无法完全实现非排他性；而基础教育必须由学校这一空间实体实现，学校与其服务的社区因而成为一种"空间俱乐部"。准公共产品受益的排他性是技术或成本问题（布坎南，1993），这在空间上表现尤为典型：就服务的距离衰减而言，任何一种公共服务设施都是准公共产品。大多数俱乐部通过价格壁垒排除或进入一个社区（布坎南，1993），通过建立使用者付费的"围墙"来降低公共服务社会化供给的成本（赵燕菁，2015）。这种价格壁垒恰好解释学区这样的制度原型，这是理论上"空间俱乐部"供给的公平方式。

因此，税基支持的学区划分是必要的。蒂伯特（Tiebout，1956）最早假设由地方政府和税收支持的地方公共品市场，以美国学区制为现实代表，由房地产税支持本地行政区范围内的教育设施和服务，相同能力和偏好的居民用脚投票迁居相同的社区。具体的模型假设有：①为避免居民和税源流失，地方政府具有为社区提供居民意愿数量和质量服务的动机；②相比集中体系，地方供给形成家庭与公共服务支出更好的匹配；③家庭通过公共服务支付能力和偏好在社区间分层，形成以需求为特征的一系列隔离（segregation）；④公共品支出的不均等恰好反映偏好和品位差异；⑤当本地住房供应情况固定，公共服务的数量、质量及其税收支出会在房价中资本化；⑥鉴于税收、公共服务质量和房产价格相互联系，业主具有监督地方组织效率和产出的强烈动机。

然而，该模型可以预见明显需要纠正的后果，特别是由支付能力差异导致的社会空间分异，即"蒂伯特群分"。上文的假设①和②，说明群分具有激励学区竞争、提高教育公共品供给效率的潜能，但容易导向假设③中

---

❶ 公共池塘资源（common-pool resources）概念由美国行政学家奥斯特罗姆（Ostrom）20世纪90年代提出，是人们共同使用整个资源系统但分别享用资源单位的公共资源，难以排他但可以个人享用。

❷ 俱乐部产品（clubs goods）的概念于20世纪60年代由美国经济学家布坎南（J. M. Buchanan）提出，介于公共产品与私人产品之间，是为特定会员提供的物品和服务，其最大特点是非成员不能享受。

社区间以收入、种族、文化等为特征的分异。假设④、⑤、⑥中地方公共教育支出和质量与偏好、收入、税收挂钩，其循环累积因果效应产生高度的社会不平等，进而引发空间外部性问题和长期效率损失。群分的好处被公共服务不均等分布和社会空间分异所抵消。由于辖区间的溢出效应（inter-jurisdictional spillovers），即一个社区公共品供给会影响另一个社区，教育服务的溢出辐射及均等分布问题与整体利益相关，更大的劳动力市场和国家公民必然关心教育（Tiebout，1956）。而教育隔离引发一系列负面的社会经济政治问题在现实中屡见不鲜；过大的教育乃至收入水平差距也不利于长期经济发展（陆铭，陈钊，万产华，2005）。

可见，基础教育公共服务无法完全由地方供给。蒂伯特模型隐含了自身难以纠正的问题，表明效率与公平之间应有的权衡。以地方为主供给基础教育的制度原型是合理的，但必然要求中央政府从更高层面进行均等化干预。而研究表明，中央对弱势地区的转移支付，有利于人力资本积累和经济动态增长，但会同时降低地方激励和长期的补贴收益；过度或不科学地追求均等化有害教育资源的有效利用，甚至与公平初衷相违背（陆铭，蒋仕卿，2007）。这意味着教育空间规划，在制度层面，是一个以空间单元为依托、资源分配在中央与地方之间不断权衡的组织框架。框架之合理基础需要以地方❶为主，建立相对独立的教育财政体系以保证效率，同时中央适度补贴教育落后地区权衡公平。

● 政府与市场关系：集体消费与教育选择模型

与此同时，学校教育还具有集体消费❷的性质，"由于制度成本过高而必须大部分借助强制力才能供给"（赵燕菁，2015）。西方马克思主义理论认为，集体消费是资本主义生产社会化与剩余价值私有化矛盾的产物；而政府供给不可能打破"供给成本"社会化与"所得利润"私有化的循环，其

---

❶ 地方是作为行政主体、具有空间实体边界的学区（单独划分）或区县（已有行政单元），第6章以美国和日本为例阐释中央和地方之间的"效率—公平"权衡问题。

❷ 集体消费概念由卡斯特（Castells，1978）最早提出，是"就消费过程的性质、规模、组织和管理而言只能是集体供给"的公共物品。如公共住房、医疗、教育、满足社会闲暇的公共设施等。

中生产和消费的双重逻辑共同作用于社会分化与不平等(蔡禾,何艳玲,2004)。一方面,公共服务边际成本提高将导致税收过高、通胀乃至经济衰退,在公共支出不足的情况下,缺乏替代选择竞争能力的低收入者将最先遭受损失;另一方面,社会结构由生产性阶层决定,同时被各种消费集团所塑造,形成集体消费的私人化(privatization),从而对低收入者造成排斥。本质上,这种矛盾不可调和,地方学区要么在均等化补贴下搭便车,要么在完全竞争下两极分化;个体也是同理,要么在高度竞争下逃离公立学校,自掏腰包形成质量更好的私人市场,要么在公立教育系统大量补贴下投入意愿越来越小,威胁产出效率乃至公共税收。可见,政府难以完全实现教育资源高效配置,甚至可能妨害均等化;排斥市场的不良后果——无论是公共投入减少还是集体消费的私人化,都会由低收入者承担。

人们通常要为享有优质资源付出相应的成本。只有结合政府和市场付费渠道的基础教育供给体系才有公平可言(陆铭,蒋仕卿,2007)。考虑择优和同群效应(peer effects)❶的教育市场模型(Epple, Romano, 1998)指出:公私立学校并存且充分竞争的地区,以能力和收入区分生源且学生成就受自身和同群影响,私立学校有动力通过奖学金吸收高能力学生,特别是来自低收入家庭的,从而提升生源质量,并吸收更多教育需求强烈的高收入家庭生源及学费,形成富人补贴穷人的机制,从而提升穷人获得优质资源的机会。这样,私立学校有更高的竞争动机和资源配置效率,同时服务高收入高需求和低收入高能力的学生,公立学校职能则是提供普适的大众教育,这在提升整体资源配置效率的同时也有利于追求公平。

因此,政府职责除了建立标准化普惠性的公立教育,完善财税分权模型下的学区制建设之外,应当在一定程度上引入教育市场机制,鼓励校际竞争,提高弱势群体选择能力以促进教育公平,比如从"补砖头"转向"补人头",建立择校券、住房券和奖学金等制度,给予低收入家庭子女更多进入高水平学校的机会。西方国家20世纪70年代以来公共服务供给理论思潮的演化,实际上指向地方与中央、政府与市场不同供给主体关系的调整。

---

❶ 指的是同学之间相互作用影响学生成就。首先,学生按能力分类,高能力的学生提高学校同学(peers)的成就;其次,家庭根据收入分类,更高收入的家庭对教育成就需求更高,形成"物以类聚、人以群分"的局面。

那么，在单元空间层面，教育空间规划调解制度语境下的效率和公平矛盾，在识别资源分配均衡性和均等性的基础上，在较大行政单元理顺地方与中央、政府与市场的关系，较小功能单元协调多供给主体的利益关系。

文化空间：基础教育的社会空间分异机制

● 从家庭到学校：社会再生产与同群效应

经济学指出教育资源的空间配置逻辑及其潜在、必然的分异后果，社会学则指出教育分异的内在机制和社会不平等的根本来源，也就是教育资源优劣的本质。在教育社会学视域下，教育是社会再生产（social reproduction）❶的关键机制和实践领域。家庭是人的第一所学校，学校是整个社会的缩影。学校教育究竟是社会筛选的机器（冲突主义）还是阶层流动的途径（功能主义），一向是争论热点（陈彬莉，2007）。而随着功能主义趋于保守，对学校教育促进阶层流动的平等化作用的乐观逐渐消解（方长春，风笑天，2008）；学校教育更倾向于被认为是前者。教育不平等的必然性，根植于社会经济的不平等（Bowls，1989）。

在家庭领域中，由于存在语言符码（language codes）的阶层差异，家庭教育通过微观的日常沟通实践复制不平等（Bernstein，1972）。伯恩斯坦（1972）发现，中产阶层家长通常使用疑问句启发孩子，而工人阶层家长更多使用祈使句命令孩子，造成不同阶层后代学习兴趣、认知、未来工作主动性乃至收入的差异，进而在代际之间传递社会地位的不平等。此过程对布迪厄（P. Bourdieu）的社会再生产理论作出了微观解释，也就是冲突主

---

❶ 阐释资本主义社会关系如何再生产的一大类学说，以韦伯（Max Weber）、涂尔干（Émile Durkheim）和马克思（Karl Marx）为代表，关心教育延续阶层不平等的作用、教育附加于个人经历的意义、种族主义的原因和后果、结构性决定因素与社会实践的关系、个人在文化层面的自治机制、意识形态的作用、社会流动性（social mobility）的文化障碍等。

义最具代表性的观点。布迪厄指出文化资本（cultural capital）的存在，阐释了"教育是阶层再生产（class reproduction）的机制"，即不同阶层后代通过获得不同学术成就，来实现社会各场域中行动者（个人或团体）占据不同位置的继承性传递机制（Bourdieu, Passeron, 1977）。再生产的属性，使得教育空间对社会身份构建、排他化、极化等不平等关系的作用循环加强。

这种机制下，学校教育与阶层、种族、性别、社会集团等区分对应，为不同群体获得身份特征、个性品质、职业地位提供意识、技能和知识，使社会经济的不平等合法化，从而成为传递不同行动者位置的隐蔽场所。教育通过空间化形式对结构性的社会关系进行再生产，形成社会权力作用的领域（territoriality）；领域化行为包括属地划分、边界沟通和强制执行可进入的规则（Sack, 1986）。领域边界包括实体的物理边界，更包括无形的文化边界，如通过情景、认同、习惯、规范等建立同群意识（如家长择校过程中的学区意识），或通过法律、规范、行政手段等维系身份识别（如基于户籍和房产的就近入学政策），形成资源垄断并再生的排他性领域。学生在文化意识上能够抵制权威，但改变不平等的效果甚微（石艳, 2010）；拓殖理论（colonization）认为，学生对学校空间的拓殖式使用，把不属于他们的学生排除在外（吉登斯, 1998）。不同群体克服领域边界障碍的能力不同，导致获得教育资源的不同。城市流动儿童与农村留守儿童、城市公立学校内外流动儿童的认知差异、"学区房"代表的"群分"等都是领域的表现。

学生乃至家长抱团的同群效应早已得到实证支持。成绩=f（学生家庭环境，同龄同学质量，教师质量，班级规模）的教育产出函数表明，学生学业成就不能完全归于个人努力和天资高低，除了家庭环境之外，最重要的因素就是学校师生影响（奥沙利文, 2008）。著名的"科尔曼报告"对美国"二战"后教育机会均等影响因素的评估也表明，校际差距对不同种族学生有不同影响，但造成学习水平差异的原因主要不是学校物质条件，而是学校内的社会因素（Coleman Report, 1969）。这意味着"近朱者赤，近墨者黑"，学校的"好"很大程度上是因为学生优秀且相互之间产生积极影响，由此形成路径依赖，继续吸引高水平生源和师资。不过，学校真正的"好"不能在于争夺优质生源和师资，而在于帮助学生克服出身带来的学业进步障碍（马晓强, 2006）。

况且，随着家庭社会经济地位的提高，学生教育的成就更依赖于家庭而非学校。"科尔曼报告"还指出，越是白人中产阶层，越倾向于不依赖学校教育而通过家庭资源提高自身成就，越是黑人贫困家庭，受学校环境的影响程度越大。我国也有类似的研究表明，城市学生成绩受家庭社会经济地位的影响大于农村学生，而农村学生成绩更归因于自身学习行为（李忠路，邱泽奇，2016）。我们看到，**教育均等化的行动仅仅依托于学校的困境，以及将学校与家庭相联系的必要性**。均等化不仅要着眼于学校，更要关注其所服务的家庭乃至邻里，譬如种族因素，或在我国影响显著的收入、户籍因素等（李爽，2011）。学校与家庭之间的多重关联，就成为教育空间规划的视野突破口。

● 从邻里到学区：邻里效应与机会地理

古人云："孟母三迁"，邻里环境对子女教育的影响不言而喻。一定程度上，今天的择校等同于择居，选择接受良好的邻里人、事、物影响。居住地点的空间变换与转移即居住迁移（residential mobility），与家庭生命周期密切相关（Rossi, 1995），同时塑造个人经历与邻里特性（Coulton, 2012）。子女教育可谓影响家庭迁居的最重要因素之一（Clark et al., 1983）。家庭按其偏好和能力迁入不同邻里的分异，正是生命周期、种族、收入等社会经济特征分布的空间表达。属性相近的居民流入相同相近的邻里，无论是主动选择还是被动滞留，都会强化群体社会分异乃至空间隔离（刘望保，等，2008）。

居住空间特征对居民态度和行为的影响，也就是邻里效应（neighborhood effect）。这一概念最早源自对美国城市贫民区（ghetto）的观察（Wilson, 1987），失业率高、薄弱的条件限制了机会选择，整体趋于贫困化，人们日常生活在这种环境，就形成不同于主流社会的价值规范。邻里效应主要机制包括：①公共服务影响居民福利，其中学校质量尤其重要；②成人教育水平影响儿童的社会化过程；③同龄人之间相互影响，青少年犯罪群体更可能把不犯罪者拉入；④接触犯罪、暴力等会增加儿童精神创伤；⑤人际网络影响社会支持和经济机会的获得；⑥与工作和公共交通的距离也影响工作的获得（Ellen, Terner, 1997）。实证表明，邻里在社会互动(social interactive)、环境(environmental)、地理(geographical)和制度(institutional)四个方面影响个人健康与发展(Galster, 2010)。公共服务特别是教育在邻里效应中扮演重要角色,且邻里影响的重要对象在于青少年。

进一步看,邻里效应借由机构资源、群体社会化两方面影响未成年人,公共服务质量影响他们获得机会,家长观念和同龄群体交往则影响他们的社会化(Jencks, Mayer, 1990)。研究表明,邻里的居住隔离直接影响或通过学校隔离间接影响不同种族成绩差距(Vigdor, Ludwig, 2007)(图2-2)。需要特别关注居住部分,尤其是家庭观念和同龄人交往对青少年的期望影响。以美国为例,暴露在更少资源、更差教师、更负面社会环境及更衰败的物质空间中,学生期望更容易受抑制、职业预期更差且终身收入更低(Kozol, 1991)。对贫困的保障性住房邻里中青少年群体成长的多年跟踪研究指出,分层的期望(leveled aspirations)是再生产机制最可悲的影响:当青少年个人成就的期望受到家庭和同龄人环境抑制,认为自己不可能实现某些成就,很大程度上就会受到动机束缚而复制父母的职业路径(MacLeod, 2018)。对于我国,实证也发现社会经济特征、家庭教育、同龄人交往、机构资源等影响青少年成长的多种邻里特征(孙瑜康,袁媛,2014)。可见,教育空间的对象必须从学校扩大到邻里。

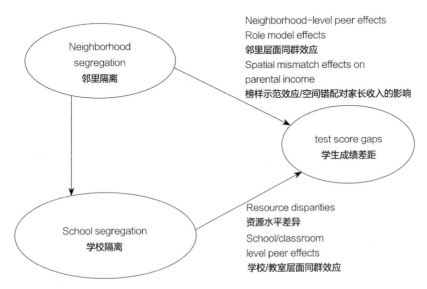

图2-2　邻里和学校隔离对学生成绩差距的影响
来源:Vigdor, Ludwig, 2007

再生产机制从家庭、学校、邻里乃至更大尺度的社会空间机制与效应研究，形成了"机会地理"（geography of opportunity）的专门概念：人们可得的资源在某种程度上是由他们居住的地方所决定的（Briggs，2005）。它强调两个前提，一是在哪里居住对于获得资源至关重要；二是家庭对于在具有良好机会的地方居住具有不平等的选择能力（Galster，Killen，1995）。在美国种族与税基因素叠加的背景下，由地理偶然性（accidents of geography）和出生（birth）决定一个人受教育的质量对于自由主义的公平也是有害的；机会地理描述了机会增长和多样性分布的因素和后果，特别关注地理对教育成就、就业、安全、健康方面的影响，以及如何在政策和价值层面回应挑战（Briggs，2005）。其中，教育被认为是改善邻里、减少机会剥夺的主要手段，获得良好的教育机会可能是地理均衡中最重要的机制之一。实证表明，经济和居住隔离强的地区流动性较弱，而教育质量更好的地区具有更好的经济流动性（Chetty et al.，2014）。

在欧洲，作为相近概念的教育地理（the geography of education）和教育空间（educational space）更关注文化和政治因素，将地理学的文化转向（cultural turn）与教育学的空间转向（spatial turn）相互联系。比如学校和社区隔离、择校中的空间因素、地区教育因素比较、就学距离对学生表现的影响、教育绅士化等（Brock，2013）。其中，教育绅士化是"学区房"的相关现象之一，即教育偏好影响下中产阶层习性❶的空间化表达，也是空间隔离的一种策略：通过语言、观念、符号等形成被自觉或不自觉接受的象征性暴力（symbolic violence），具有更为隐蔽和需要纠正的排他性。此外，这一概念从虚拟网络、数字公平、时空背景等理解教育现象，拓展了教育空间的范畴，比如教育枢纽（educational hubs）、数字鸿沟（digital gap）、各种场所的非正式学习（informal learning）等，因为教育与地理协同的本质是，发生于学校内外网络上的信息流（information flow）（Symaco，Brock，2013）。从西方起源的教育地理研究，从不同空间尺度关注教育空间联系，增加教育活动及供需问题的空间认知，加强教育公平的社会空间解释（杨颖，孙亚玲，孙俊，2016；罗明东，2006）。

---

❶ 按照布迪厄的定义，习性（habitus）是存在于性情倾向中的一种生成性能力，占据相同社会位置的阶层具有相似的习性，通过品位、个性、标志、消费乃至空间偏好等反映。

文化视域更新对教育空间的认识，也表明教育空间公平的挑战性。**家庭教育选择不可避免，学校是扩大社会再生产的场所，意味着教育资源配置不均几乎是必然的**；学校内同群效应（或学校隔离）、社区内邻里效应（或居住隔离），以及择校、政策、空间因素下的机会地理共同影响教育成就差异，从而影响教育空间公平的评价逻辑和干预路径。由于空间可达不等同于资源和机会可得，需要运用社会空间的理论方法测度复杂的教育空间。由于教育资源和机会布局优化是系统问题，也需要社会空间的实践性指明教育空间规划方向，探索配套入学、住房、交通等政策的综合措施。

物质空间：规模效益、择校与就近入学之矛盾

● 教育规模效益与就近入学之矛盾

从供给角度，与产业规模效益的规律相似，质量越好、等级越高的学校一般规模越大。教育经济学的探索命题之一，就是以最少资源投入达到最大学业成就的最优教学单位规模（和学新，2001）。从经济效率角度看，适当增加学校规模，有利于提高教育经费效益、班级规模效益，节约人力资源与生均成本（申美云，张秀琴，2004）。实际上，我国中小学校规模从改革开放以来呈现不断扩大的趋势，过去是由于适龄人口增加，2000年以后则是政策制定者追求规模效益所致（李祥云，祁毓，2012）。有研究也验证了学校规模分布体系的"齐普夫法则"（Zipf's law）[1]（卢晓旭，等，2011），即多数需求集中于少数学校的事实。

不过，教育规模效益也存在边际效益递减，追求规模效益需要兼顾成本问题和对学生发展的影响（路宏，2006）。就产出成效而言，大体量学校往

---

[1] 幂律的一种，由美国学者齐普夫（G. K. Zipf）于20世纪40年代根据词频分布定律提出，即统计一篇较长文章中每个词出现的频次，按照高频词在前、低频词在后的递减顺序排列，并用自然数给这些词编上等级序号，频次最高的词等级为1，频次次之的等级为2……频次最小的词等级为D。

往带来大班额和低师生比,不利于个体发展。从教育关照度❶来考察,小班教学更有利于提高教学互动效果和学生积极性,15人以下班级的学生成绩会显著提高(图2-3)(和学新,2001)。著名的美国田纳西实验也验证了小班教学的优势。1985年起,田纳西州持续开展研究低年级小班教学对小学生的短期和长期影响的项目,证实了STAR(Student-Teacher Achievement Ratio)项目提高师生比对提高学生成绩的积极作用。该项实验结果也成为州议会拨款支持小班教学的依据。从进一步考虑教育公平的角度,小规模学校尤其适合贫困或少数族裔社区、分散居住的偏远地区,以避免集中办学带来的长距离通学、学业和社交等负面后果(杨颖,孙亚玲,2017)。

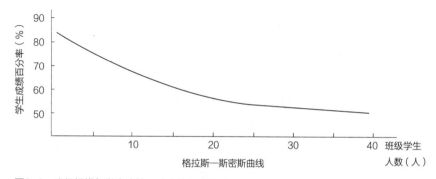

图2-3　班级规模与学生成绩百分率的关系曲线
来源:和学新,2001

教育规模效益与产出成效、教育公平之间的矛盾,也反映出空间布局上规模效益与就近入学规范性目标之间存在天然矛盾。学校质量越好、规模越大、生源越多,如果学生居住地匀质分布,必然吸引更远处的学生,引起就学成本上升。均衡的教育资源布局要求合理的就学规模,但就学规模并非随着人口规模线性增加,按人均理念配置资源的逻辑与客观规律相悖;合理规模本身也应权衡规模效益与产出成效之间的矛盾。规模效益要求资源集聚(同时带来更多社会融合的可能),而就近入学要求一定程度的布局分散,就必然需要因地制宜的、动态的布局调整平衡。实际上,除了考虑成本收益,就学规模还与不同地区人口、经济、交通等条

---

❶ 教育关照度=[(周上课时数×上课单位时间)/班级编制标准]/60,假设教师对每个学生关照度相等,大班级学生得到的平均关照度比小班级要少(和学新,2001)。

件有关（杜晓俐，王贵福，2000）。在村镇和偏远贫困地区，集中式和分散式的学校布局各有优劣（赵民，等，2014）；人口迁移背景下，经济效率、空间覆盖度与就学规模之间的矛盾凸显（周家祥，2016）。

● 择校联系与就近入学之矛盾

从需求角度，学校与家庭之间联系复杂，学校（规模、绩效等质量因素）、家庭（择校能力、偏好等社会经济特征因素），以及入学政策约束共同影响的择校关系影响就学格局。不同家庭的择校偏好体现在学校师资、升学率、成绩排名、办学特色、头衔、口碑上；择校能力体现在对住房和交通的支付水平及社会资本上；实际的择校又被不同社会经济背景下的入学政策所约束。不引入约束，学校绩效、招生范围内及家庭的社会经济特征等影响对学校的选择和居住选址，进而影响就学距离和潜在的出行方式（Easton, Ferrari, 2015）。一方面，更好的学校吸引距离更远的就学家庭。即使服务设施布局均衡覆盖，优质教育资源仍呈现向高收入、高学历家庭集聚的趋势；质量不均使得设施实际服务半径大多超出规划意图（沈奕，2011）。"重点学校"也会设法突破划片限制吸纳更多优质生源，从而产生多元的择校动力（周群力，陆铭，2009）。

另一方面，家庭社会经济特征与上更近还是更远的学校之间关系是不确定的。比如，对西弗吉尼亚小学可达性在不同居住密度和社会经济地位（Socio-economic Status, SES）居民中的分布公平性研究表明，出行成本与SES关系不完全一致（Talen, 2001）。对谢菲尔德优质小学学位竞争对招生范围的影响研究发现，由于富裕程度与居住密度呈相反关系，富裕邻里的就学范围更大，而贫困邻里就学范围更小（Easton, Ferrari, 2014）。另有研究分析固定因素（年龄、性别）和随机因素（就学距离）对就学出行选择的影响，验证就学距离是出行方式选择的关键因素，并发现社区和学校的社会聚集程度影响就学距离，白种英国学生就学距离在所有族群中最短（Easton, Ferrari, 2015）。对香港儿童就学机会与出行方式的关系研究发现，相对于距离，个体变量更能解释绝大部分出行方式的变化；邻里因素虽不是决定性的，但会影响可得学位数量（Loo, Lam, 2015）。从家庭角度出发，择校影响因素复杂，不一定全部选择就近入学。

在公共服务设施可达性研究范畴中，就近入学问题尤为特殊之处是与特定的入学政策（区位因素）有关。不同政策背景下，学校质量影响居住区位的选择、房价和社区分层的方式不同（Brunner，2013）。

大体上，一类是录取不考虑或部分考虑住址的择校政策（school choice），以英联邦国家、美国部分州的私立、公私合营学校为代表；择校切断学校质量与区位的联系，改变家庭选择社区的方式，潜在影响房价和社区分层，而就近只是考虑因素之一。以英国诺斯威克（Northwick）为例，择校政策导致区间生源流动性增强，内城学区最具渗透性，中产阶层和农村儿童最不可能进入本地以外的学校（Parsons，2000）。择校背景下的生源分配受到区位因素（邻里声誉、与最近好学校的距离等）和非区位因素（学校成绩、生源构成、学生贫困程度等）影响，贫困儿童上好学校的机会低于非贫困儿童，区位因素对此发挥的作用显著（Burgess，Briggs，2010）。透过择校政策，距离仍然影响家长择校，并会强化不平等的就学格局：荷兰、丹麦等国宗教自由和私立学校盛行，有限择校的学区制下学校隔离比居住隔离更显著；伦敦按住址与学校距离排序的择校政策强化了居住隔离和学校隔离（Hamnett，Butler，2013）。

另一类与我国的就近入学政策类似，是录取条件受到居住地限制的邻里学校（neighborhood schools）政策，以"学区制"或"校网"划片入学为主，普遍适于公立学校，部分择校地区部分时期也有这种倾向。就近入学将教育选择传递到住房和社区选择，直接影响房价和社区分层。教育资源分配格局往往与居住空间一致，被区位（如居住分异、房价高低等）反映。就近政策下，居民根据能力和偏好选择居住区和地方公共品的机制比较明确（冯皓，陆铭，2010），已有诸多研究证实优质学区在房地产市场的溢价（胡婉旸，郑思齐，王锐，2014；郑磊，王思檬，2014）。受控制房屋、楼盘、区位等因素影响，北京市区重点学区二手房分别溢价18.4%和5.4%（哈巍，吴红斌，韧哲，2015）。学校口碑挂钩附近房价，意味着严格的就近政策是按家庭社会经济地位分配入学机会，可能加剧不同收入居住群分。由于学校质量影响学生认知水平、个人收入、人力资本积累等，学校周边邻里环境影响成就差异、种族特征等，不同学区的教育差距就由学校和邻里特征共同反映（Hanushek，2013）。因此，类似于美国学区制的地方公共品溢价回收机制有助于资源均衡配置（王轶军，郑思齐，龙奋杰，2007；郑思齐，2012）。

以上家庭、社区与学校之间的复杂联系，反映出空间上择校联系与就近入学格局之间存在不确定性的矛盾。即使入学政策要求就近，就学格局中仍存在择校因素影响。调查显示，多数北京市中小学生家长、学校领导、教师对择校持赞同态度，择校有利于充分开发优质教育资源并弥补经费不足（胡咏梅，等，2008）；37.4%的北京市就学家庭宁可远也要上优质学校，导致质量不同的学校冷热不均（徐碧颖，周乐，2014）。那么，不同家庭的学生不一定选择最近的学校，宁愿去远一点但更好的学校，就学需求实际上是不确定的。家庭择校的影响因素包括教育质量、生源质量、择校费用、设施条件、离家远近、邻里环境等；就学出行方式的影响因素包括距离、家庭社会经济特征等，在特定入学规则或条件组合下，表达出复杂的就学格局。在合理满足各类需求的前提下，追求相对公平和就近，就需要充分调查，通过模型介入、规则改进等进行综合的布局调整及政策优化。

● 就近入学的空间影响因素与影响

除了规模效益、择校联系及入学政策的宏观影响，建成环境因素对就近入学也存在影响。对活跃通学（active commuting）[1]相关因素，包括家校距离、家庭收入（即私人交通所有权）、安全顾虑，以及父母对慢行和家庭时间表的考虑等的研究发现，城市形态（urban form）对就学出行方式选择有直接影响，或通过父母观念产生间接影响（Stewart，2011）。比如，邻里道路交叉口与尽端路口密度是中学生步行率的重要预测因素（Schlossberg et al.，2006）；提供安全性、可达性、愉悦性和多样性的新建城市街区道路能够促进就学可步行性（Gallimore，2011）。在城市化程度高的邻里选择步行通学的可能性更高（Kemperman，Timmermans，2014）。此外，作为内因的个体和邻里社会经济特征对活跃通学也起重要作用（Stead，2011），如邻里安全感知（Timpero et al.，2006）、社会经济水平和融合程度（Aarts，2013）等。在功能混合、布局紧凑、路网密度高、安全性好的城市化邻里，积极主动的就近入学情况更好。

就近入学的法理正义在于：满足日常生活便利，有益学生身心健康，

---

[1] 也称主动通勤，指主动选择步行、骑行等有益于健康的非机动化出行方式。

对教育成就有直接或间接的正面影响。对西弗吉尼亚小学可达性研究发现，就学距离与三年级小学生成绩之间有显著的负相关关系（Talen，2001）。对我国台湾乡村地区初中可达性研究发现，交通障碍对初中生学习成就有负面影响，且对贫困青少年的负面影响更大（Lin et al.，2013）。在满意度、睡眠时间、社会交往和身心健康等方面，就学可达性间接影响学生教育成就。上海市实施就近入学政策后，小学生普遍反映考试压力减小，睡眠时间大为增加（傅禄建，1997）。学校具有密切师生和家长交往的天然功能，而距离邻近能够强化学校、家庭与社区之间的社会联系，提高社区的教育参与度。基于美国公立学校与社区发展的相互影响，公立学校就适于作为联系社区社会经济发展的工具（Chung，2012）。

相应的，长距离、机动化就学通勤负面影响颇多。在英国学校规模扩大、郊区化、择校立法的趋势下，学生从家到学校的平均距离随着机动出行比例提高而增加，引发儿童体力活动下降与肥胖等公共健康议题（Easton，Ferrari，2014）。在美国郊区化蔓延、学校大规模化和择校趋势下，学生积极通学比例从47.7%降至12.7%（Mcdonald et al.，2011），伴随着邻里步行环境恶化，儿童肥胖率增加，这一后果为社会活动家们所诟病（Beaumont，Pianca，2002）；非积极通学使得儿童步行机会下降、心血管健康和日常活动水平更差（Davison et al.，2008）；也造成社区学校衰退、交通堵塞与空气污染、邻里社会关系淡漠（Sharp，2008）、物业价值降低以及新学校建设税负增加等后果（Kuhlman，2010）。无独有偶，我国北京小学生活跃通学比例从2006年的80.06%降至2014年的45.22%，步行比例降低了近35%（汤优，等，2017），也引发了儿童体力下降、肥胖（沈晶，等，2019），以及交通拥堵和空气污染（Lu，Sun，Zheng，2017）等诸多问题。

就近入学的诸多好处，是规划、交通、公共健康以及政策领域持续倡导步行就近入学的主要理由。然而，这些好处以教育资源均衡分布及学校和邻里的社会多元性为前提。全局上的就近入学与教育供给中的规模效益、教育需求中的择校倾向之间存在本质矛盾。这也是需要从社会空间长期介入基础教育规划的原因。

问题本质：效率与公平之必然矛盾

从社会空间视野出发，制度空间的基础教育资源配置逻辑、文化空间的基础教育社会分异机制，与物质空间追求就近入学格局之间的矛盾，反映出教育领域效率与公平之间本质上的必然矛盾，需要对不同空间语境下的矛盾调解回应。

从空间供给角度，学校服务本质上是俱乐部产品，建立使用者付费的"围墙"才能降低社会化供给成本，那么，蒂伯特模型假设地方财税分权、用脚投票的空间市场是高效的。但它本身隐含了公平隐患，一是由支付能力差异导致群分；二是辖区间存在教育收益的外溢，需要更高层级的政府干预。中央转移支付有利于公平，但会同时降低地方激励和补贴收益。需要以地方为主保证效率、中央补贴权衡公平，但过度追求公平将损害资源的有效利用。

与此同时，只有结合政府和市场付费渠道的教育供给体系才有公平可言，公共教育是集体消费的典型代表，供给成本社会化与所得收益私有化的本质矛盾不可调和。政府职责边界一是建立标准化普惠性的公立教育；二是引入市场并提高弱势群体选择能力。西方国家20世纪70年代以来公共服务供给理论思潮的演化，如福利国家、新公共管理理论、"第三条道路"、新公共服务理论等（高军波，苏华，2010），实际上指向的是地方与中央、政府与市场不同供给主体关系的调整。

那么，就单元空间而言，规划调解制度语境的效率和公平矛盾，在识别单元分配均衡性和均等性的基础上，**在较大行政单元理顺中央与地方、政府与市场关系，较小功能单元协调多供给主体利益关系**。一个基础教育资源配置公平的空间系统，是区划结构合理、主体关系协调、资源流向平衡的系统。因此，以单纯技术方案推进空间公平不是规划问题答案的终点。有关教育区划集权与分权的程度、引入市场供给的比例、学校与社区教育责任的调解等教育制度性问题也都有必要纳入教育空间规划范畴，作为重要的组成内容。

从空间需求角度，学校与家庭之间联系复杂。学校是扩大社会再生产的场所，家庭教育选择也不可避免。这决定了教育资源配置不均乃至教育不平等的必然性。除了学校质量与家庭社会经济特征因素之外，与空间有关的同群效应（即择校、学校隔离）、邻里效应（即择居、居住隔离），以及受入学政策（就近入学或择校）和空间因素影响的就学可达性共同影响教育成就差异，从而影响基础教育的社会空间公平评价逻辑与干预路径（图2-4）。

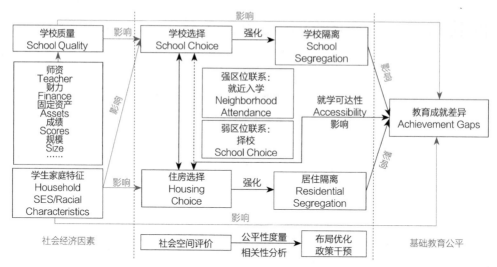

图2-4 基于就学需求的基础教育空间影响机制总结
来源：自绘

　　理论上，影响链条具体包括：①学校质量（包括种族隔离程度、教师质量、早期教育等因素）直接影响教育成就，家庭社会经济背景与学生成就直接相关（Hanushek，2014）。②社会再生产理论表明，学校是家庭资源转化为后代文化资本的场所（Bourdieu，Passeron，1977），学校质量是家庭择校的重要因素；在择校和同群效应存在的情况下，学校隔离影响教育成就。③教育作为一种区位资源是家庭居住迁移的重要驱动因素（Clark，Onaka，1983），在不同入学政策下（就近入学或择校），家庭对学校和邻里的选择影响迁居决策；出于居住选择和邻里效应，居住隔离影响教育成就。

　　那么，就连续空间而言，规划同时调解技术与政策语境的效率与公平矛盾，综合平衡学校教育供给规模效益，家庭教育选择需求动态不确定，与就近入学、学校和社区包容性（或指规模与距离适宜度）规范性目标之间的矛盾。就近入学天然有益，空间公平是以往规划技术的关注核心，但即使各个就学组团达到完全均衡的状态，也仍然存在教育选择和隔离带来的教育结果不公平，以及包容性、多元性的丧失。并且，无论在就近入学原则还是择校政策的影响下，教育选择都会强化就学和居住隔离，不利于教育成就差距减小，对教育隔离的纠正是追求各种就学条件均等之外的独立目标。可见，教育空间规划不仅涵盖在识别真实需求的前提下，优化供给效率、综合布局调整的技术，也必然涉及就学机会公平的政策设计。

第 3 章

基础教育空间规划三角：
均衡、包容、就近

教育公平与空间公平

程序公平与实质公平

实现均衡、包容、就近的充分就学

教育公平与空间公平

● 教育公平

　　从理想的角度，教育公平的价值在于普及社会化必需的知识技能，保障社会延续和人人享有社会流动的机会。其经典释义是美国教育学家科南特（Conant）的教育机会"起点—过程—结果"均等三阶段论，公平体现在就学机会和条件、教学内容和互动、学业成就和日后生活三个方面（吴康宁，1998）。而从现实的角度，教育公平只能是"一种永远不可能完全实现的社会理想"；"教育机会均等"实际上是"教育机会不均等的减少"❶（Colman，1975）。这不意味着投入"相等"的资源，而是在"公正"原则下对不同需求的投入有所"不等"。这契合罗尔斯（Rawls）的公平观❷和对实质公平的重视。

　　教育机会均等的推进是循序渐进的，在不同社会发展阶段下侧重不同。美国社会学家科尔曼（Colman，1975）回顾指出，家长制的前工业社会没有这一目标出现；工业社会中，这一目标等同于创办公立义务的大众教育；对于社会主义者，教育机会均等是为不同出身儿童提供同样的教育；而自由主义的教育机会均等是学业成就的结果均等❸。针对种族隔离背景，科尔曼特别指出，学校种族融合是一个独立于教育机会均等机会之外的目标❹，

---

❶ 科尔曼认为，无论从投入还是结果来讨论教育均等都有弊端。当学校投入极其微小时，均等的存在没有意义；当投入极大时，由于人与人自身素质条件的差距，某些儿童要达到理想的教育成就可能需要比别人更大的投入。投入资源的均等难以反映均等的真义，而以产品来界定均等又不具有实操性。

❷ 罗尔斯的公平三原则即平等自由、机会公正平等和差别原则。差别原则尤其体现"补偿性"。

❸ 比如，学业成就是美国教育政策，尤其是关注平等问题的NCLB（No Child Left Behind Act）最为关注的焦点。不同于我国强调义务教育公益性而弱化成绩导向，如取消考试、禁止公布学生成绩、严禁排名等，美国在增加教师和学校竞争性、公立学校选择、强制学生测试等政策问题上都突出了对成绩的重视。

❹ 原文是："The aim of racial integration of our schools should be recognized as distinct from the aim of providing equal opportunity for educational performance. To confound these two aims impedes the achievement of either."

从而影响了美国学校"隔离但平等"（separate but equal）信条的废除历程。学校种族、阶层等方面的隔离在伦理上是不平等的，客观上也导致教育成就差距的扩大。学校教育隔离应被予以多元、包容目标的纠正，这与居住隔离和平等关系的多重模式判断❶不同。

就规划价值而言，教育公平是不均等程度相对缩小的过程，而非达到绝对的理想状态。这与时代和社会背景密切相关，有很强的实践性，可予以细化和操作。在公正城市（just city）范式中，规划理论家费因斯坦（Fainstein, 2010）提出有别于优先关注城市经济的传统视角，基于公平性（equity）、民主性（democracy）和多元性（diversity）的框架，指出社会公正先于经济增长的目标价值❷。她同时强调，场所的社会多元性（阶层和种族的异质性）代表社会公平；城市应为不同阶层和种族的人提供更多可能共处的空间（Fainstein, 2005）。这也契合追求社会融合的教育公平价值观，并关注资源均衡配置之外的教育空间分异问题。

不同制度语境具有不同的社会公平范式，福利国家、新自由主义国家、多元主义和公正城市有各自的公平模型（表3-1）。不同模型下的空间公平认知不同，对应的空间政策重点不同；空间公平的界定、评价和效用也相应不同。利益如教育资源，是特定语境下的集体需求，通过主动参与的民主或公平导向的专家意见识别；对不同利益的重新分配是追求规划公正的高级形式和政策重点（Campbell, Fainstein, 2012）。由于空间是社会资源事实性的分配维度，教育机会均等指向空间上分配资源的结果公平，以及教育空间分异的合理纠正。作为教育空间规划的工作基础，空间公平评价是教育公平的重要支撑，不仅需要明确空间上的利益识别原则，也需要结合特定范式下的社会公共政策，以通向资源的重新分配。

---

❶ 藤田（Fujita）在《Residential Segregation In Comparative Perspective》比较了全球11个案例城市的居住隔离空间模式，比如北京属于"高度分离和不平等"，即隔离是不平等的因素；哥本哈根则是"隔离但平等"，历史上的居住隔离被国家福利抵消了不平等效应，此外还有"中度隔离且不平等""聚集不平等"和"聚集平等"等模式。

❷ 尽管没有专门的讨论篇章，费因斯坦在书中特别指出教育资源配置对于公正城市的重要性。

城市公共政策中的公正构想——普遍问题　　　　　　　　　　表3-1

一般模型	利益的概念	利益如何被发现	公正城市政策的重点
福利国家：家长式的城市	公众利益——基于无差别的公众利益	代议民主和技术专业知识	重新分配
新自由主义国家：企业化的城市	个体欲求（私人效用）——基于资本和消费者的利益	通过市场或准市场的消费	竞争主义或多元主义
差异政治：多元文化的城市	公共利益——基于共同身份	协商民主和广纳参与	通向重新分配和识别
公平分配：公正的城市	集体需求——个体作为终端但在一个相互依赖的语境之中	代议民主，由审议、实践性判断和公平导向的专家意见支撑	重新分配和识别

来源：Campbell，Fainstein，2012

● 空间公平

就规划实质而言，如何在空间上界定（defining）、度量（measuring）和解释（explaining）公平是热点也是难点（Talen，1998）。对学校等公共服务设施的分布应用社会公平概念是复杂的，其困难在于价值判断（谁应当受益、社会公正的本质及政治一致性的定义），也在于评价方法（如何度量公平）（Talen，1998）。

公共服务配置空间公平的价值判断有四种经典原则：均等原则（equality）、基于需求或补偿原则（need based/compensatory）、基于要求原则（demand）和市场原则（market criteria）（Lucy，1981）（图3-1）。基础教育设施配置在某些语境下遵循均等原则（比如日本的学校标准化建设）、市场原则（比如美国的学区制），而规划实践中更被普遍认同的是补偿原则，即公共服务向特定弱势群体倾斜是有进步意义的（唐子来，顾姝，2015）。定义和识别弱势群体的利益和分布并重新分配资源，是规划少有的补偿他们的机会；最重要的是，规划师与利益相关者都认同分配规则（Talen，1998）。

空间公平评价包括度量方法（methodology）和实证过程（empirical process）两类：①定义和度量公共服务公平本身，②测定公共服务分布的影响因素（Talen，Anselin，1998）。对于单元空间的资源分配公平，有四个相关概念：均等（equality）、公平（equity）、公正（justice）和公道（fairness）。

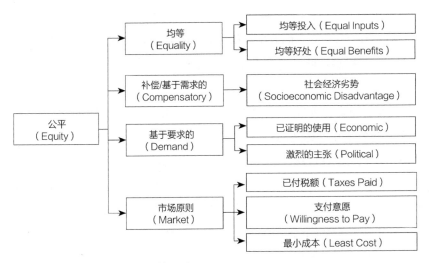

图3-1　公共服务空间公平的评价原则
来源：Lucy，1981

"equality"指各评价单元或个体享受的资源份额相同，这种数量意义的均等度量便利，也是规划常用的。而公共服务的公平是附加其他条件如使用者因素、设施效率等之后的相对平等。当与群体需求和社会公正概念相联系之后，"equity"带有分配公平的判断，更能准确定义公平。"justice"或"fairness"则具有更多法理含义，注重相对意义的公平，常用在解释和评判的过程中（Talen，Anselin，1998）。作为一个相对难以界定的概念，公共服务空间公平未有标准定义，而不公平是绝对的，是资源事实上的歧视性分配；考虑学校设施的特殊属性、地方背景的差异，教育空间公平的界定和评价需要利用适宜方法具体解析。

对于连续空间的可达性公平，考察地点或个体为获得资源/机会需要克服的物理距离和社会障碍（如种族歧视）（宋正娜，陈雯，张桂香，2010）。链接形式（由路网、出行方式构成）、终点（各类设施区位、等级、规模、质量等）、起点（服务获得者，具有性别、年龄、支付能力等客观特征及文化、偏好、感知等主观特征）三者共同影响可达性的度量（Shen，1998）。考虑空间就近的隐性可达性，即起点到终点潜在的容易程度，已有广泛应用（Wang，2016）。而在空间范畴之上，可达性还涉及复杂的社会心理和时间因素，分为地方可达性（区位毗邻程度）和个体可达性（个人生活质量）（Kwan，Weber，2003）、客观可达性（交通方面）和主观可达性（心理方面）（陈洁，陆锋，程昌秀，2007）等。四类"基于地"和六类"基于人"的方法，构成公共服务设施可达性之公平的基本度量方法（图3-2）；此外还有基于物理可达性、需求、机动性和时空行为的多种度量。

可见，空间公平的评价背景、尺度、原则、涉及因素、方法适用性等都影响公平和可达性的定义，从而影响评价逻辑。有时，度量不同群体使用设施的隐性可达性也无法抓住公共服务均等化的核心（Mclafferty，1982）。当区位决定一切，城市的社会空间结构限定了特定收入人群的公共服务可达性（Harvey，2010）。西方贫困内城的低收入群体对公共服务设施区位可达性水平较高，富裕郊区高收入人群的机动性更高，但并不代表获得资源和机会的均等（Mclafferty，1982）。连续空间以时空等距（就近）为基础的可达性无法完全反映教育机会的均等分布；即使单元空间教育资源完全均衡分配，也仍需要考虑社会融合。因此，教育空间公平评价必须首先考虑评价逻辑的有效性，即不同背景、尺度、层面下，均衡、多元、就近原则的关联应用和公平定义，进而考虑具体的评价因素和方法。

基于地（Place-based）的度量方法				基于人（People-based）的度量方法					
文献出处：Guy, 1983				文献出处：Miller, 1999					
DMIN	TMIN	CUM	GRAV	NUM	NUMD	DUR	BMAX	BAGG	BTRANS
个体位置h与最近的活动设施位置q之间的网络距离	个体位置h与最近的活动设施位置q之间的旅行时间	一定距离范围内使用机会的数量总和	引力与邻近度的倍数	日常潜在路径区域内机会的数量	日常潜在路径区域内机会的邻近度	日常潜在路径区域内机会的潜在活动持续时间	日常潜在路径区域内机会的最大利用	日常潜在路径区域内机会的集中利用	日常潜在路径区域内机会的预期最大利用
Talen, Anselin, 1988				Kim, Kwan, 2003					
		Kwan, 1998							

图3-2 公共服务设施可达性度量方法分类
来源：江海燕，周春山，高军波，2011

程序公平与实质公平

● 程序公平

就规划政策而言，程序公平和实质公平[1]是教育公平的一体两面，相辅相成。程序公平是实质公平的前提和基础，为实质公平提供保障和可行条件；实质公平是检验程序公平执行的结果，是实现教育公平的内生起点。两者之间是权利实现"过程"与"结果"应得相称的关系（杨挺，龚洪，2015）。

教育社会空间规划，尤其需要生源分配过程中的公正平等，协调复杂的利益关系，考虑多元与包容原则，不偏不倚地落实分配公平。即使实体规划满足供需匹配的均衡、就近原则，如果没有公平合理的政策程序来保证资源和权利配置的具体秩序，也不能称为公平。程序公平首先追求公开、透明、相对统一的可解释规则。比如，就近入学就涉及距离范围的解释，按直线距离、实际距离、划片范围还是其他原则？学生住址的认定，按户口所在地、房产所在地还是实际居住？超额生源的调配分流方式如何进行？现实中复杂的利益关系往往会制约程序公平，但一套成熟的可解释规则系统能够大大减少争议。

不过，程序公平不能取代实质公平。某些教育分配制度的程序"伪"公平，最终会加剧教育结果的实质不公平。比如，按抽签、派位程序决定优质校的入学机会理论上是均等的，如果存在事先特殊划定的操作范围、隐含过程作弊的漏洞，弱势群体就只能借助运气，特殊群体却可以借助特殊渠道入学，不同家庭背景的学生享有的教育机会最终仍不平等。再比如，由于租售不同权，凭户口、住房而入学的程序看似公平，却可能背离天然的就近规则，将入学条件转化为房产投资实力，形成为人诟病的"学区房"现象。规则制定和执行的程序公平合理与否，最终需要实质的分配结果检验。

公平的程序设计需要认识现实需求的多元差异，科学分流；明确公私

---

[1] 规划理论也分为实质理论（substantive）和程序理论（processoral），前者有关具体功能，后者有关哲理与机制，如组织、程序、道德、价值等。20世纪中叶以来，程序理论成为规划理论的主流（梁鹤年，2004）。

界限,尽可能实现公立系统资源和权利的配置均衡;在相关政策出台或变动之前,纳入利益相关方参与听证与论证,达成包容的基础。一个城市公信力和软性竞争力的表现之一就是规则公开、透明以及相对统一的入学程序。发展水平与文明程度越是高的城市,越注重程序公平。比如,香港特区政府提出管理官立及资助小学录取学生的"小一入学统筹办法",分为自行分配学位、统一派位两个阶段;新加坡政府按照家庭成员与学校关联、家长参与学校服务、居住地址三个依据和阶段管理录取,保证家庭与学校之间双向选择的机会。

● 实质公平

教育公平追求实质公平与程序公平的一致性。程序公平保障实质公平,却又具有相对的独立性,在现实中存在与实质公平的脱节和背离。以抽签入学政策为例,在实施中和实施后均无家长、学校或第三方进行有效评估,就有可能引发不满。重"程序"而轻"实质"将导致政府责任履行不到位。关注实质公平的常态监督和具体落实,与程序公平合理衔接,才能保证实际意义上的教育公平。

对实质公平的检讨和监督是规划的政策责任和技术特长。一方面,介入教育空间公共政策的制定,是通过顶层布局加强教育部门与规划部门的合作来保障学校标准化建设,从而建立健全中小学教育均衡布局机制,促进城乡学校、薄弱校与优质校捆绑发展。另一方面,建立教育空间生态数字化治理平台,基于多源数据技术,落实客观的检验评估和主观的监督反馈。

实质公平的有效评价是公共部门提升治理能力和决策水平的突破口。比如,浙江省已率先打造智慧教育公共服务平台,针对人口结构复杂、入园入学政策对人群和入学条件划分较细的情况,实现公共治理"一张图",提升政策空间表达能力,及时汇总问题并处理纠纷。区域教育生态治理体系的构建,也有助于识别潜在风险地区,采取弱势补偿的差别对待措施。再比如,斯坦福大学的教育机会项目(The Educational Opportunity Project at Stanford University),建立了全美首个学习成绩数据库(The Stanford Education Data Archive, SEDA),通过交互地图的可视化工具,揭示教育机会分布与学生成就之间的关系,用于教育公共政策的成效追踪和动态评估。

实现均衡、包容、就近的充分就学

空间赋予探讨教育公平抽象目标的具体基础，充分体现出地理学第一定律的作用——"任何事物都相关，相近的事物关联更紧密"。基础教育资源配置公平因而可以被视为社会空间意义上的一张复杂关联网络的整体平衡，既包括机会分配过程的程序公平，也涉及分配结果的实质公平。其并不完全等同于基础教育资源单元空间上的分配公平，或就学机会在连续空间上的可达性公平。仅以物质空间公平替换空间规划的教育公平目标有其局限性。

基础教育资源配置公平与效率的矛盾既有必然性，也有调和空间。供给方面，合理的教育资源供给结构是以地方为主、中央补贴、政府与市场相互补充的。需求方面，家庭教育选择需求动态而不确定，学校追求就学规模效益，即要求规模集聚（也相当于更多的社会融合可能），与就近入学要求的分散布局、学校和社区包容性（或指规模与距离适宜度）的规范性目标相矛盾。这与经济学和地理学分析得出人口变化背景下覆盖度与规模之间的矛盾类似。集中式和分散式布局各有利弊，既需要不断调整平衡，也需要配套政策设计。

因此，**基础教育空间规划任务是构建规模、距离适宜、要素多元的就学组团，权衡教育资源空间配置的效率与公平目标，在满足就近的同时，追求服务覆盖的均衡与包容，建立并调整人群细分基础上的空间耦合关系，最后实现充分就学**（图3-3）。除了物质空间公平之外，还需考虑制度空间和文化空间层面的公平，在就学格局分析、评价、优化和相关政策设计时便对此加以关注。这也意味着纯粹技术方法效用的天花板，规划师应被赋予技术专家之外参与沟通和协作的角色。

总之，均衡、包容、就近的理想目标三角难以同时达成，实际需要以多重路径不断平衡、螺旋式接近。同时，规划对教育公平应当秉承认同原则。教育公平是一个只能接近却无法完全实现的理想目标。不同制度、文化背景有不同的公平范式，对教育公平的共识也不同，影响规划采取主要策略的空间层级及相应途径。而且应当秉承补偿原则。已有评价空间公平的规划研究都或多或少指向补偿性目的，对弱势群体的机会识别和资源倾

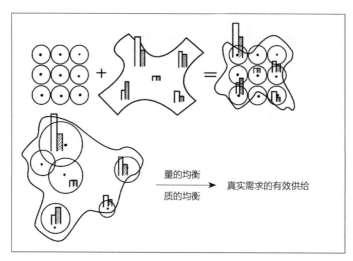

图3-3 均衡、包容、就近的充分就学组团示意
来源：尹稚

斜是规划的责任。这两个原则的具体化，既决定空间公平评价逻辑，也决定规划调解矛盾的政策逻辑。

教育空间规划的范畴必然是程序规划与实质规划并行的。在单元空间层面，规划调解制度语境的效率和公平矛盾，在识别单元分配均衡性和均等性的基础上，对较大行政单元理顺地方与中央、政府与市场的关系，对较小功能单元协调多供给主体的利益关系。中央与地方关系的调整将涉及教育区划变动，政府与市场关系的调整，以及确认其他服务渠道的存在和补充作用、多主体关系的调整则意味着学校、社会、企业、社区、家庭等教育供给责任的协调。

在连续空间层面，规划调解技术与政策语境的效率和公平矛盾，在识别真实需求的前提下，优化供给效率、综合布局调整，并在此基础上进行就学机会公平的政策设计。对于学校规模均衡面对"择校热"的失效（即多元难就近的矛盾），应当考虑以模型思维优化生源分配、缩小就学规模、促进就近入学。对于学校或就学组团环境的封闭、僵化和衰退（就近与隔离的矛盾），应当着重从政策途径促进资源和生源流动。

第 4 章
基础教育资源空间配置的评价与优化

单元空间的基础教育均等化评价

连续空间的学校可达性评价

离散设施选址与布局优化

单元空间的基础教育均等化评价

单元空间是有统计意义的行政单元，大到省、市、区县，小到街道、社区；或是有边界的就学功能单元，如学区、招生划片、学校单体等，便于数据收集和评价比较。一类评价体系是基于度量内容和方法定义明确的指标体系，如生均教育经费、优质师资比例、入学率、设施达标率等绝对标准或相对公平（区位商、基尼系数、泰尔系数等）评价，也包括相关社会空间分异、隔离指数和社区指标评价。另一类体系是纳入相关社会经济因素，构建综合指数或评价模型，如通过社会经济地位、房价、满意度、可达性[1]、"投入—产出"绩效等，以此反映公共服务配置的公平性。

● 单元指标体系评价方法

1. 资源条件均等化评价

典型的单元空间公平评价源自财政学的基本公共服务均等化评价，主要评价省、市、区县际、城乡等层面基础教育、医疗卫生、就业服务、基本社会保障、基础设施、公共安全等领域的财政指标。其中义务教育非均衡性突出体现在公共财政投入方面（项继权，袁方成，2007）。绝对的标准评价关注基础教育经费人均比率，直接反映地区财力差异；相对的均等化评价则用于刻画总体差距，反映地区资源分配的（非）均等程度，如变异系数（Coefficient of Variation, CV）、基尼系数（the Gini coefficient）、广义熵（general entropy）指数或泰尔系数（Theil index）等[2]（王莹，2009）。度量教育财政相对不平等的五种典型方法包括：①限制范围差（the restricted range），即第95%与5%分布的生均经费之间的差值，反映绝对差距；②联合范围比率（the federal range ratio），即第95%与5%分布的生均经费之间的

---

[1] 单元空间可达性评价相当于区位评价，假定单元自给自足而没有跨单元或设施间服务，考虑起讫点供需情况（如资源数量、质量、人口数量、社会经济特征等），是可达性的特殊表达；简单定义的可达性（如设施密度）也作为一种单元指标。

[2] 类似的还有威廉系数、阿特金森指数、集中指数、余期望系数等，但不如前几个应用广泛。

比值，反映相对差距；③变异系数，即标准差与平均值的比值；④基尼系数，从洛伦兹曲线（Lorenz curve）中提取，范围在0（完全平等）到1（完全不平等）之间；⑤泰尔系数，从信息论中的"熵"（entropy）概念提出，值越低代表分布越平等，分解为组间差距和组内差距（组间和组内的不平等）（Tsang, Ding, 2005）。基本公共服务均等化理念提出以前，已有使用泰尔系数对地区教育经费指标的差异分析；基尼系数（崔惠玉，刘国辉，2010）、变异系数（温娇秀，蒋洪，2014）也在度量地区教育财政的不均等程度上有广泛应用。

除了财政指标，教育普及程度、师资水平、办学条件和空间可达性等指标也反映基础教育空间公平。度量教育机会均等性常参照进入某一级教育的机会大小，即国际通用的入学率指标；或接受何种质量的教育，即"生均教育经费"代表的质量指标（杨东平，周金燕，2003）。基础教育标准化指标包括生均财政预算拨款额、生均固定资产价值、师生比例等（王国华，温来成，2008）。此外，可从投入—产出、过程—结果角度测度基础教育均等化绩效指标（王莹，2009）（图4-1）；用学生入学率、城乡学生入学率差异、城乡男女入学率差异等测度受教育机会；用公共教育经费、生均教育经费投入、校舍面积、图书资料仪器和教师合格率等评价资源配置过程；用毕业率、辍学率、巩固率，教育普及率等评估均等化结果（杨芳，2010）。以我国中东部地区教育生产函数模型评价为例，生均公用经费和师资质量是决定校际、地区和城乡教育差距的主要指标（薛海平，王蓉，2010）。也有研究通过泰尔系数和空间自相关❶评价从居民家到初中和小学的最短出行距离代表的义务教育可达性，以此衡量区域教育均等化程度（Gao et al., 2016）。

常见的基础教育均等化评价内容与方法如表4-1所示，数据多来自地方教育统计年鉴。多指标可以分项度量，也可以在分项度量基础上构建综合体系。分项方面，可以用普通中小学生师生比，以及各项变异系数代表的基础教育服务指标构建公共服务均等化水平指标体系（安体富，任强，2008）；或用多年度城乡初中、小学师资力量与办学条件指标构建体系，通过变异系数

---

❶ 空间自相关（spatial autocorrelation）指空间位置上越靠近的事物就越相似，即一些变量在同一个分布区内观测数据之间潜在的相互依赖性，包括空间正相关、负相关和零相关。

图4-1 基础教育服务均等化绩效评价指标
来源：根据文献（王莹，2009）改绘

单元空间基础教育均等化评价内容与方法　　　　　　　　　　　　表 4-1

评价方面	指标示例	分项评价	综合指标
普及程度	残疾儿童入学率、女童入学率、流动人口子女入学率、辍学率	分地区计算各项指标达标程度或在区域总体分布中的位置，确定其均等化水平；分项计算指标包括达标率、变异系数、基尼系数、熵指数等	根据分地区各项指标评价结果建立基础教育均等化的综合指标；加权综合方法包括专家打分、确定权重、计算浮动区间内的相对满意程度等
教育经费	生均教育经费、生均公用经费		
师资水平	骨干教师比例、教师人均培训经费		
办学条件	生均校舍面积、生均图书数量、生均计算机数量、平均班额		
教育质量	毕业率、统考平均成绩		

来源：根据文献（杨东平，周金燕，2003）整理

测度基础教育的非均等化程度（涂立桥，2016）。综合评价方面，一般步骤包括：①根据教育公平内涵，结合实际确定评价内容；②明确适宜的数据渠道和测算方法；③建立指标体系，确定权数及合成方法进行综合（杨东平，周金燕，2003）。比如通过多目标规划、范围设定原理和对各级单项教育指标系数加权综合的功效系数法构建指标体系（郭宏宝，2007）；或从资源配置、生源和学校分布两方面空间均衡指标构建：前者通过教育质量、资源配置引导、教育经费保障评价校际外在的发展条件是否均衡，后者通过择校指数和就学指数评价校内实质的质量是否均衡（卢晓旭，2011）。

此外，规划实践中常用直接比例法（比例模型）确定区县、街道、单体基础教育设施条件的人均指标，如人（生）均学校用地面积、人（生）均学校建筑面积等，与居住区规划设计规范或办学条件规范中规定的千人指标、单体设施建设标准进行比较，这属于单元空间设施条件指标的均等化评价方法，数据来源于地方教育部门对所辖学校设施情况统计。

2. 社区指标和剥夺评价

资源条件均等化评价具有数据来源直接、方法简便易用、结果明了易读的特征，但较少考虑空间上更广泛的教育影响因素之间的微观联系及其政策意义。其特点是地区间多、群体间少、制度性多、实证性少、政府供给多、公众需求少（郭小聪，代凯，2013）。国外公共服务均等化研究更多集中在不同群体、阶层、邻里和社区之间（田艳平，2014）。借鉴"社区指标运动"❶，教育、健康、住房等社会指标的空间评价十分必要，有利于小尺度匹配公共服务供给、住房建设和人口特征及需求（袁媛，邓宇，2012）。在城市社会空间分异和新贫困涌现背景下，公共资源分配和设施布局规划应关注社会需求和问题分布，即城市社会空间评价（袁媛，吴缚龙，2010）。

社区是人口社会经济数据集成的最小单位，也是呈现政策干预意义的基层单元，便于自下而上的社会信息分析及社区复兴等地域政策的制定——这类活动多由基层领导、非营利组织、教育者和市民发起，具有公众参与特征（袁媛，邓宇，2012）。尽管存在指标抉择、计量方法、决策应用等实践问题，西方国家在社区指标制定和评价政策、探寻社区居民生活改变等方面的探索方兴未艾（萨维茨基，等，2012）。社区指标体系构建的大致过程包括：明确理论基础和政策意图；在公众参与的基础上构成指标，反映地方需求和集体价值；选择最能反映政策目标、影响居民行为和政策制定因素的衡量指标，监测目标实现水平并设定未来目标；最后建立数据管理体系❷，得出评估结果（袁媛，邓宇，2012）。

---

❶ 20世纪90年代以来，英美国家自上而下关注社会改革福利的"社会指标运动"衰落后，作为微观关注可持续发展和生活质量的监督评估工具"社区指标运动"发展起来。

❷ 社区指标构建一般依赖普查和小尺度调查数据，但并非越多越好，需要清晰概念或理论框架支撑，明确主体后再抽取相关指标，并对数据精确性和有效性做出权衡。有关大数定理的统计法则表明，人口数据在越小单元越不稳定可靠。

教育是社区指标的重要评价方面，与其广泛联系的其他因素，如生活质量、收入、健康水平等也具有参考价值。教育指标分为基于人的：如居民教育水平、辍学率、学生表现；和基于地的：如公立小学数量、设施可达性等，只作为社区指标一部分。考虑到学校和社区环境对学生成就的影响，较大范围的综合评价指标捕捉教育问题的精准性更高，纠正问题的可能性也更高。比如，美国城市研究院20世纪90年代起在七个试点城市启动全国社区指标项目（National Neighborhood Indicators Project，NNIP）。其中普罗维登斯（Providence）计划用于推动就业、留住该市的中产阶层、维护社区安全和宜居性、改善公立学校的质量、提供高质量的可支付住房及复兴商业区。1994年发布的《普罗维登斯社区资料手册》（*Providence Neighborhood Fact Book*）所汇总的信息帮助皮尤（Pew）慈善基金资助的儿童计划（Children's Initiative）进行社区家庭健康监测、共学教育和儿童发展中心选址。社区指标的GIS地图还被该市公立学校和教育委员会用于确认最贫困社区、有特殊需求、非英语母语以及辍学学生位置（萨维茨基，等，2012）。

再比如基于"剥夺"概念[1]的社区指标体系，确定剥夺的领域（domains）与指标（indicators），如收入、就业、住房（居住环境）、健康和犯罪等；教育资源与设施可达性算作分开的方面；通过设施不全比例、失业率、辍学率、犯罪率等负面指标反映综合贫困状况（袁媛，王磊，许学强，2007）。以英国剥夺指标体系为参考，通过分析各领域分项指标水平，使用比率和标准化数据保证地域比较公平性；结合因子分析法、权重法、GDI指数[2]等得到综合的单元剥夺得分，并通过聚类分析揭示问题重叠地区分布（袁媛，吴缚龙，2010）。

以上社区指标和剥夺评价用于划分宏观社会空间问题（如贫困）地域类型；也适于解析微观社区发展问题、进行需求评价、制定和实施相应的

---

[1] 相对于贫困对个人或家庭物质生活水平低下的界定，剥夺（deprivation）指出个人、家庭或社区在教育、就业、社会服务等方面的综合不利情况（袁媛，等，2007）。

[2] GDI即因子分析后计算空间单元的剥夺综合指数，计算式为 $GDI_i = \dfrac{Sik(1+\sum_{j \neq k} Sij)}{P}$，$Sik$是标准化后$k$的主因子得分，通常可选第一主因子，$Sij$是标准化后$j$的主因子得分，通常是第二、三主因子，$P$是主因子个数。GDI在0~1之间，表达相应的剥夺集中程度（袁媛，吴缚龙，2010）。

地域空间政策。首先明确指标衡量概念和应用的政策背景；其次制定研究框架指导指标选择和后续分析；之后结合可得数据评估潜在变量，简化信息或设计合理权重形成综合指数以呈现结果。由于因果理论衔接计量的困难难以避免，应明确区分测量社区福利和居民福利的指标❶，为最大程度利用指标识别问题，单项指标应分别计算，且不与用于排名的综合指数混淆（萨维茨基，等，2012）。

3. 学校和居住隔离评价

人口空间分异特征明显的背景下，隔离（segregation）测度是教育公平的重要评价内容。以美国为例，学校隔离和居住隔离是社会经济分层的重要体现，与获得教育的机会和教育成就差异密切相关。利用人口普查数据，通过暴露指数（exposure index）、分异指数（dissimilarity index）或人口种族构成（demographic composition）等指标，持续评估学校与学区隔离程度（Iceland, Weinberg, 2002）。最常用的核心指标是分异指数（Index of Dissimilarity），最早由邓肯（Duncan）1955年提出，其后成为评价美国城市和学区隔离程度的标准指数。其测度和改进对描述邻里或学校单元的隔离趋势、格局及解释必不可少。

$$D = \frac{1}{2} \sum_i \left| \frac{black_i}{black_{total}} - \frac{non-black_i}{non-black_{total}} \right|$$

常用的分异指数公式中，i 指大都市区邻里或学区中的学校，$black_i$ 代表邻里居民或学校招生中黑人数量，$black_{total}$ 代表整个大都市区黑人人口或学区黑人学生数量；$non\text{-}black_i$ 和 $non\text{-}black_{total}$ 分别代表对应的非黑人数量。D 解释为取得大都市区或学区种族完全平衡分布而需要在邻里或学校间转移的黑人部分，其值越大代表隔离程度越高，即黑人分布越不均等（Vigdor, Ludwig, 2007）。

此后诸多研究对分异指数的使用产生反思和分化。Messey和Denton（1988）在系统总结前人19种隔离指数计算方法后指出，不同群体的空间隔

---

❶ 该指标是为识别一些公共政策受益者的选择性迁移情况，居民福利与社区福利的提升并不相互等同。

离并非单一维度的概念,而是包含五种不同的变化维度,包括:

①均匀性(evenness):一个单元少数群体比例与整个地区少数群体比例的比较,用分异指数D表示,也可用综合的泰尔熵指数(Theil's entropy index, 1972)代替,熵指数的度量从单一变量扩展到两到多个变量。

②暴露度(exposure):特定单元内少数与多数群体的可能接触机会或其短缺,即不同群体共享同一社区的可能性,X群体邻近Y群体的概率用xPy表示(Y邻近X的概率为yPx,多个群体彼此邻近的概率和为1),标准化P则产生同时度量暴露度和均匀性的指数Eta^2。

③聚集度(clustering):少数群体邻里毗邻其他群体邻里的程度,显示大型飞地和棋盘格局两种分布类型,即空间邻近指数(Spatial Proximity, SP),用群体内部和群体之间成员间平均距离的加权均值计算。

④中心度(concentralization):少数群体在社会地理中心之中或周边聚居的程度,即绝对中心指数(the absolute centralization index),反映其距离CBD分布的远近;其中,+1代表群体居住靠近中心的趋势,−1反之,0代表群体在整个大都市区分布程度均衡。

⑤集中度(concentration):少数群体在城市中占据物理空间的相对数量,即相对集中指数(the relative concentration index),通过X群体相对Y群体占有的物理空间平均值表示,并与X最大程度集中和Y最大程度分散的对应值比较。

围绕空间隔离度量的大量方法论题主要集中于调整空间聚集度(spatial clustering)度量方法本身还是将其作为单独的度量维度(Reardon, O'Sullivan, 2004)。而越来越多的研究承认多维度评估更能揭示隔离本质。比如研究发现,1980年以来美国大都市区黑人空间隔离程度的变化并不受经济收入因素影响,是一种超级隔离(hypersegregation)(Messey, Denton, 1989)。分异度D和暴露度P成为报告常用的隔离指数,将隔离作为结构性因素进行可视化也是一大趋势(Sampson, 2012)。隔离指数作为美国人口普查之后的例行评价,揭示社会群体空间分布特征的长期变化。

我国城市规划工作常用的社会指标也建立在人口普查基础上,包括①社会结构:中等收入群体在总人口中所占比例、第三产业劳动者占社会劳动者比例、城市化水平、三人户占总户数比例、每一就业人口负担人口数等;②社会公平:基尼系数、贫困人口比例、城乡收入水平差异、最富有与最贫困家庭收入比值、最高与最低收入者收入差距等(吴志强,李德华,2010),而对社会空间的分异或隔离涉及不多。客观上,我国城市存在社会空间贫富分化、文化疏离、富人居住区的封闭排斥等问题,但其特征、机制和对社会流动的阻碍等还有待研究(吴庆华,2011)。除了户口、从业、住房等方面的直接分析之外,有必要在因地制宜的分异维度下建立常用的隔离指数与综合教育机会指数。

● 相关性与模型评价方法

1. 供需相关性分析与评价

基础教育空间公平评价不仅包括标准化的指标体系,也涉及公平相关的因果关系,揭示特定的社会空间规律,也有助于确定评价因素、指标权重、资源分配倾向和政策优先级等。相关性分析与评价解释基础教育公平影响因素及形成机制,包括政策和制度因素(政策限制、强势群体诉求)、经济因素(收入、住房条件)、社会因素(居民社会文化特征、需求)、历史因素(地理区位、多重因素循环累积)等;在区域规划、社区重建、公共设施布局等项目中,社会公平评价有极强的实用价值(江海燕,周春山,高军波,2011)。实际上,回答诸如"哪些因素、如何导致公共服务或设施分布不公平?""如何识别弱势群体的受损利益,或制定规划的社会空间公平目标?"的研究都属于此类。

空间单元资源供需匹配的相关性分析,反映公共服务分布公平与诸多因素的内在联系。在普查单元尺度,已有相当多的对医疗、绿地、教育及多种公共服务空间公平评价研究,针对不同尺度、地域背景、设施类型、数据来源和具体问题使用不同方法及其组合:如因子分析、SES指标构建、聚类分析、空间相关性分析、基尼系数和洛伦兹曲线、基于特征价格(hedonic)模型的综合评价指数等。

因子分析是提炼供需关系及影响因素的常用方法,特别是在缺乏先例参考、不易判断指标权重的情况下。比如,对教育资源供给与人口特征代表的潜在需求进行多个因子降维,区分不同维度的教育供需匹配情况,并通过典型相关性分析验证学校供给对学龄人口分布的响应以及潜在需求与学校类型(代表质量)的关系(Walker,1979)。通过主成分和因子分析法将人口结构、社会经济、居住环境、教育服务水平、交通便捷度等因素整合为有限变量，可得非空间因素对医疗服务可达性的影响（Wang，Luo，2005）。

在此基础上，SES指数广泛用于描述社会空间特征。借助人口普查数据构建SES指数，可以分析社会经济剥夺与精神医疗服务使用的关系（Tello et al.，2005）。与之类似的，结合GIS评价公园绿地服务水平的空间差异和社会公平性，SES越高的街道服务水平越高（江海燕，周春山，肖荣波，2010）。SES与公园服务水平在空间上通常有此相关性（江海燕，肖荣波，周春山，2010），以双高型（高SES、高服务）、双低型（低SES、低服务）分异表达（周春山，江海燕，高军波，2013）。

此外，空间统计和基尼系数直接量化资源分布的公平性。比如，统计分析安卡拉公园和娱乐设施分布特征，发现高收入群体的交通机动性和区位选择性更高（Erkip，1997）。基尼系数可用于评价上海市中心城公共绿地分布的社会绩效，并以洛伦兹曲线补充描述其与人口分布之间的空间失配（唐子来，顾姝，2015）。通过区位商、空间基尼系数等研究北京市街道层面各类教育资源空间分布的公平性（邵晖，温梦琪，2016）。

在住房与入学资格挂钩的情况下，房价是评价公共教育服务分布的有效指标，用于度量学区房价影响的特征价格模型，反过来量化教育质量偏好。运用最短距离指标分析北京市教育等六大类公共服务设施空间可达性，其可达性往往反映在商品房价格中。基于潜能模型（Huff models）将小学等公共服务可达性纳入房价度量，从而评价公共服务分布的均衡程度（张英杰，张原，郑思齐，2015）。

更多评价公共服务分布的社会空间公平性研究常应用复合方法。以单元到最近学校最短距离和到所有学校的平均距离作为可达性指标，并结合单元内学校数量和人口密度进行空间自相关分析，可用于评价中小学分布的公平性（胡明星，孙世界，2009）。基于中学设施分布与居住空间人口密度的匹配关系分析其社会空间分异（肖智峰，2011）。通过房产数据分析不同组别居住区的空间分布及其公共服务设施水平，发现公共服务可达性与不同收入人群的关系（周亚杰，吴唯佳，2012）。

以上评价研究纳入连续空间的可达性指标，主要通过计算汇总至单元的设施数量（密度）、从居民点到设施的平均距离、模型指数等指标的方式。从社会空间评价公共服务分布的公平性，其方法是尽可能地纳入需求因素，既体现公共服务与社会经济多重指标降维、取舍及相关关系建构和比较的过程，也基本证实社会经济水平与公共服务水平存在很大的关联。

2. 基础教育满意度评价

公共服务供给目标不仅是保障分布的地域公平，还要通过分析使用者需求偏好及未来意愿满足不同群体的需要。相对于客观的供需相关性分析，基础教育均等化的评价构建呈现出纳入主观指标的综合测评趋势（郭小聪，代凯，2013）。满意度是基础教育公共服务绩效评估的重要维度（李伟涛，2013），即源于企业管理学的顾客满意度。期望差异模型（expectation disconfirmation theory）指出，满意度并非绩效感知的绝对大小，而是基于顾客期望的相对判断（张娜，2012）。经典的顾客满意度指数（Customer Satisfaction Index，CSI）是将顾客期望、购买后感知、购买价格等合成计量，运用偏微分最小二次方求解而得到的相应指数。有关方法还包括基于期望值的模糊多属性决策法、李克特量表法等，以公平和便利的满意度为导向评价公共服务质量是新公共管理运动的普遍做法（吕维霞，2010）。

不过，对于基础教育公共服务，满意度评价的测度操作较为复杂。首先，作为主观感受，满意度受社会经济地位、教育期望等因素影响，但不一定是简单线性关系。上海的实证调查发现，期望、选择和参与是家长满意度的关键解释因素（李伟涛，2014）。基于北京的研究发现，学生喜欢上学的程度对满意度影响最大，家长受教育程度也有显著影响（张娜，2012）。在基础教育满意度指数模型中，学生和家长满意度受教育期望、质量感知和公平感知正向影响（"全国教育满意度测评研究"课题组，2016）。满意度是公众期望、感知质量，以及教育公平程度感知的主要因变量，应在教育总体投入、制度公平和政府形象三方面上做出提升（武苗，2013）。

其次，基础教育满意度的评价对象涵盖范围甚广。国家政策环境、学校设施和环境、教学效果、家校交流与参与等都是测评对象（程黎，等，2011）。城市家长对教育公平和教育收费满意度较低，并随学段、年龄和学历因素变化（曹瑞，等，2013）。课业负担、学生身心素质一般是家长满意度的洼地，也是需要重点改进的领域（李伟涛，郅庭瑾，2014）。家长对政府职责的意见最多、对学校管理的意见次之、对师资队伍的意见最少，且随着区域分布而变化（王玥，2014）。此外，满意度评价内容在城乡之间差异很大。农村基础教育满意度的影响因素主要包含村庄类型、村庄距县城距离、农民对政策、乡镇政府的评价，基层政府对政策执行的效果、改进情况以及教育支出变化（姬建军，2013）。

规划研究将调查所得的有关设施本身、空间使用、邻里环境以及教育公平感知层面的主观满意度纳入基础教育社会空间评价，这已然成为一种显而易见的趋势。比如，问卷调查可以反映不同区位、不同居民对公共服务的偏好，以及公共服务满意度、空间使用便捷性、学校和邻里感知等分析社区生活质量影响因子（胡畔，2015）。在满意度调查基础上，从可达性、可获得性和公正感知三方面构建基础教育设施配置的公正性评价指标体系（郭祎，2015）。教育满意度的评价应以被服务者的需求为出发点、以自下而上的形式为基本方式；处理好主客观关系，并在社会大背景下解释和应用测评结果（吉文昌，2015）。满意度评价需要社会空间的反馈互动，纳入主体参与，在改进硬件条件的基础上明确政策、社会、文化等软环境建设方面的改进方向。

3. 公共服务综合绩效评价

相对于识别问题要素、形成公共政策的上游研究型评价，公共服务绩效评价直接落脚于财政支出效用评估，用于优化行政效能。绩效（performance）体现在公共服务既定目标的实现程度，以及社会需求的满足程度：包括直接产出（output，即公众获得服务资源的标准）和间接产出（outcomes，公共服务溢出效应及公众享受服务的感受）（何鹏程，2012）。围绕财政支出的绩效评价具体内容包括目标、财务、结果和影响、资源配置和社会效应四个方面。

绩效评价最终强调的是整体成效，因而鼓励采用主客观双重标准（郭宏宝，2008），通过多要素指标体系评价机会、过程和结果的均等。在公共服务均等化评价领域，已有相当多的指标体系构建研究（陈昌盛，蔡跃洲，2007；安体富，任强，2008；杨光，2015），呈现出多系统指标、相对标准和综合评价的特征。相对于资源条件指标的简单评价，基于绩效的公共服务均等化评价侧重于指标间的相互关系及体系构建逻辑，其与满意度评价关系也更紧密。

绩效评价的核心是体系构建和方法选择。指标体系方面，作为基本公共服务子类，基础教育内部指标可根据政府公共服务绩效评价经典的"3E"标准细化，即经济性（Economy）、效率性（Efficiency）、效益性（Effectiveness），后又加入公平性（Equity），形成"4E"标准（表4-2）（何鹏程，2012）。根据评价重点（如是否达标、是否高效、综合产出如何、公平程度如何）、数据可得性和可比性等标准进行拣选和组合；以省、市、县等为评价单元，可基于面板数据进行历史比较。

基础教育公共服务绩效评价指标分类 表4-2

一级指标	二级指标		单项指标
经济性	投入类指标	总量 经费投入	财政性教育经费支出、拨款；各级教育生均事业经费、公用经费；教育公共服务总投入占GDP、GNP或财政支出的比例
		总量 教育规模	招生数、在校生数
		增量 经费增长	财政性教育经费、生均事业经费、公用经费增长率
		质量 人力投入	教职工总数、专任教师数、高级教师数、专任教师学历合格率、专任教师职称、变动、年龄情况等
		质量 物力投入	生均校舍用地、建筑面积、设备仪器达标率、实验室、图书馆、体育场馆达标率、标准化校舍比重等
效率性	支出类指标	使用效率 人力使用	生师比、学校教职工比、教师平均授课数、工作量等
		使用效率 物力使用	生均校舍用地、建筑面积、固定资产、图书、仪器设备利用率等
		配置结构 使用结构	教育事业经费、基建经费占总量比例；教学支出、人员经费、公用经费占教育事业经费比例
		配置结构 地区结构	地区间教育经费差异、各级教育生均经费城乡差异
		配置结构 层级结构	各级教育支出占总支出比例、生均教育成本
		管理效率	教育经费投入到位率、专款专用保证率
效益性	直接产出指标	产出结果 绝对产出	各级教育毕业生数
		产出结果 相对产出	各级学历以上人口比例、文盲率
		产出效率 人力产出	受教育人口比例、在校率、入学率
		产出效率 物力产出	危房改造率、新增校舍、图书比率
		产出质量	毕业生一次就业率、辍学率、留级率、学生综合考试平均成绩
	间接产出指标	外部经济绩效	公共教育投入与经济增长、专利成果、地区收入差距等相关系数
		外部社会绩效	公共教育投入与人口出生率、犯罪率、教育基尼系数、预期寿命等相关系数

续表

一级指标	二级指标	单项指标
公平性	教育公平指标	
	机会公平/普及化	受教育比例、入学率、升学率、辍学率、在校生社会构成情况等
	过程公平/资源投入	生均教育经费、生师比、校舍面积、仪器设备总值、图书量、运动场馆面积、生机比、千/万人拥有教师数量、教师学历合格率、中高级职称比例等
	结果公平/效益产出	各级学历以上人口比例、文盲率、人均受教育年限、学生成绩差异

来源：根据文献（何鹏程，2012）教育公共服务指标类型整理

评价方法方面，除"4E"框架之外，公共服务绩效评价还可以应用"政治—经济—社会"框架、"综合—分类—单项指标"框架、"平衡计分卡"框架、绩效棱柱框架及知识资本导航框架，等等（彭国甫，2005）；涉及方法主要包括加权合成的综合评分法，基于泰尔系数、差值比率的综合指数法，因子分析法，无量纲法，数据包络分析法（Data Envelopment Analysis，DEA），层次分析法（Analytic Hierarchy Process，AHP），平衡计分法和标杆管理法等。常用目标评价法、最低成本法（或成本收益法，以最小投入获得最大产出）和纳入专家和公众意见的评判法，以及源自运筹学的层次分析法和数据包络分析法研究。

层次分析法是应用广泛的定量定性结合的多准则决策方法，特点是将复杂思维条理化、层次化、数学化，根据主观判断结构两两比较同层元素重要性，之后计算各层元素相对重要性权值，进行排序和一致性检验，再根据权重向量决策。运用专家评分确定权重的AHP，从经费、教师、教育质量、公平和满意度五个维度构建县域基础教育评估指标体系（张茂聪，杜文静，2015）。通过熵值法确定权重的AHP和聚类分析，以投入度、均衡度、便捷度和满意度四个一级指标框架评价全国省份基本公共教育水平（孙怡帆，杜子芳，邢景丽，2016）。AHP类型评价方法简单灵活实用、所需信息少，但权重确定的主观性强，不易检验指标的相关性或给出调整建议。

数据包络分析法所需信息多，能够避免主观性，指出非有效单元的指标调整方向及数量，具有优化思想。基于相对效率概念并以凸分析和线性规划为工具，在多投入、多产出情况下评价多个相同类型决策单元

(Decision Making Unit，DMU）的技术效率和规模效率❶，在教育资源配置效率评价中应用广泛。一类以行政区为DMU，评价分年份、省份的公共服务或公共教育投入产出效率（徐丛丛，2012；田雁，2013；王帆，2015）。另一类以中小学单体为DMU，评价中小学资源配置效率，并利用投影原理指出各校非有效原因和投入产出改进方向、在主成分分析筛选指标的基础上评价学校资源配置效率（赵琦，2015）。不过，DEA对效率的静态评价将DMU视为黑箱，难以明确指标间的相互关系或效率影响因素，应结合Logistic回归分类比较（赵琦，2015）、Tobit模型（李刚，邓峰，2016）等方法进一步分析识别。

作为公共服务绩效的一部分，传统的实地访谈和问卷调查仍是评价基础教育设施的重要手段。比如，为了确定农村学校资源配置的分散-集中模式，调查农村居民就学意愿并提出顺应趋势、差异化集中和精明收缩的学校规划（赵民，邵琳，黎威，2014）；宏观回顾和微观调查则辅助探讨"撤点并校"的机制和绩效（高军波，江海燕，韩文超，2016）。这些评价也揭示出基础教育资源均衡供给与规模效益导向之间的本质矛盾。

连续空间的学校可达性评价

连续空间是供给点与需求点通过平面或网络彼此关联的空间，在片区尺度指的是如区县、学区内部等包括几所或几十所学校及其服务的居民点的区域。连续空间可达性分析将教育资源供给（如设施容量、等级、规模等）和需求（如需求数量、选择概率等）抽象为质点，相互关系为链接形式（如基于直线或路网的出行网络等），揭示设施之间、设施与住区之间资源供需的匹配程度及其均衡性。在基本模型基础上，衍生出多种空间评价方

---

❶ 技术效率评价假定规模效益不变：当投入要素等比增加时，产出要素也以等比例增加；规模效率评价假定规模效益可变：实际产出可能随着投入比例增加递增或递减。基于技术和规模效率还可以计算综合效率。DEA对DMU的评价依据是最优解是否为1，当最优解为1即效率值为1时为有效，否则为无效，需要通过减小投入同时增加产出调节（吴峰，2007）。

法，如综合公平评价、生源区评价、学区划分等，乃至时间空间（temporal space）和虚拟空间（virtual space）的可及性评价。

● 学校可达性评价基本方法

邻域分析（neighborhood analysis）、最短路径分析（shortest route analysis）与出行成本分析（travel cost analysis）基于居民点始终选择最邻近设施的假设，计算各点的可达性水平及设施服务范围，不考虑服务规模等其他因素。此类分析是评价学校可达性、划分学区和优化布局的最基本方法。

1. 邻域分析

邻域分析的原理是沃罗诺伊图（Voronoi），在平面几何上根据两邻点线段的中位线划分区域，以保证各分区内任一点到其内部中心点的直线距离比分区外小。国内最早划分学区的研究就基于直线距离理解可达性，采用Voronoi图和路径分析（王伟，吴志强，2007）。而考虑路网、人口密度、学校规模等因素时则采用加权算法。比如，基于路网和适龄人口密度改进加权Voronoi图（薛姣，2013）；为中小学各点赋值规模权重、再用距离除以权重改进Voronoi图（佟耕，等，2014），利用Voronoi图设计单校划片和按邻近距离排序搜索学校的多校划片流程（董琳琳，栗敏光，2017）。

缓冲区分析（buffer analysis）也是常用的邻域分析方法，在点、线、面实体周围一定宽度范围内建立缓冲区，叠加生成图层与目标图层得到分析结果。常见的服务半径法属于此类，以设施点位置为圆心、以规范规定为半径（如500m、800m）的同心圆作为服务覆盖范围。上述方法具有直观便利的优点，得到了广泛应用。如结合缓冲区分析和沃罗诺伊图划分学区，比较一定服务半径下的覆盖人口和一定覆盖人口比例下的服务半径，评价学校服务覆盖程度（黄俊卿，吴芳芳，2013）。

2. 最短路径分析

相比欧式距离（直线距离）和曼哈顿距离（直角距离），最短路径分析基于路网考虑出行成本，生成的服务区更为精确；作为网络分析（network analysis）的一种，将需求节点根据路网距离归于最近的设施服务范围，同时得到供需节点间阻抗最小的路径；结合人口、用地等因素，能够应用于学区划分及学校选址评价(张霄兵,2008)。在生源均布假设下,最短路径分析按100m边长的六边形归并生源点并配置距离最近的学校,划分学区并核算规模(刘伟,孙蔚,邢燕,2012;佟耕,等,2014)。缓冲区、Voronoi图和网络分析通常组合应用于学校布局评价和学区划分(陆天琪,2015;曹阳,2015)。由于不同方法得到不同的评价结果,核密度法、圆形邻近分配法和网络分析法等多种方法得以相互校核,对供需匹配情况的估计更加精确(宋小冬,等,2014)。

出行成本分析(travel cost analysis)将住区和学校视为无差异的点,考察两者之间的时间费用(刘宏燕,陈雯,2017)。最短路径可以是时间距离,为人口正态分布的居住栅格分配最近学校,根据不同出行方式的可达时间、人口比例和办学规模适宜度评价学校分布均衡性(胡思琪,等,2011);使用最短时间路径生成可达性分值扩散图、时间等值图和学校服务范围(余双燕,2011;韩艳红,陆玉麒,2012)。最短路径也可以是出行成本加权后的距离:通过路网和时速设定后的成本加权距离函数评价教育资源可达性(钟业喜,余双燕,2011;杨震,等,2016);利用优先队列算法计算网格到达相邻设施的最少累积费用和路径,获得学校服务范围(张鲜鲜,等,2015)。

相比直线距离,以时间、费用等出行成本度量的最短路径更贴近实际选择,考虑距离因素更多,能够生成限定所有需求点距离最小或一定服务半径阈值下的等值图,有助于提出改进建议,特别针对设施密度相对不足、上学距离决定选址的情形。比如:分析交通网络和社会变化背景下捷克边远农村小学可达性变化,结合学校关闭地区的深度访谈探知小学分布不平等的影响(Kucerova et al., 2011);基于公交出行时间度量的学校可达性构建网络流模型,评估东德人口下降后学校关闭对邻近和外围地区出行时间的影响(Müller, 2011)。

3. 机会累积方法

对于一些设施布局问题,距离以外的服务质量也是重要考虑因素。最短距离分析对此不再适用,综合考虑供需规模和距离的机会累积法和潜能模型得到更多应用(宋正娜,等,2011)。经典的机会积累模型以两步移动搜寻法(Two-step Floating Catchment Area Method, 2SFCA)为代表,设定出行极限距离或时间为搜寻范围,第一步计算供给点搜寻范围(即服务区)内资源数量、规模与质量等供给与需求比例,第二步叠加总需求点搜寻范围可获得的服务水平进行比较,不限定供给点与需求点一一对应的关系。在邻域分析划分学区的基础上,2SFCA可以建立在邻域分析基础上,在距离计算、搜索半径及资源指标等方面改进参数选取(陈莹,2008),形成新的2SFCA方法(任若菡,2014;杨梦佳,2016)。

简单的机会累积方法只计算FCA一步,得出一定范围内设施服务水平代表可选机会:通过极限阈值划分学区,计算覆盖百分比及供需差值评价学校容量和布局;通过测度机会累积和最近距离,寻求学校规模与服务半径的平衡点(刘安生,赵义华,2010)。设施服务区覆盖度(Facility Service Area Coverage, FSAC)的计算原理则类似于2SFCA,第一步计算供给点在一定服务半径阈值内的服务覆盖面积,第二步将服务覆盖面积及重叠程度累积到单元,得到学校服务分布评价(李苒,2014)。

机会累积方法强调需求点搜索范围内获得的潜在机会而非与供给点的接近程度,不考虑其中的可达性差异,适用于分析设施资源指标与社会属性的相关性。比如,通过2SFCA度量义务教育供需的空间不均衡,从而建议学区划分考虑户籍儿童之外的流动儿童(郑童,吕斌,张纯,2011);通过2SFCA度量公立高中的可达性差异和变化及其与学生种族和学业表现的关系,指出可达性与区位、种族之间的密切关系和决策作用(William and Wang, 2014);通过FCA度量公立学校关闭政策前后的可达性变化,使用加权主题地图(cartogram)描述与人口属性的关系,指出学校关闭引起教育机会分布的不平等(Rowe and Lubienski, 2017)。

4. 潜能模型

引力模型(Gravity Model),也称空间相互作用模型,源自物理学的万有引力定律,简而言之,设施对某一点的吸引力(或称势能)与其服务的吸引力(多用规模表示)成正比,与距离(用直线距离或出行成本的摩擦系数值表示)成反比(Pacione, 1989)。在其基础上,潜能模型与多目标选择的Logistic模型类似,不限制居民点与设施一一对应,居民选择所有备选设施其一的概率与每种选择的效用成正比,是距离衰减作用下供需双方规模、质量的函数(Wang, 2006)。此类模型可不设置距离阈值,计算区域内所有设施加在需求点的服务潜能总和；如果限制搜索距离，则计算极限范围内的潜能总和，作为空间可达性。

潜能模型本质在于模拟在距离、学校质量、用户竞争因素影响下居民点选择学校的概率，由于接近真实规律模拟，持续广泛地应用于基础教育资源空间布局评价和学区划分优化（李苒，2014）。潜能模型不限定需求点与学校一一对应，能更准确地反映学校区位、规模与学生分布之间的关系。比较比例模型、最近距离模型、机会积累模型、重力模型和潜能模型，通过学校规模、生均资源分配和平均入学距离等指标验证发现，潜能模型较好的模拟学校与学生的匹配状况（孔云峰，等，2008；孔云峰，吕建平，2011）。

为更好适应教育资源布局的评价和优化，潜能模型有多种改进形式，主要在于基于路网计算距离、调整摩擦系数、限定搜索范围或学区、设施吸引力多重测度等方面。比如，考虑设施服务能力、空间阻力、人口密度拥塞系数改进潜能模型及其区位商指数，评价教育设施分布（王丽娟，2016）；基于通学数据改进多种交通模式下的潜能模型，模拟真实的就学可达性，识别资源配置不均及学区划分问题（江文政，等，2015）。根据学区限制、时间距离和教职工数改进潜能模型，计算学区内居民点择校概率、距离阻抗和资源供需比乘积，评价教育空间可达性（沈怡然，等，2016）。综合考虑师资队伍、学校容量和硬件设施构建学校服务能力等级，结合基于路网的居民极限出行时间构建就学影响因子，改进潜能模型（汤鹏飞，向京京，罗静，2017）。潜能模型也适用于学校选址优化，调整参照用户消费水平并最大化设施效用的最大覆盖选址模型（MCLM）（万波，2012）。

● 学校可达性公平研究进展

1. 综合公平评价（Integrated Methods）

综合方法基于最短距离、机会累积、潜能模型等经典的可达性模型评价空间公平。一些方法纳入特定的人口、社会、交通等因素，使用高精度的多源数据，参照不同交通方式的机动性和区域差异等因素度量可达性公平（Chang, Liao, 2011）；在住房尺度基于使用者密度、年龄、收入来评价可达性公平（Omer, 2005）。而另一些方法考虑多种公共服务设施，根据设施❶偏好构建综合公平指数（Integrated Equity Indices，IEI）（Tsou et al.，2005）；结合最短距离和模糊打分将公共空间可达性与居民社会经济地位相联系（Lotfi，Koohsari，2009）。一些方法构建复合模型定义潜在的可达性公平：基于空间多准则分析（spatial multi-criteria analysis）和引力模型构建综合空间公平评估框架（Integrated Spatial Equity Evaluation，ISEE），度量不同尺度上居民需求与儿童教育、娱乐多种服务供给之间的平衡（Taleai et al.，2014）。还有一些研究整合单元空间统计方法，结合空间自相关分析（高军波，周春山，叶昌东，2010）、分组百分比（高军波，等，2010）、聚类分析以及Jonckheere-Terpstra和T检验（高军波、余斌，江海燕，2011）等评价服务分布与人口社会经济特征的关系。

这类评价方法复合、维度多元、对象广泛，综合性也体现在应用贴近现实，适于地方背景下的公平评价及布局政策调整。比如，针对学前学校数量短缺、通学距离过长的问题，长期评估新建住房的容量预测就学需求，短期评估学龄人口增长、城市扩张对学校布局的影响（Deruyter et al.，2014）；针对发展中城市教育用地的短缺，使用GIS、AHP和Moran's I指数综合评价现状教育设施布局，预测符合发展需求的最优再分布模型（Shahraki et al.，2016）。定性的综合方法也适于地方情景评价。比如，通过面向洛杉矶都市学区的民族志分析，发现移民对城市教育空间的冲击和日常通勤的挑战，以及择校对就学不平等格局的维持（André-Bechely，2007）。此外，综合方法可与主观调查数据整合。比如，基于社会分异视角下不同社区公共设施服务满意度调查，提出差异化的配置标准（王兴平，等，2014）；结合加权时间成本的可达范围和设施使用满意度调查，评价基本公共服务设施覆盖度的公平性和效率性（张建召，胡畔，2013；胡畔，2015）。

2．生源区研究

生源区研究（school catchment）可分为法定生源区评估、反事实生源

---

❶ 设施类别分为有害设施（如垃圾场，距离越近负面影响越大）、中性设施（如寄宿学校、邮局、消防站、办公部门，影响不随距离改变）、有利设施（如幼儿园、普通中小学、公园，距离越近正面影响越大），注重居民点与所有设施的关系，反映整体公平（Tsou et al.，2005）。

区对比、实际生源区解析和理论生源区优化,理解显性的学校服务覆盖情况,并揭示其中的社会空间特征,常见于欧美国家自由政策下的择校地理研究。

① 法定生源区(de jure catchment area or school district/zone)

法定生源区(或人口普查单元)研究面向就学政策调整,基于社会经济特征与学校生源比对分析择校格局,作为比较基准,便于数据整合及变化监测,比如以英国择校法案的前招生区划考察生源流动性(Parsons et al., 2000);从法定学区数据考察学校构成,这并非居住格局的"镜像",而是存在以母语为基础的择校空间(Noreisch, 2007);自由化择校政策对法定学区范围有所侵蚀(Bajerski, 2015);通过分析法定生源区居住分异,发现家长更多根据同龄人特征而非学校项目进行择校(Rowe and Lubienski, 2017)。实证一般表明较之假设现实中存在更严重的教育空间分异。塔伦(Talen, 2001)从学区人口密度、SES及其成绩影响分析就学公平,指出学校可达性并非资源可得性。伊斯顿与法拉利(Easton and Ferrari, 2014)利用路网和学生出行数据平滑绘制谢菲尔德市的小学实际服务范围,叠加学校质量和人口分布与法定学区比较,发现富裕邻里就学范围更大,而贫困邻里就学距离更近。相关研究也检验学区划分的歧视性,Siegel-Hawley(2013)利用分异指数(Index of Dissimilarity)探讨美国南方大都市学区划界是如何受到学校反隔离政策影响。

② 反事实生源区(counterfactual catchment)

反事实生源区评估通过对比理想与现实的就近入学状态,得出实际的学校隔离或居住隔离程度,反映择校或歧视性政策及行为的社会空间影响。Allen(2007)根据学生住址邮编,按照最近距离分配严格模拟的反事实就近入学状态,发现现实比理想的择校程度更高。Östh等(2013)针对独立学校引入择校、大量学生非就近入学的情况,通过反事实方法比较现实和假设就近状态下的毕业生成绩差异,发现择校扩大了学校之间的成绩差异。Richards(2014)比较美国663个学区15290个就近入学单元(school attendance zone)现状与无歧视性划分(gerrymandering)的反事实学区的种族特征,验证了现状学区划分加剧种族隔离的现象,而反隔离法案下少数学区划分缓解了种族隔离。可见现实相对于理想状态一般是分异加剧的。

③ 实际生源区（de facto catchment area）

实际生源区的解析或潜在生源区的估计利用学校生源住址等调查数据，如英国的学生数据库（national pupil database），研究生源区分异格局及社会经济相关关系，能够提供更为精准的决策参考。在择校背景下，就近并非生源分配的绝对原则，学校实际服务范围，覆盖的生源分布及成绩特征是教育社会空间公平性的重要表征。Brunsdon（2001）通过贝叶斯模型（Bayesian model）估计放射性生源区的核分布，估计地理变量对学校SAT成绩的影响。Martin和Atkinson（2001）使用多种几何定义下的生源区特征，对学校绩效进行了回归分析（Autoregressive Modelling）。Harris和Johnston（2008）基于50%实际生源位置数据的凸壳多边形（convex hull polygon）估计小学核心生源区，比较伯明翰地区人口与学校实际生源的种族构成。Burgess和Briggs（2010）也借助了类似方法。Singleton等（2011）开发了基于生源位置的核密度估计（kernel density estimates）、容量百分比等高线法（percent volume contours）的动态自动模型（automated modelling）定义实际生源区，开发辅助家长搜寻初中的决策支持工具。Millington等（2014）利用多智能体模型（Agent-based Simulation Model，ABM）生成了家长期望下基于距离分配学位的英格兰初中就学格局。Yoon和Lubienski（2017）比较温哥华热门学校通勤范围与就近分配格局，刻画了不平等的择校地理和缺乏包含地理信息的中小学生源数据库的情况下，国内"家—校"空间关系研究主要使用手工问卷调查和非模型方法（卢晓旭，等，2010；余柳，刘莹，2011；纪叶，2015）。

④ 理论生源区（school redistricting）❶

理论生源区或学校分区优化最早作为总距离最小的P-中位问题，后形成考虑学校规模、生源覆盖和距离约束的复杂优化模型（Møller-Jensen，1998；Pearce，2000）。Malczewski和Marlene（2000）提出学区划分是多准则决策（multiple criteria decision making）问题，常用优化方法包括帕累托最优（pareto-optimality）、DEA、参数线性规划（parametric programming）、目标规划（goal programming），以及多主体决策支持系统（Decision Support System，DSS）-GIS，最后一种对于多信息反馈与多准则权衡优势明显。

---

❶ 这一部分在离散设施选址与布局优化部分扩展叙述。

Sutcliffe和Board（1986）通过考虑安全、择校、紧密度等不同目标、择校影响、学校关闭、全部分配等问题的加权目标规划方法确定学区。Taylor等（1999）指出学区信息不足的决策缺陷，提出人口预测、超额可视化、规划分区、最优选址、学区划分的五步综合规划过程，满足布局优化和种族平衡多目标。Caro等（2004）结合客观目标与多主体互动，提出整合GIS的学区重划多目标线性规划模型。Costa等（2010）提出考虑边界可变（Modifiable Areal Unit Problem，MAUP）问题及地方背景的学校服务区定义方法；Deruyter等（2013）通过学龄人口增长、城市扩张短期评估学校规模和可达性，通过新建住房长期评估就学需求分布。

3. 时空可达性

随着交通和信息技术发展，"人—地"关系变得更加微妙复杂，"基于人"比"基于地"测算的可达性更为准确（Miller，2007）。时间地理学为可达性评价提供了新的方法论（柴彦威，赵莹，张艳，2009）。由于个体时间和空间资源不可分割，在传统可达性定义上增加时间维度，以时空路径和时空锥❶描述时空行为约束下个体可获得的服务资源（Hägerstrand，1970）。时空可达性（Space-time Accessibility）计算时空锥投影中的机会数量、机会邻近度、机会潜在活动持续时间、机会最大利用、可用机会吸引力、预期可用机会的最大利用等，适于度量群体行为差异的社会空间公平（Kwan，1998；Miller，1999；Neutens et al.，2010）。结合时空锥、可用机会吸引力-出行成本与个体效用最大化的可达性评价框架最为复杂（Miller，1999）。

时空可达性的评价特点是增加供给和需求两方面的时间约束，不限于对空间差异的静态描述。Serban（2011）基于空间、时间变化系数、时空互动系数估计模型，基于不同群体获得服务的时空差异评价可达性公平。Delafontaine等（2011）考虑服务开放时间的影响，提出基于个体机会最大

---

❶ 时空路径是起讫点之间的时空轨迹，时空锥是一定时间范围内时空路径的可达性（Hägerstrand，1970）；时空锥（space-time prism，以potential path space，PPS表达，在二维空间的投影为Potential Path Area，PPA）下将个体与环境互动行为模型化，以掌握旅行起始位置、活动位置、时空环境数据为前提（Miller，1991）。

化（utilitarian approach）、机会均等（egalitarian approach）和权重机会均等（distributive approach）不同原则下的时空可达性公平评价方法。时空可达性公平评价可应用于政府办公室、公共图书馆等时间敏感设施（Neutens et al., 2012; Charleux, 2015）。Ren等（2014）基于个体时空约束和城市结构互动框架，比较了医院评价中时空需求和传统区位需求评价的方法差异，指出时空可达性考虑需求行为的优越性。

时空可达性的潜力在于描述就学出行链，特别是幼儿园、中小学等通学时空规律。比如，分析家长接送行为导向的可达性，揭示家庭需求与小学设施布局不匹配的矛盾（王侠，陈晓键，焦健，2015）；基于GPS追踪小学生放学路径，分析放学活动的年龄差异、特征空间以及不同城市空间与放学行为的关系（李瑾，2014；魏琼，2015；孙霞，等，2016）。时空描述对建成区中微观的就学环境改进有积极效用。

4. 在线学习

教育活动对信息流高度依赖，在教育需求多元化、倡导终身学习、疫情阻碍线下教学的时期，在线途径格外重要。伴随着信息与通信技术发展，在线教育某种程度上削弱成本障碍，对促进教育公平的作用值得探讨。在经历邮政函授、广播电视和在线教育三个阶段后（Ding et al., 2010），弹性开放的在线学习（e-learning）❶受众年轻化，从成人业余教育向K-12教育普及（Guri-Rosenblit, 2005）。

Bozkurt等（2015）基于Zawacki-Richter等（2009）对全球远程教育研究领域进行分类，分析综述远程教育的权威文献，指出讨论主要集中于微观教学设计、社区互动和学习者，涉及宏观的公平问题比例较低，且在线基础教育研究不足，仅占总量的3%。在线学习在课程规划、教学设计、师生互动、解决技术障碍、满足学生即时交流期望、保持学习自主性的资源投入等方面存在诸多挑战；学生自律性和创造性是在线学习绩效的核心因素；

---

❶ 在线学习与传统远程教育的不同在于：在线学习不强调邻近，甚至只辅助现有校园教学，远程教育强调克服距离障碍，通过非连续性交流和非同步教学实现；在线学习面向年轻化大规模混合群体，远程教育受众特定；在线学习要求高强度的反馈互动，人力资源需求大，甚至是高成本精英化的，而远程教育是教育规模经济的产物（Guri-Rosenblit, 2005）。

版权保护、人际交流和教师培训缺乏也是问题（Li and Irby，2008）。即使是传统的远程教育，也存在设备维护、资源更新支持不足，远端教师素质有限等问题（马德成，马福，2009；杨国利，孙长影，2017）。尽管最大优势是摆脱时空限制，在线教育还不能代替人基本的社交需求；即使是线上资源最多的大学也依旧倾向小规模在线授课（Guri-Rosenblit，2005）。信息时代的"学校消亡论"指向科层制，而非教师、课程或学校场所（刘垚玥，2016）。因此，在线学习应是传统教育的良好补充，但无法替代面对面的互动教学。实体空间的教育公平仍是规划的主要考察方向。

在线学习对于偏远地区和无法正常到校的学习者已成为基础教育质量提升的重要手段（刘晓琳，等，2015）。不过，信息与通信技术到底是促进教育公平还是扩大数字鸿沟（digital gap）[1]尚无定论。区域、学区、学校之间在基础设施、经费、资源、技术等方面的不均衡限制了在线学习绩效（石小岑，2016）。不同地区和学校师生的信息素养差距并非技术普及能够单纯解决。随着城市在线学习应用水平提高，城乡学生的数字鸿沟可能持续扩大（舒昊，马颖峰，2014），而解决途径取决于制度保障、资金支持、课程标准、教师培训等方面的综合措施。

离散设施选址与布局优化

考虑到选址布局的优化，中小学属于连续空间网络上离散型多设施（discrete facility）[2]，在有限的设施点、备选点和需求点寻求最优解，网络是联系各点的交通线路。其理论源头是区位论（location theory），在系统学、

---

[1] 数字鸿沟有两种表现，一是数字地理鸿沟：由于财政和地理因素，学生无法获得必要的在线技术工具或资源；二是数字能力鸿沟：由于学生、教师或管理者缺乏信息素养，即使客观条件满足也无法有效使用工具或资源（刘晓琳，等，2015）。

[2] 选址问题的空间设定分为平面和网络两类，每类都可细分为连续（continuous）和离散（discrete）选址问题，前者设施和备选位置可位于平面或网络任何一点（如直升机急救点、消防站），后者只能位于数量有限的备选点上（如发射塔、零售设施）（ReVelle，Eiselt，2005）。

运筹学、经济学等基础上，借助数量统计、线性规划、GIS等工具解决。作为运筹学的经典问题，选址在给定空间定位设施，是布局优化的基础[1]。Weber（1909）提出平面上单个仓库到多个顾客之间总距离最小的问题，正式开始选址研究。Hakimi（1964）提出网络上多设施选址的P-中位与P-中心问题，选址发展成为系统科学。Teitz（1968）将新古典福利经济学引入选址问题，开创了公共设施选址的新领域。随着设施需求与运输成本设为随机变量，选址问题进入不确定性的研究阶段（王非，徐渝，李毅学，2006）。

Cooper（1963）最早提出多设施选址的一类模型及其算法，即"选址—分配"模型（Location-Allocation，LA Models），经典选址问题包括覆盖问题、中位问题、中心问题等[2]，并衍生出渐进覆盖、备用覆盖、分层选址、竞争选址以及多目标选址等问题（万波，2012）。常见的中小学选址布局研究对经典的优化原则都有涉及（万波，等，2010；岳金辉，李强，2011；孔云峰，王震，2012；彭永明，王铮，2013；孔云峰，王新刚，王震，2014），通过联系供给、需求和交通成本，考虑规模或分级约束并权衡可达性公平和效率、分配公平和配置效率三方面目标，确定选址并优化布局，在应对不确定性、政策调整及校车规划方面，相关模型和算法存在多重改进空间，为复杂决策提供科学理性的规划方法（林文棋，毕波，2015）。

● 学校选址布局优化基本模型

1. "选址—分配"模型

优化原则分为两类。一类是效率原则：①从居住点到学校的总体或平均出行成本最小（P-中位问题）；②学校在一定范围内覆盖的服务需求最多（最大覆盖或捕获问题）；③确定最少的学校数量满足覆盖一定距离内

---

[1] 选址关注设施本身区位选择，布局关注设施之间与在地的整体关联（ReVelle，Eiselt，2005）。

[2] 集合覆盖（set covering）问题是找到一定距离内覆盖所有需求点的最小设施数量或建设成本；最大覆盖（maximum covering）问题是给定设施数量P和极限半径后寻求覆盖需求量最大化；P-中位（P-median）问题是在网络上给定设施数量P后求至少一个最优解使权重距离最小；P-中心（P-center）问题是求P个设施位置使所有需求点获得服务且每个需求点到最近设施的最大距离最小。

所有需求（集合覆盖或完全覆盖问题）。一类是公平原则：①满足最大上学距离即居住点与最近学校的距离最小化（P-中心问题）；②最大或平均上学距离不超过特定数值；③所有上学距离的差异如均方差最小化等。学校选址最早作为P-中位问题，ReVelle和Swain（1970）首次建立了P-中位问题的0-1变量整数规划模型，Kariv和Hakimi（1979）证明了P-中位问题为NP-Hard问题，即不确定性多样式（non-deterministic polynomial）求解困难。算法包括拉格朗日松弛算法、遗传算法、启发式算法、模拟退火算法、禁忌搜索算法等（ReVelle，Eiselt，2005）。

LA模型确定离散设施选址同时划分生源区，具有可达性基础上的优化思想。生源分配子问题一般通过指派模型完成，按最近原则优先分配生源，学额已满后考虑次近选择，在不超过学校容量的条件下满足所有学生就学距离最短[1]。Møller-Jensen（1998）基于GIS向量工具的LA模型提供了公立学校最优选址、容量、学区重划以及交通网络设计建议。Pearce（2000）使用Voronoi多边形、考虑规模权重的Voronoi多边形、限定就学距离的LA模型三种方法确定生源区，发现学校绩效与学区社会剥夺之间的关系，且LA模型的模拟潜力最佳。Deruyter等（2013）基于LA模型和网络分析构建了自动适应模型确定生源区，并与实际情况对比指出热点地区并预测容量问题。

不过，指派模型可能出现将学生分配到较远学校的飞地情况（王冬明，邹丽姝，王洪伟，2009）。可以通过改进的整型规划模型[2]以及最优学区划分工具克服这一问题，满足生源全部分配到最近剩余学额的目标（孔云峰，2012）；或根据地方背景调整模型，建立学位有限的最大服务覆盖、距离费用最低的公私立混合派位模型（艾文平，2016）；结合主成分分析、公平指数、最短路径、空间自相关等方法，建立最小设施数量和最大服务覆盖模型（于洋，等，2017；刘潇，2017）。

---

[1] 指派模型还可设定不设容量限制的极限服务半径，优先满足半径以内最近生源分配，超出半径的需求被其他学校满足（Pearce，2000）。

[2] 尽管整型规划属于NP求解困难，改进模型可在学校与居民点之间构成完全二分图，设约束矩阵为完全单位模矩阵，等价于对应的线性规划松弛问题，可精确求解（孔云峰，2012）。

2. 多约束条件：容量限制与设施分级

LA模型常用约束条件是学校容量限制，避免规模过大或过小带来效率损失。Maxfield（1972）基于五种线性规划原始和对偶分析，提出减少超额的生源分配和转学方案。Heller（1985）提出带规模约束模型整数解的出现频率与系统容量和待分配需求之间的接近程度有关。Bahrenberg（1981）应用最小班级规模限制的最大覆盖模型优化农村学校布局。Pizzolato（1994）将改进的启发式算法应用于大规模P-中位模型求解。Lorena等（2004）运用列生成方法解决大规模带容量限制的P-中位问题。Pizzolato等（2004）对比有无规模约束的P-中位模型应用于学校选址的情况。

另一个现实约束条件是，学校服务于不同的层级。Moore和ReVelle（1982）提出分级、带容量限制的覆盖最大化选址模型。Galvao等（2002）研究保育设施多级选址问题，通过拉格朗日启发式算法提出总距离最小和负载不均程度最小的三级设施配置模型（Galvao et al., 2006）。Yasenovskiy和Hodgson（2007）基于空间相互作用和LA模型构建了多层级设施选址模型。Teixeira和Antunes（2008）提出嵌套的可达性最大化、设施容量及分配容量限制下的分级P-中位模型，应用于公立学校配置，并讨论了单一、就近和路径分配三种模式。

引入规模和分级约束也是国内学校选址模型的主要改进方向。万波等（2010）基于分段效用函数建立了分级带容量限制的中位模型，并考虑设施开放与关闭的数目限制。彭永明和王铮（2013）基于P-重心模型增加上学最大距离约束，保证偏远农村学生上学近便和加权距离和相对最小。戴特奇等（2016）基于最大距离约束的P-中值模型增加了学校规模约束，采用分支界定算法求解，发现增加规模约束后学校布局更加分散。

3. 多目标准则：效率优化与公平优化

LA模型一般遵循可达性最优原则，而公共教育资源配置往往是多目标（multi-objective）决策问题：需要同时满足效率和公平目标，考虑公共预算限制、规模经济效益、生源平衡等条件，并面向多个利益主体。空间公平的量化原则还包括：①分配的公平：各单元或学校的软硬件资源投入对于服务对象均等（投入均等、产出均等或供需匹配程度高）或集聚水平低（相对差距在合理范围内）；②可达性的公平：各居住点计算的可达性水平均等或相对差距最小。这里②可被①和公平的优化原则同时满足。同时应考虑学校系统的规模效益和投入产出效率：①在一定投入下产出最大化（技术效率）；或②在一定产出下成本最小化（配置效率）(Malczewski, Marlene, 2000)。总结起来，多目标包括：①可达性的效率和公平、②资源分配的公平、③资源配置的效率。在资源有限的条件下，资源配置公平未必能同时满足效率最高（孔云峰，李小建，张雪峰，2008）。在原理上，多目标存在冲突。以撤点并校为例，实现资源配置效率会相应的损失分配公平或可达性公平。考虑不同目标偏好、对弱势群体的道义倾斜等，决策复杂度提高。

这就需要建立一定约束条件下、多种方法组合的多目标准则优化模型。Malczewski和Marlene（2000）提出多准则决策（Multiple Criteria Decision Making, MCDM）问题原型及常用的五种分析方法。一是帕累托最优（Pareto-optimality）分析，比较学校关闭前后的效用水平（Lerman, 1984）。二是DEA分析，将交通成本与资源投入、成绩产出等不同量纲指标纳入绩效系统。三是参数线性规划（parametric programming），用权重或约束将多目标转化为单一目标的线性规划，在可达性效率目标之上考虑分配公平。Diamond和Wright（1987）提出距离、安全性、学校效用、学区边界限定多目标的学校合并模型。Berman和Kaplan（1990）建立距离最小化原则上增加税收补偿平衡目标的模型。Schoepfle和Church（1991）提出服从学校规模和生源种族平衡约束的配置成本最小化模型。Church和Murray（1993）纠正关闭小规模学校的选择性偏差，提出改进的多目标学区合并规划模型。Marsh和Schilling（1994）总结了分析性（analytic tractability）、适用性（appropriateness）、公正性（impartiality）、转移原则（principle of transfers）、量纲不变性（scale invariance）、帕累托最优、标准化（normalization）7种特征之下设施选址公平度量的20种方法。Drezner和Drezner（2006）在总距离最小化目标之外，将重力准则下服务规模方差最小化作为公平目标。Ogryczak（2009）检验了与距离最小化目标并行的方差最小、选择机会与平均产出的基尼系数与洛伦兹曲线等公平性度量方法应用条件。四是目标规划（Goal Programming, GP），作为线性规划的延伸，寻求多目标分级条件下目标与期望的偏差最小化。应用于种族平衡、机会均等、交通与容量效用最大化的校车规划（Lee, Moore, 1977），以及生源衰减背景下学区空间再组织（Sutcliffe, Board, 1986）。五是允许多个决策主体互动参与的DSS-GIS系统，在信息传递、反馈和确定多目标偏好的效率方面优势和前景明显。Taylor等（1999）根据学区决策信息不足的情况，提出人口预测、超额可视化、规划分区、最优选址、学区划分的五步骤综合规划过程，满足就学格局优化和种族平衡多目标。Caro等（2004）提出整合多目标线性规划和GIS的学区重划模型，结合客观目标和多主体主观判断定义多准则问题。

● 学校选址布局模型研究进展

1. 应对动态变化与不确定性

多阶段动态选址问题研究未来若干时间段内学校的最优选址布局，根据人口变化和规划目标进行新校选址、旧校关闭、学区重划与合并等。Antunes（2000）根据可达性、预算、容量和设计标准等条件，提出适于设施状态和规模动态变化的多阶段布局优化模型，应用于公共学校规划。Berman和Drezner（2008）假设需求一直被最近设施满足，研究了考虑已有设施区位的条件中位问题，尚未应用于学校选址。Miyagawa（2009）基于k最近邻算法和平均距离最小目标给出评价设施关闭影响的基本思路，适用于中小学布局调整。

学校布局的不确定性来源多样，动态变化的需求预测是难点。基于需求变化的模型改进是主要趋势，主要通过概率模型将随机需求、出行选择和建设成本等确定变量转为随机变量，解决不确定性问题。Lankford等（1995）通过实证分析建立了家庭择校模型。McFadden和Train（2000）基于随机效用最大化假设提出应对离散选择的混合多项式Logit模型（Mixed Multinomial Logit, MMNL）❶。Müller、Haase和Seidel（2012）应用一般嵌套的Logit模型（Generalized Nested Logit, GNL）解释空间相关性。在一系列概率下进行选址的情景模型也用于应对不确定性。Albareda-Sambola等（2011）给出两种资源函数下超出容量服务外包的两阶段随机规划模型。

---

❶ Logit模型与最大效用理论一致，假设个人选择效用由确定项和随机项组成，后者服从极值分布。

2. 应对特定背景的调整评估

随着生育率下降和公共开支缩减,相关模型研究转向班额缩小、学校关闭及布局调整的标准和后果。西欧国家进行择校背景下的布局优化研究。Müller等(2008)结合实证调查和ML模型,研究学校关闭背景和一定择校模式下通学距离和方式转变引起的总体效率问题。Müller等(2009)考虑学校设施空间替代、自由择校和需求变化的影响,提出多情景动态选址模型。Haase和Müller(2013)基于自由择校背景提出容量和预算约束下学生预期效用的最大化模型。

美国背景集中于学校和学区大规模合并潮(Killeen,Sipple,2000),围绕综合效率、教育产出和种族平衡等目标展开研究。Sher和Tompkins(1976)讨论了农村学区合并效果优劣的度量。Duncombe等(1995)使用规模经济定义经验性的成本函数,估计学区合并的成本节约效益。Lemberg和Church(2000)提出了以生源变化最小化和学区边界稳定性最大化为目标的规划模型。Hanley(2007)基于学区规模与交通成本的关系,建立多目标的校车选线模型估计学区合并带来的交通成本变化。Gordon(2009)实证提出一种应用于学区合并的空间合并估计函数。Berry和West(2008)探究了学校合并和规模变化对教育产出的负面影响。

快速城镇化进程中,我国特别是中西部农村地区也经历了中小学布局大调整(范先佐,郭清扬,2009),引发学界对其动因、模式、标准和成效问题的关注。比如,对义务教育学校布局影响因素、规模效应和政策选择的整体研究(雷万鹏,等,2010);对中小学布局调整成效及政策路径的调查分析,提供了量化研究的基础(贾勇宏,曾新,2012;汪明,等,2012)。

3. 校车接送站选址选线研究

学校布局调整的重要组成部分是交通规划,构成优化模型的一大分支。对于农村、城乡接合部和大都市地区的长距离通学问题,校车选线及接送站选址十分必要。接送站选址也称Hub选址问题,研究交通线网OD对上产生的通学需求,即学生从O点(家)出发到D点(学校)过程中享受接送站服务,在需求产生的OD对之间增加中转节点,减少直接路径选择以优化整体出行效率。O'Kelly(1986)最早将Hub选址引入设施选址研究。Ebery

等（2000）研究了带容量限制多分配的Hub选址公式和算法。Farahani等（2013）基于Hub选址问题的模型、分类、算法及应用等综述，认为中转站的动态选址是重点和难点。

校车路径选址（School Bus Routing Problem，SBRP）包含多个子问题，核心是在总行驶距离最短、车上时间最长、载客数量限制、通行时间窗口期等条件下寻找最佳的车辆安排时间表和路径，同时确定设施数量和区位（Park，Kim，2009）。Schittekat，Sevaux和Sorensen（2006）等提出单个学校的校车路径选址的整型规划模型，应用于10个接送站和50个学生的研究。Mandujano、Giesen和Ferrer（2012）基于两个学校选址和交通优化的混合整型规划模型，整体性地考虑农村地区学校网络布局。

国内Hub选址研究多用于物流、航线、公交网络优化，近年来校车路径选址研究增多。张苗（2008）构建了单校车和多校车的双层规划模型，进行遗传算法设计和求解。张富和朱泰英（2012）对校车站点和路径建立了多目标非线性规划模型。党兰学等（2013）提出记录更新法为基础的启发式算法，对校车路径进行全局优化。我国城市地区交通环境复杂，校车供给政策有待明确，校车接送站选址选线模型的实际应用前景广阔。

● 从评价到优化的方法工具集成

单元空间层面，早期的基础教育均等化评价源自财政学和公共管理学，通过指标体系与标准化方法组合建立省县市地区的公平评价体系，指向资源投入或结果的地域均等。优点是数据易获取、途径目标明确、便于单元横纵向比较。而教育空间公平涉及多维度的资源要素，追求"起点—过程—结果"的综合公平。不同发展阶段也有不同的公平目标、内涵和标准界定，需要拣选适宜原理方法，衔接有关尺度和类型的评价。

近年来，更多地出现地理学、社会学的社会空间评价，侧重于小尺度识别影响因素、社会需求和问题分布，指向过程公平和结果正义。呈现出以下发展趋势，从起点公平到过程和结果的公平：从评价资源投入的均等化，到考察均等化影响因素，再到验证均等化的落实程度；从侧重供给到侧重需求：更多将设施区位和服务效益与人的需求相联系；从客观指标为主到主客观因素融合：居民对于基本公共服务的属性、偏好和感知差异等更为重要；从被动识别到主动发掘；从局外评价剥夺到局内调研损益。**单元空间的基础教育公平评价服务于资源分配关系的调整，即程序意义的政策规划，也越来越多地回应自下而上的补偿原则视角。**

连续空间层面，GIS基础上大量经典的可达性工具已应用于就学格局评价，通过最短距离模型、机会累积模型、潜能模型等定义空间公平。可达性相比传统的服务半径评价，能更好地匹配供需密度并识别机会分布，并拓展到质的匹配，测度公共服务分布的社会空间影响因素，形成社会空间公平评价。一类是在可达性评价基础上，结合空间统计、相关性分析、聚类分析等辅助公平性判断；另一类是改进可达性度量本身，建构综合的公平评价模型。此外，在线教育也可以纳入教育公平评价的考察范畴。

新的进展是基于实际生源数据构建可达性和生源区模拟工具，包括离散选择模型、多智能体模型、空间平滑方法等，纳入学校、距离、家庭多重影响因素，准确识别机会分布公平性，并达到可达性公平目标和多约束条件下的有效优化。实际数据和复杂模型的评价方法更为精细。为达到最优目标或满足一定约束条件，可以进行系统优化基础上的学区划分，提出综合的布局方案。当设施、人口或政策处于变动环境中，起点和终点的互动关系复杂且不确定，也可以结合特定的概率模型和线性规划，进行有效调整。**连续空间的公平评价服务于实质意义的设施布局和生源分配，呈现应用多源数据和综合模型的方法趋势，以揭示和预测现实。**

离散设施层面，教育资源空间配置的可达、公平和效率三类目标无法同时最优，一系列LA模型及其改进，为解决布局优化问题提供本质方案。在大数据环境和模型精细化趋势下，各类实际需求和优化目标是新模型、算法和应用产生的动力。分析区位需求的概率模型，为教育资源配置提供依据；DSS-GIS是支持多主体互动参与决策的有效途径。不过，模型工具资源支持和实践应用还不充分（ReVelle, Eiselt, 2005），本身的抽象性也限制其实际效用（Francis, Lowe, Tamir, 2002），对于数据条件要求高，对于土地资源紧张、需求不确定、选址过程复杂的城市环境应用较少（宋小冬，等，2014）。

作为连续空间层面的评价与规划工具库，学校布局优化模型有以下改进方向：①整体考虑学校布点、规模、教学水平、多级设施、动态变化、接送站等的综合模型，将多目标准则、用户（学生）、节点（设施）和路径（线路）视为系统；②从就学需求及其变化分析学校布局，以政策、家庭收入、交通能力等因素影响择校偏好的微观决策过程进行模拟作为基础；③相比国外，国内对学校空间分布、评估的量化研究不多，需要针对动态背景探讨优化原则，进行定量化的政策设计。**离散设施的公平优化服务于实质意义的系统资源配置，以整体量化、需求识别及实际应用为导向，提出具体的问题解决途径。**

第5章

北京市域、内城、近郊的基础教育社会空间解析

市域:"中心—边缘"的分异格局

内城:"户籍—文化"的分异格局

近郊:"收入—区位"的分异格局

市域:"中心—边缘"的分异格局

● 城市社会空间格局演变

1. 改革开放前

作为六朝古都,北京继承了都城历史的"中心—边缘"空间发展结构,该结构同时反映在社会经济和教育资源分布层面。明清时期的北京按社会等级划分居住空间,旧城从内至外分为宫城、皇城、内城、外城;统治阶层与高经济阶层在内城中央,平民与低经济阶层居住于外围边缘,且北城的社会经济地位高于南城(Gu, Wang, Liu, 2005)。过去的基础教育服务基本是旧式家族操办的私塾,分布于旧城官邸、王府,也包括爱国人士创办的民间学校、西方教会学校等;这样的基础教育服务格局是碎片化且不成系统的,多服务于官僚资产阶层后代(Tsang, 2003)。

建国初期,旧城边缘发展起来的单位大院,提供单位附属的职工住房与子弟教育,成为主要居住形式(Bray, 2005)。附属学校依据父母在单位的身份等级、工作年限确定子弟入学名额和次序(杨东平, 2006)。旧城传统私立学校与教会学校大多被国有化,遗留的精英学校也通常优先录取高能力的学生(Tsang, 2003)。因此,传统优质中小学多集中于中心城,周边老旧、公有住房和单位住房密集,成为重点学校建设的前身。同时,新的"产业—居住"功能区规划延伸至近郊,特别是西北片区,大学和科研等单位附属的优质校也成为后来的热门学校,吸引新居民定居于新的近郊组团(Gu, 2001)。

2. 改革开放后

改革开放以来,在市场经济与体制遗留因素的错综影响下,城市中心和外围地区经历了剧烈的社会空间变化。一方面历史骨架得到了延续,另一方面城市结构经历了市场经济下的再组织。土地和住房改革释放了空间供给和需求,新功能填充城市空间的同时也带来新的社会空间分异(Wu, 2002)。内城经历大规模的城市更新、中央商务区和新机构建设;外围商品房小区、文化与经济服务区、高新技术园区则如雨后春笋般崛起(Gu,

Shen, 2003)。无论是政府拆迁诉求还是外迁投资意愿驱动,部分内城原住居民迁出流入郊区;出于回迁或对中心城公共服务的需求,有部分居民迁回内城。中心城居住空间走向碎片化,胡同、原单位大院、商住综合体等混杂。回迁居民、更新遗留的本地人口与新功能区就业的外来人口(白领、商贩、服务业人员等)共存。相对于密集的外来人口就业空间,内城的居住和基础教育空间增长有限。

另一方面,城市社会空间进一步受到延续的户籍制度和双轨土地制度影响。户籍制度阻碍了一定的权利享有,导致外来人口在某些地区居住临近资源而不可获得服务。土地改革不彻底导致的集体所有土地与小产权住房,形成外围地区的典型飞地。原集体所有土地或住房如果不在城市政府收购和改造规划下,就无法进入土地市场交易,大多转变为城中村,这些区域为外来人口提供低成本的居住空间(Liu et al., 2010)。中心城流出富有的中上层居民,与外来流入人口共同组成了混合异质性的城市边缘地区,在社会空间变迁过程中见证了社会身份、收入与地位的不平等(Gu, Shen, 2003)。由于存在城中村、商品小区、企业宿舍等多种居住类型,城市边缘区的公共服务供给也不成体系。总之,碎片化是转型时期北京城市主要的社会空间特征。人群居住空间分布与公共服务资源获得之间关系复杂。

● 基础教育服务分布特征

在土地利用强度、邻里结构(主要指外来人口比例)、社会经济特征等因素叠加影响下,北京城市社会空间格局演变为复杂的马赛克(urban mosaic)形态(Gu, Wang, Liu, 2005)。中心的东西城和西北的海淀地区占据了的传统优势教育资源,成为教育社会空间分异的基础。与马赛克格局同步,基础教育服务的分布也经历了复杂的演变。随着北京市基础教育设施规划的首次编制,其整体布局得到统一规划,跟上了城市扩张的步伐。社会空间分异与基础教育服务分布之间的潜在关系是存在的,因为公立基础教育设施的设立与拆除往往伴随不同类型的居住区建设和改造进行,比如楼盘开发商代建小学、城中村外来子弟学校自发建设等。这种局部关系意味着,学校的服务对象与其周边建设类型有关,也覆盖了相应的社会机能。当然，出于户籍限制或一些城市建设过程中复杂的微观因素❶，加之一些居住迁移和过滤因素，这种关系的存在也可能是不严格的。

市场冲击与体制遗留（特别是城乡二元的户籍制度）两种交互影响的因素在基础教育分异格局的形成中起到关键作用。不过，与住房市场相比，基础教育的市场化由于政策导向在效率原则与平等主义之间徘徊而步履蹒跚❷。尽管市场化初期打破了城市公办学校的垄断局面（Tsang, 2003），非公办学校近年来的发展力量仍然薄弱且规模很小。北京市教委记录的私立学校数量十分有限，2010年在册的1068所小学中，仅有24所是私立学校，多属于服务海外升学的贵族学校，而非正规的打工子弟学校不在记录范围内。由于公立教育占据主导，前重点学校一向是社会广泛认可的好学校。自就近入学成为学位分配的法定原则以来，基于地理分异的公立学校系统和户籍制度就成为教育的体制鸿沟（Wu, 2013）。而基于开发商代建、打工子弟学校自建、国际学校商建这类自发形式的市场化教育，难以缓解和补偿教育的社会空间分异。

概括来说，大致存在三种典型的基础教育服务格局：错配的内城（mismatched inner city），资本化的郊区（capitalized suburbs）和城乡外来人口的郊区（migrant suburbs）。这是分析社会空间与资源分布关联性的背景。

1. 错配的内城

内城属于教育优势地区，"学区房"市场已成为城市中上阶层家庭逐利的领域。从供给角度，原公有住房产权私有化的过程中，划片入学规则将原有住房附带的教育福利资本化，优质教育资源的集中带来富裕就学家庭的集中；从需求角度，随着名校意识风行，富有家庭或通过购买好学区的"老、破、小"住房单元竞争名校入学名额，或通过择校、特招等其他途径

---

❶ 比如，笔者在对某区教委访谈中了解到，一所开发商代建小学不仅服务于所在小区，还服务于该开发商名下离此小区较远的另一楼盘，而该小学与邻近此小区的其他品牌楼盘则无服务协议。

❷ 比如，面临不可避免的择校潮流和教育财政需求，1996年有政策措施允许重点学校招生时收取择校费，但对择校的放松管制又引发了社会不满和一系列问题（Bian, 2002）。2006年修订的义务教育法禁止了重点学校和一切收取择校费的行为，从正面抑制了教育市场化行为。

进入名校，却不一定在好学区实际居住。考虑到外围更好的居住环境，原住居民或新的"学区房"业主可能保留好学区的产权和户口而居住他处（即人户分离）来保证入学权，租出甚至空置"学区房"单元。这样内城除了因就学便利租住于学区的本地家庭，外来人口无法就近享有学校资源。跨区通学的现象从侧面揭示内城"学—住"空间不平衡的复杂性。

2. 资本化的郊区

近郊不同于错配的内城，住房与教育供给中的市场机制清晰，社会空间分异明显。新的社区建设配套名校办分校，作为吸引家庭客户的手段，形成"开发商+政府+名校"的增长联盟。由开发商代建的"教育地产"是城市扩张过程中教育设施配套建设的常见形式（江坚，2010）。楼盘开发捆绑教育资源以提升利润，游说名校或教育部门达成开办协议。教育部门授权项目配套的名校挂牌成立分支，分摊设施建设成本。这种模式下形成的教育社区多是封闭隔离的，并与高阶层和高收入居民相联系。典型现象是外围地区分散的绅士化飞地。比如北京东北片区集聚的国际学校组团，与全球化过程中的外国人门禁社区建设相关（Wu，Webber，2004）。国际学校以国际文凭、海外师资、兴趣培养等体制外教育标准著称，是吸引高收入外派人员携子女定居并提升郊区活力的重要因素。

3. 外来人口的郊区

打工子弟学校与私立国际学校的并存凸显了非公办学校中鲜明的极化现象。打工子弟学校多数由私人运作，坐落于北京四环以外远郊的城中村、乡镇或私人所属的产业—居住组团中（图5-1）。2000年以来，大量外来人口的涌入给公共教育系统带来可观的压力，特别是在中小学数量减少的趋势下，凸显了基础教育资源的短缺。但作为补充资源的打工子弟学校不仅缺乏必要的公共财政支持，还在城市人口管控政策和建设标准规定下承担着拆除风险。北京市第一所自发形成的打工子弟学校于1993年开办，所有私立外来子弟学校自2010年以来经历了三次关闭潮，从2004年的200余所（Han，2004）下降到2015年的117所（赵小童，王若瑶，刘凤霞，2015）。

户籍制度限制了外来儿童享有与本地儿童同等进入城市公立学校的权利，而是进入收费更高、师资相对更薄弱的私立学校。低收入非本地家庭

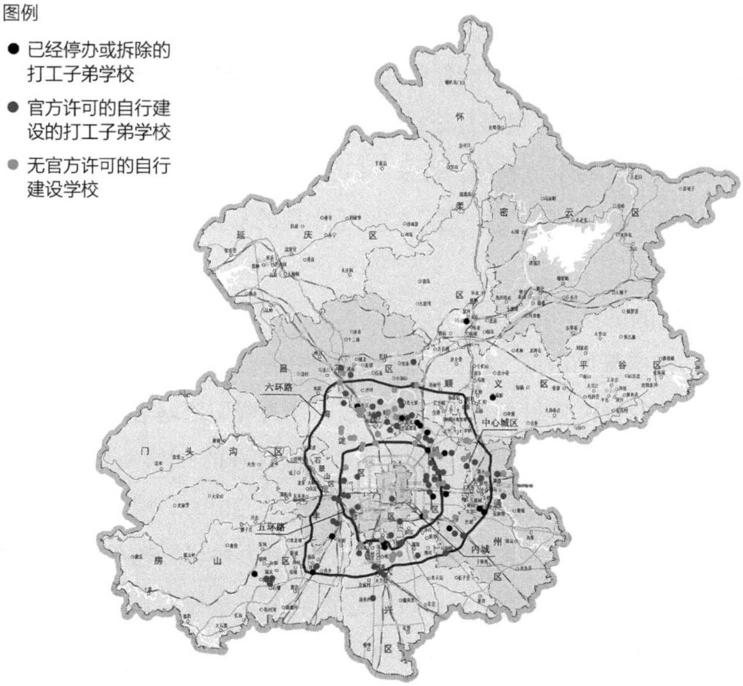

图例
- 已经停办或拆除的打工子弟学校
- 官方许可的自行建设的打工子弟学校
- 无官方许可的自行建设学校

图5-1　北京2014—2016年打工子弟学校分布
来源：根据网络数据改绘❶

很难通过住房市场竞争基础教育资源。尽管近年来特大城市出现以居住证替代户籍享有当地资源的改革趋势，以"五证"政策为代表，外来儿童入读公立学校仍然十分受限。其不透明性和满足难度，提高了外来儿童的入学门槛（Feng, 2014）。基础阶段有限的就读资源和入学途径影响本地学籍获得，进而影响中等教育升学和就地高考的权利，驱使其转回原籍接受初中以上或小学教育，甚至出现跨省就学的现象。办学和入学的双重管控提高了外来人口就学成本，打工子弟学校也因此多开办于城市建设管理的灰色地带。❶

作为转型中的超大城市，北京基础教育资源分布明显与社会空间特征

---

❶ 学校数据参考网上志愿者于2014年至2016年之间收集数据制图。深灰点代表官方许可的自行建设的打工子弟学校；浅灰点代表无官方许可的自行建设学校，存在被拆除的高风险；黑点代表已经停办或拆除的打工子弟学校。

有关，体制与市场因素并存且在不同地区作用程度不同。基于社会空间视角，需要从"质"的角度探讨学校服务分布、生源分配及家庭择校的内在机制，考虑综合干预措施。在市域层面，从关注机会障碍的补偿原则出发，围绕"谁获得了什么"（who benefit）的问题展开，通过因子分析和相关性分析，探索性地考察社会空间分异与中小学服务之间的关系，识别教育机会分布的总体特征。

● 社会空间与资源分布的关系

1. 中小学服务指标构建

以街道为分析单元，中小学服务指标来自《北京市基础教育设施规划》1068所小学和796所中学点数据，其中六年制和九年制学校归为小学、初中、单独高中和完全中学归为中学，职业高中除外。由于二元体制管理问题，打工子弟学校不属于官方记录集。研究总共设定五方面7个指标，用于描述街道中小学服务水平差异，包括就学率、可达性、前重点学校比例、公办学校比例、平均师生比、生均用地和建筑面积（表5-1）。由于指标间内在关系不确定，没有赋予某些指标优先级或权重。

街道中小学服务指标与社会空间分异潜在变量 表5-1

街道中小学服务指标				社会空间分异潜在变量		
	指标	计算	指征	维度		普查属性变量（%）
服务覆盖程度	就学率（%）	中小学生在校生总数/5~19岁人口总数	适龄人口在校比例	一般人口属性	户口	外来人口比例/人户合一比例/非农业户口比例
	小学可达性	根据改进的Huff模型计算 $$A_p = \frac{\sum_{i=1}^{n}\left(\sum_{k=1}^{j} S_{pj}^2 d_{ij}^{-2}\right)}{n}$$	获得的设施服务供给的覆盖水平		家庭规模	一人或二人/三人/四人及以上/一代/二代/三代及以上家庭户比例/平均家庭规模（人/户）
	中学可达性	与小学相同			年龄	<15岁/15~29岁/30~59岁/60岁及以上人口比例
教育质量	前重点小学比例（%）	前重点小学总数/小学总数	学校质量水平与吸引力		婚姻	男性/未婚/已婚/离异或丧偶比例
	前重点中学比例（%）	前重点中学总数/中学总数			教育程度	小学及以下/初中及高中/大专或大本/研究生以上学历比例

续表

街道中小学服务指标			社会空间分异潜在变量	
指标	计算	指征	维度	普查属性变量（%）
学校类型 — 公办小学比例（%）	公立小学总数/小学总数	基础教育服务中的公办比例	职业特征 — 行业	农、林、牧、渔/采矿、制造、能源、建筑/交通、物流、邮电、通信/批发、零售、住宿、餐饮/金融、地产/居民服务、科技服务、文体娱乐/卫生、社会保障、水利环境管理/公共管理、社会组织、国际组织从业人员比例
学校类型 — 公办中学比例（%）	公立中学总数/中学总数	基础教育服务中的公办比例	职业特征 — 职业	失业率/非经济活跃人口/国家机关、党群组织、企业、事业单位负责人/专业技术人员/办事人员/商业、服务业人员/其他一线从业人员（包括第一产业和其他不便分类产业）比例
人力投入 — 小学平均师生比（%）	（小学教职工数量/在校小学生数）均值	教师资源数量		
人力投入 — 中学平均师生比（%）	（中学教职工数量/在校中学生数）均值	教师资源数量		
空间资源投入 — 小学平均生均用地面积（m²/人）	（小学用地面积/在校小学生数）均值	学校硬件条件与拥挤程度	住房情况 — 建设年代	1949年前/1950—1969年间/1970—1989年间/1990年后建设比例
空间资源投入 — 小学平均生均建筑面积（m²/人）	（小学建筑面积/在校小学生数）均值	学校硬件条件与拥挤程度	住房情况 — 住房条件	人均住房建筑面积（m²/人）/有独立厨房/有燃气/有管道自来水/有家庭自装热水器/有独立抽水厕所住房比例
空间资源投入 — 中学平均生均用地面积（m²/人）	（中学用地面积/在校中学生数）均值	学校硬件条件与拥挤程度	住房情况 — 住房来源	廉租或租赁房/自建房/购买商品房/购买二手房/购买经适房或原公房/其他比例
空间资源投入 — 中学平均生均建筑面积（m²/人）	（中学建筑面积/在校中学生数）均值	学校硬件条件与拥挤程度	住房情况 — 租金	<1000元/1000~2000元/2000~3000元/>3000元比例

来源：根据规划和北京市2010年人口普查长表数据属性类别整理

其中，街道中小学可达性指标采用改进的"潜能模型"即引力模型（质量/距离）的加和平均计算。2015年城六区中小学生就学出行调查显示，中小学学生日常通学距离从4.6km到11km不等，可推断很多学校实际服务范围并不限于街道之内。因此允许一个街道的潜在需求被其他街道学校满足，借助GIS生成1000m×1000m的栅格网捕捉学校一定服务半径内、每个栅格中心点位置上潜在的服务供给水平，并将栅格层面中心点中小学可达性指数汇总到街道层面，即以该街道所覆盖全部栅格的平均值代表该街道的供给水平。

$$A_\mathrm{p} = \frac{\sum_{i=1}^{n}\left(\sum_{k=1}^{j} S_{pj}^2 d_{ij}^{-2}\right)}{n}$$

在小学可达性计算公式中，A_p为街道p内n个栅格点获得潜在的小学可达性水平的平均值。S_{pj}表示第j个小学的质量水平，用学校规模（学生总数）表示，d_{ij}表示从需求点i到该设施j的空间隔离程度，直接用二者之间的直线距离度量。参考北京本地中小学生平均就学出行距离调查，中小学的服务半径分别设定为5km和8km。那么，n中的任何需求点i获得的服务水平来自周边5km范围内第j个小学服务能力的加和，并通过重力模型计算。其需求点的服务水平随学校j质量S_{pj}的平方增加，并随i到j距离d_{ij}的平方减小。街道的中学可达性水平计算原理相同。

2. 社会空间分异因子分析

社会空间分异刻画，是基于人口普查的因子分析是城市社会地理学的常用方法（Knox，Pinch，2014）。在主成分分析和最大方差旋转方法13次迭代后，根据特征值大于2和碎石图折点拣选7个主成分。它们的累积方差贡献比例在旋转后超过70%，说明方法适用。前四个主成分与职业、户口、家庭规模和住房条件变量关系明显（表5-2），与相关使用普查数据进行因子分析研究确认的主导维度一致（吴骏莲，等，2005；Wu et al.，2014），包括一般人口属性，如家庭规模、户籍状况等、职业特征和住房情况。也有研究者认为在使用主成分分析评价富裕程度时只有第一个主成分有意义（Vyas，Kumaranayake，2006）。考虑到与教育相关的因子解释贡献，拣选前两个主因子指示基础教育资源潜在需求的"质"，并用街道学龄人口密度代替后面指示家庭规模和新建住房的因子，指示需求的"量"。

主成分分析：最大方差旋转因子荷载矩阵* 表5-2

变量（%）	1	2	3	4	5	6	7
外来人口比例	.080	.838	-.360	-.190	.139	-.026	-.117
本地人户合一比例	-.305	-.814	.334	-.144	-.092	.056	.066
非农业户口比例	.893	.065	-.073	.308	.015	.154	.094

续表

变量（%）	1	2	3	4	5	6	7
一人或二人户比例	.088	.175	−.945	−.171	.037	−.021	−.026
三人户比例	.420	−.065	.450	.609	−.099	.105	.172
四人及以上家庭户比例	−.411	−.166	.826	−.231	.027	−.050	−.092
一代户比例	−.049	.246	−.920	−.170	.044	−.127	−.051
二代户比例	.195	−.224	.696	.422	−.078	.197	.221
三代及以上家庭户比例	−.180	−.170	.842	−.261	.022	−.027	−.211
平均家庭规模	−.230	−.165	.892	−.023	−.062	−.018	−.047
15~29岁人口比例	.186	.536	−.112	−.085	.743	−.013	−.094
30~44岁人口比例	.070	.823	−.150	.132	−.373	−.133	.031
45~59岁人口比例	−.244	−.725	.166	−.015	−.472	.143	.060
60岁及以上人口比例	.062	−.896	.051	−.099	−.255	.024	.003
未婚比例	.197	.260	−.097	−.039	.768	−.038	−.060
小学及以下学历比例	−.703	−.551	.097	−.115	−.202	−.060	.017
初中或高中学历比例	−.721	.218	.038	−.265	−.304	.048	.047
大专或大本学历比例	.861	.191	−.081	.296	.239	.025	−.032
研究生及以上学历比例	.677	.027	−.053	−.042	.518	−.085	−.060
非经济活跃人口比例	.552	−.407	.144	.052	.129	.259	.424
失业率	.047	−.034	−.041	.048	−.068	−.014	.776
农、林、牧、渔从业比例	−.566	−.508	.178	−.067	−.018	−.105	−.366
批发、零售、住宿、餐饮从业比例	.443	.588	−.227	−.093	−.007	.286	−.080
金融、地产从业比例	.816	.208	−.088	.163	−.060	.155	.031
居民服务、科技服务、文体娱乐从业比例	.908	.152	−.156	−.049	−.026	.044	−.072
公共管理、社会组织、国际组织从业比例	−.129	−.309	−.137	.048	−.113	.027	.650
专业技术人员比例	.899	.134	−.053	.272	.139	.026	.010
办事人员比例	.836	.146	−.094	.196	−.014	.114	.102
商业、服务业人员比例	.373	.651	−.212	−.092	.019	.333	.030
其他一线从业人员比例	−.845	−.390	.144	−.168	−.065	−.189	−.059
人均住房建筑面积	−.300	−.019	.736	−.020	−.020	−.308	−.073
1949年前建设比例	.078	−.092	−.001	−.072	−.020	.833	.015

续表

变量（%）	1	2	3	4	5	6	7
1970—1989年间建设比例	-.272	-.693	.157	-.366	-.042	.014	.044
1990年后建设比例	.167	.725	-.119	.397	.059	-.252	-.046
有燃气住房比例	.609	.369	.053	.203	-.063	.006	-.244
有独立抽水厕所住房比例	.678	-.031	.000	.501	-.005	-.296	-.260
廉租或租赁房比例	.212	.670	-.378	-.283	.098	.393	-.049
自建房比例	-.747	-.484	.275	-.223	-.048	-.132	.023
购买商品房比例	.244	.436	-.008	.741	-.060	-.164	.062
购买二手房比例	.285	.102	-.011	.741	.006	.068	.044
购买经适房或原公房比例	.893	-.165	-.111	-.018	.024	-.042	-.044
租金1000~2000元比例	.350	.112	.006	.613	.004	-.146	-.036
租金2000~3000元比例	.704	.014	-.109	.076	.132	-.296	-.089
租金>3000元比例	.569	.074	-.004	-.010	.095	-.274	-.035

提取方法：主成分分析；旋转方法：具有Kaiser正规化的最大方差法
* 在13次迭代中收敛循环，非主因子变量在表中省略

第一主因子显示"职业—住房"分异维度，与专业技术从业比例（0.899）、办事人员（0.836）、金融地产从业比例（0.816）、居民服务、科技服务、文体娱乐从业比例（0.908）、大专或大本学历比例（0.861）、研究生以上学历比例（0.677）以及购买经适房与原公房比例（0.893）、有抽水厕所（0.678）、燃气住房比例（0.609）有高相关性（表5-2）。这一维度表明第三产业就业、本科以上学历、居住于体制内住房（由单位或政府公共部门建设）与第一产业就业、中学以下学历和居住于自建、农村住房间的负相关性。它定义了一个具有优势的社会经济情景，即体面的服务业职业、高层次教育水平与体制内住房居住有关，且荷载系数很高，通常大于0.56。此因子的高得分街道主要分布于四环内以及城北高SES的地区（图5-2），显示出北京长期主导的单中心城市结构。值得注意的是，尽管三口之家和非经济活跃人口比例在此因子中呈正相关，但与15岁以下人口比例呈负相关，这意味着虽然社会经济地位水平高的中心城有更成熟的家庭结构，但这些地区的学龄儿童比例相对更小，可能不足以就地匹配学校服务规模。

第二主因子表明"外来—本地人口"分异的维度，由正相关的外来人口

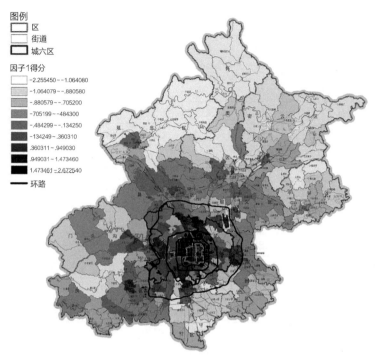

图5-2 "职业—住房"因子得分分布(按9分位数分档)
来源:自绘

比例(0.838)、处于15~29岁(0.536)和30~44岁(0.823)中青年人口比例、廉租或租赁住房比例(0.670)、1990年后建设住房比例(0.725)、批发、零售、住宿、餐饮从业比例(0.588)和其他一线从业人员比例(0.651),和负相关的本地人户合一比例(-0.814)、45~59岁人口比例(-0.725)、60岁以上人口比例(-0.896)以及1970—1989年建设住房比例(-0.693)(表5-2)构成。这一因子的高得分与高SES还是低SES更相关这一点并不明显,因为分异的两个方向均包括低社会阶层标签,如低收入职业、老龄化等。但考虑到内城和外围分裂的社会空间格局,中青年外来打工者比本地老龄人口的条件更倾向于被描述为低SES。因为外来人口大多数是租房居住,而本地人口大多拥有住房产权;再考虑到外来人口是低教育可得性标签,该因子的高得分代表街道社会经济条件更差。高得分街道主要分布于五环内外,并延伸到城市郊区边缘和新城中心(图5-3),表明转型时期特大城市流动性强的边缘地区,以及外来人口的郊区与中心城之间的结构性区隔。

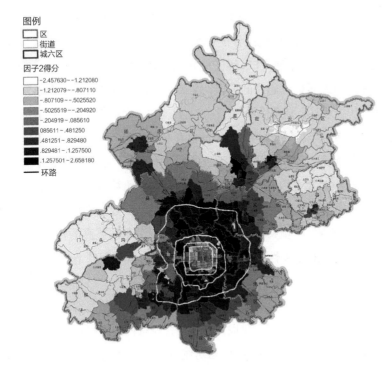

图5-3 "外来—本地人口"因子得分分布（按9分位数分档）
来源：自绘

3. 潜在需求与供给指标相关性

考虑到随机因素影响中小学服务资源的空间分布，其格局与特征化的社会空间分异结构不一定产生明确的统计关系，先采用简单的Pearson相关性分析检验资源供需两组数据间的潜在关系；之后通过典型相关分析（canonical correlation analysis）❶挖掘每组数据内各因素对供需相关性的贡献。典型相关分析是研究两组复合影响的变量之间相关性的常见方法，也被用于从地理空间探究教育资源的供需匹配关系（Walker，1979）。

街道中小学服务指标与因子得分与学龄人口密度的Pearson相关性分析显示，"职业—住房"因子得分、各组学龄人口密度与街道中学可达性、前重点中学比例正相关（$r>0.3$），且学龄前（5~9岁）人口密度与前重点小学

---

❶ 典型相关分析分别在两组变量中提取有代表性的变量线性组合，利用它们之间的相关关系反映两组变量之间的整体相关性。

比例正相关（r=0.310），说明学龄人口分布与前重点学校密度高、高地位职业和体制内住房比例高的街道分布一致，反映出中心城功能混合和人口集中的特性。而"外来—本地人口"因子得分与就学率之间呈负相关（r=-0.419），表明外来人口聚居程度越高的地区，学龄人口在中小学的就学率越低。前重点比例代表表达了资源供给"质"的主要变化，而以就学率为代表的资源供给"量"，或者说是资源可得性方面也存在不平等。不过，作为设施规划核心的资源配置内容，包括街道学校的平均师生比、生均用地和建筑面积与潜在需求间无显著相关性，说明教师和设施供给数量与学龄人口密度或社会空间分异主要因子得分间无太大关系，揭示出"数量满足易、质量均衡难"的规划难题。更值得讨论的是，更低的就学率与更高的"外来—本地人口"因子得分的相关性可能由人为的外来人口就学限制造成，而非那些地区缺乏足够的用地、建筑、教师数量投入。

典型相关分析区分资源供给和需求复合变量内哪些因素具有方向一致的相关性及相关性的强度。前提是两组复合变量内的因素对供需之间整体的相关关系有贡献。表5-3给出前两对统计意义显著的供需关系，典型相关系数分别为0.719和0.693，表明原始变量组成的线性组合之间相关性强度。可以肯定的是，高SES的人口密集地区也是基础教育资源高质量地区：街道"职业—住房"因子得分、学龄人口密度的变化随前重点中小学比例、中学可达性而变化。在相关性相反的方向上，劣势的就学情景也被再次肯定：街道"外来—本地"人口因子得分与就学率和公立中学比例仍呈负相关。在第二对关系中，"外来—本地"人口因子得分甚至与生均基础教育资源量指标正相关，也说明外来人口相对密集地区的基础教育资源量不一定缺乏。两个相关性分析结果较为近似。

分异因子得分—学龄人口密度（潜在需求）与中小学服务指标典型相关关系 表5-3

典型变量间的相关性		原始变量与提取的典型变量的相关性			
N=315	1st Canonical R=0.719 Wilk's=0.175 Chi-SQ=526.984 DF=130 Sig.=0.000	"职业—住房"因子得分	-0.771	就学率	0.503
		"外来—本地"因子得分	-0.495	前重点小学比例	-0.358
		5~9岁人口密度	-0.680	中学可达性	-0.323
		10~14岁人口密度	-0.613	前重点中学比例	-0.407
		15~19岁人口密度	-0.670	公立中学比例	0.515

续表

典型变量间的相关性		原始变量与提取的典型变量的相关性*	
N=315	2nd Canonical R=0.653 Wilk's=0.361 Chi-SQ=307.442 DF=108 Sig.=0.000	"职业—住房"因子得分	0.493
		"外来—本地"因子得分	-0.584
		5~9岁人口密度	0.634
		10~14岁人口密度	0.718
		15~19岁人口密度	0.542
		就学率	0.643
		小学可达性	0.367
		前重点小学比例	0.313
		小学平均师生比	-0.329
		小学生均用地面积	-0.376
		中学生均建筑面积	-0.311
		中学可达性	0.498
		前重点中学比例	0.492
		公立中学比例	0.313
		中学生平均用地面积	-0.418

* 相关系数＜0.3的原始变量未被列入
来源：自绘

最后，通过核密度分析学校服务规模的峰谷，并叠加前重点学校的分布，与因子得分的空间分布对比。核密度分析用于计算连续空间上某一属性数量的点要素在其周围一定半径邻域中的密度；而学校规模和重点与否是指示资源质量有说服力的两个指标❶。从邻域带宽（服务半径）5km和8km内学生数量集中的相对程度，以及小学和中学的重点分布分析发现，北京市中小学服务规模密度与质量分布态势一致：从中心城到边缘地区呈断崖而非连续阶梯的状态，可以大致分为拥挤的中心城、薄弱的近郊、分散的新城中心组团。中心城资源丰富集中，但很难与学龄人口居住规模相称，从而引发跨区就学的情况；五环内外的郊区由于城市拓展中学校配套建设的滞后陷于断崖，并由城乡接合地带的外来子弟学校补充服务；远郊新城中心资源呈分散式集中分布，没有形成与中心规模相匹配的副中心。

---

❶ 如前所述，各校财政投入与学生成绩是指示质量更恰当的指标但不可得；前者被视为与学校规模正相关，而后者与学校重点与否相关。学校服务规模通过对中小学学生规模和密度分析，并叠加前重点学校的分布描述。

● 小结

　　从社会空间视角测度中小学服务供给与潜在需求之间的关系，结果基本回答了"谁获得了什么"的问题。北京中小学服务配置的不均衡和不均等局面并存，可归纳为"中心—边缘"分异，表现在两方面：①**高度聚集的前重点学校与内城体制内住房、高地位职业和更多本地人口有关，意味着中小学服务资源的获得与空间上各种形式的资本聚集相联系**。这一关系可归因于城市历史和制度发展过程中的路径依赖。基于住房产权和户口划片入学确保了类似于原有单位制中依照身份入学的资源获得途径；考虑新建住区与名校分校及优质私立学校的联盟，类似关系在城市拓展过程中也在延续。②**外来人口比例与高租房、非公办学校比例与低就学率之间关系密切，表明公办中小学的入学机会在一定程度上排斥外来人口**。这一现象集中于城市外围，更少的公立中学和更多的租房比例意味着外来子弟大部分需要依靠市场提供教育资源；在"五证"和就地高考的限制下，他们容易在小学阶段后回原籍就学，从而减少对中学的需求。并且，更高的外来人口比例与更多低地位服务业工作和低就学率相关，意味着没有本地户口的学龄人口，特别是处于中学阶段的，更可能参与一线的服务业（批发零售、餐饮、物流等）就业，而非在校接受教育。

　　可见，社会空间分异本身是一种教育分层机制。不同质量的学校面向不同群体服务，并与不同的居住类型相联系。不均衡是历史发展和择校因素影响下的资源供需不匹配，不均等涉及根深蒂固的户籍制度问题。这对规划政策有两方面启示：

　　一是宏观层面上改进基础教育空间规划评价指标。考虑到中小学服务配置冷热不均的情况，人均数量指标对均衡性的评价意义有限，甚至人均资源数量越少说明质量越好。这里值得提出的问题是：考虑到中心城超额运行的学校生均资源比边缘地区更少，拥有多少师生比、生均用地和建筑面积才算得上是优质学校？公立中小学服务资源中的教师与设施投入数量对外来人口来说是否真的是短缺资源？已有研究建议教育资源与人口数据的信息化整合（杨卡，2016），突破资源供给范畴，捕捉更多自下而上的需求信息，促进资源配置的均衡性。在此基础上，还应当纳入地区的人口职业、住房、收入、户籍等教育领域相关指标，便于统筹考虑学校与住房资源配置实际的均等性。

二是微观层面上促进在地的入学机会均衡和均等。中心城优质校资源与高社会经济地位在区位上的联系有一定必然性。在进行市域层面的资源疏解时应当统筹考虑新的经济增长点、住房配套与重点学校搬迁，而非仅仅通过名校办分校的薄弱方式；摸清现有重点中小学服务对象的实际居住范围、其与就业空间的关系也有助于疏解方向的确定。对处于劣势的郊区外来人口，制度因素造成的入学机会障碍明显，即使他们身处资源富裕的街道也不一定能享有服务。这种情况需要提倡基于实际居住情况的、而非基于住房产权和户口的地方导向，在入学政策上避免一刀切的户口管控，推行因地制宜的生源混合与开放录取。在郊区局部实施以外来子弟学校质量提升和生源融合为核心的均等化措施，这对城市功能疏解和新中心培育也将产生辅助作用。

内城："户籍—文化"的分异格局

内城层面，以三大高地之一、名优校分布密集的西城区为例，从学区、邻里和学校尺度解析教育的社会空间分异格局，进一步揭示在住房金融化背景下，教育资源与社会结构的内在联系。人口方面，北京市西城区人户分离❶普遍、外来人口较多。非常住户籍人口占全区三分之一，非常住新生占总数近一半，回流就学需求旺盛。外来人口接近常住人口三分之一，就近入学需求居高不下。住房方面，危房改造、单位大院、商品房建设等导致一系列的居住人口置换和社会空间重构，形成碎片化的居住格局和多种复杂的学区社会空间关系。这些构成解析内城的基本背景。

● 学区划分特征

学区划分直接影响生源分配。大城市学区一般有两层含义：第一层学

---

❶ 2005年至2010年，官方疏解人口6.7万，人户分离比重从39.2%上升至48%。除了白纸坊和广安门外街道，户籍人口均多于常住人口；西长安街、椿树、牛街街道人户分离比重已经达到60%。

区（school district）即学区划界，指教委基于辖区划分与教育集团、集群、协作区等政策配套的"教育大区"，即资源整合的管理单元，不直接涉及招生。以政府公布的2015年西城区新教育地图为例，大学区以街道边界或主干道划分，每个学区涵盖多个不同质量的中小学，响应教育资源均衡和"多校划片"改革，从供给端打通纵向直升和横向结盟的校际资源通道[1]。

第二层学区（School catchment area）即招生片区划界，指教委按就近原则划定的中小学招生的对应划片范围，主要招生筛选方式以适龄儿童（或监护人）是否拥有片内（正式常住）户口和住房产权为准——已收紧至"父母孩子同时具有本区户口和住房产权"优先录取。非片内入学途径包括政策共建、捐资助学、余额抽签等，有些已被叫停，有些还要求提供区内实际居住证明或父母居住证等[2]，实际上这是对区内买房的变相要求。

划片构成实际的入学门槛范围。由于入学政策要求稳定，划片多与社区边界重合，多年来几乎没有变化，除非本片学位已满，原则上不允许跨片入学。但与大学区类似，划片实际上也并非严格的招生依据，而是提供入学资格的地域框架。划片不按每年入学需求变更，学校生源与划片生源之间的不对应显而易见。由于入学服务平台尚未公开地图查询系统，以学校招生简章对应的文字户口地址为准，通过GIS绘制2014年西城区72所小学划片范围（图5-4）。考虑分校联合招生的情况，划片共有65个，多与社区边界重合，与服务半径概念迥异。

划片问题包括：①严格划界使同一街区学生被分配到不同学校（样本1），边界甚至沿主干路参差不齐，这不益于日常就学的便利；②某些片区有相当一部分与另一个片区重合，意味着一个居住地址对应两所招生学校（样本2），可能导致资源浪费；③较大规模名校对应的招生片区反而小（样本3），说明学校名义招生对象与实际在校学生不相匹配；④部分学校在其他学校招生片区内有独立的飞地（样本4），说明联系资源供需的是复杂的权

---

[1] 西城区新教育地图见北京幼升小网，其中，9个中学集团通过牵头校结对其他薄弱中小学，纵向上派位或直升，横向上校际师生交流、活动共建、资源共享；8个小学集团通过一个核心校横向辐射、引领、带动若干集团校。

[2] 西城区教委2014年规定：市内非本区户籍儿童入学区内小学需提供具有法律效力的西城区实际住所地证明文件；非京籍儿童的法定监护人需提供西城区实际住所房屋具有法定有效证明及其他证明。

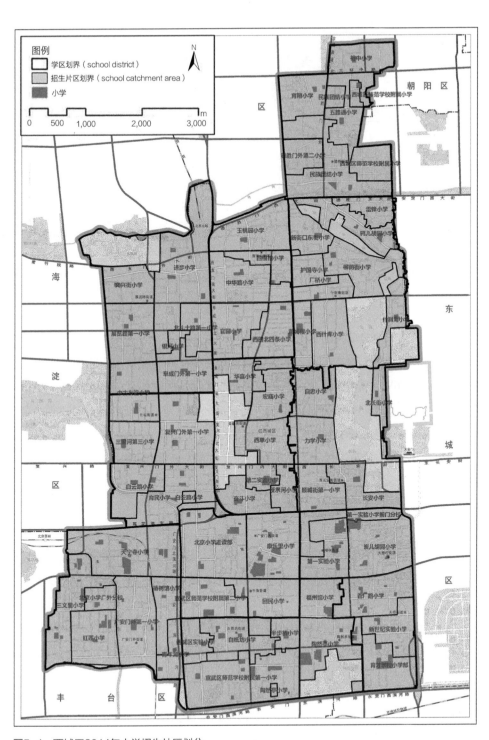

图5-4 西城区2014年小学招生片区划分
来源：自绘

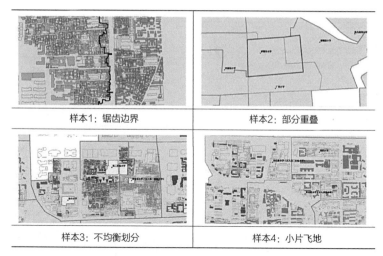

图5-5 西城区2014年小学招生划片的特殊样本
来源：自绘

利关系而非单纯的空间邻近因素（图5-5）。

此外，存在具有入学资格的地址与单位办公建筑、而非居住建筑对应的情况，说明学位分配指向单位而非实际的居住地址；也存在招生简章标识地址指向空缺地址的情况，即建成区为在建的拆迁改造项目或重命名的街巷，其实际指代户口记录，即已经人户分离的招生对象。可见，行政划分、历史沿革、权利关系等复杂因素共同决定了实际的划片范围。

● "学校—学区"分异

考虑在校生与划片内学龄人口户籍、家庭收入、职业等属性的数据可得性和匹配难度，以学校及其划片内本地与外来学龄人口（7~12岁）的差异反映"学校—学区"分异，以在校生规模（即拥挤程度）反映学校质量（表5-4）。2011年西城区小学在校生规模及户籍数据来自北京市基础教育设施规划，划片内学龄人口数据来自2010年人口普查社区长表❶。最小统计

---

❶ 街道人口有年龄属性，社区人口仅有户口属性，为便于计算，假设每个街道和下属社区年龄结构相同，即街道学龄人口均匀分布于下属社区及其本地外来人口中，从而获得社区学龄人口数据。对于区外居住的本区户籍人口，按照北京市基础教育设施规划中学龄人口（7~12岁）一般占总居民数的3.6%来估计。

表 5-4 西城区 2011 年小学在校生数量与划片内学龄人口数量的错配

项目	总和	极值	平均值	中位值	标准差
学校规模（在校生数量）	50140	3592 / 161	771	565	614
划片内学龄人口数量*	49378	1894 / 187	760	670	398
学生—学龄人口数量差**	762	3308 / -1176	12	-137	650
学生—学龄人口错配比例***	1.5%	1164.5% / -79.2%	24.3%	-23.7%	164.8%
本地学生—学龄人口数量差	-2499	3279 / -1192	-38	-163	639
本地学生—学龄人口错配比例	-6.6%	1531.5% / -92.6%	13.1%	-39.5%	212.7%
外来学生—学龄人口数量差	3261	437 / -207	50	38	115
外来学生—学龄人口错配比例	28.2%	535.2% / -69.9%	67.2%	24.7%	124.4%

* =各划片（由社区转化）内本地人口（常住和非常住）和外来人口数量×对应街道学龄人口比例，即名义招生数量
** =小学学生规模-名义招生数量
*** =（小学学生规模-名义招生数量）/名义招生数量
来源：自绘

单元——社区的人口分解到划片时，根据社区在不同划片内的面积比例相应分配，得到划片本地和外来学龄的人口数量，分别与对应学校的本地和外来学生数量匹配。错配即用差值和商值表示学校与划片内本地和外来学生数量的差异，反映学校和学区的社会空间分异。由于并非所有本地儿童都住在片内，且并非所有划片内居住的外来儿童都能顺利入学对应学校，错配的计算实际上低估了现实的分异程度。

小学在校生与名义学龄人口（包括本地和外来）总规模接近，学生总量约1/4是外来儿童，且小部分本地生源由于多种原因外流，跨区就学情况不多，但学校之间冷热不均现象明显。不同划片的学龄人口分布不均匀，且其标准差小于区内学校规模的标准差。41所小学不足以满足划片内学生对于就学场所的数量需求，6所超额小学与其划片的在校生数量—名义招生数量之比大于100%（从160.4%到1164.5%不等）（图5-6），说明其只有小部

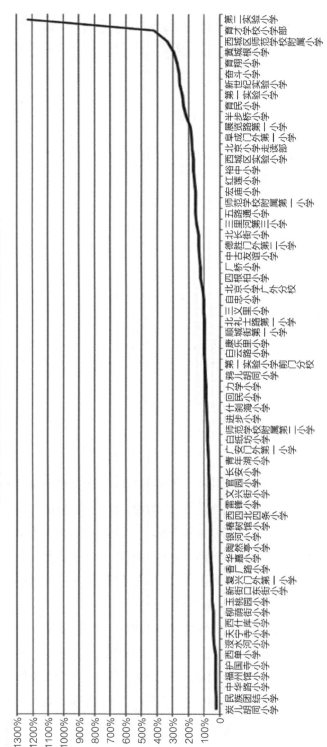

图5-6 西城区小学在学生规模与招生片区名义招生数量的比值分布
来源：自绘

分生源来自划片，需要满足片外的就学需求。

在校生数量—名义招生数量之比呈现幂律分布，也反映出校际质量的巨大落差。学校与划片生源错配的本地组标准差大于外来组，说明这种落差很大程度上与本地学生—学龄人口差异相关。从学校规模与总体、本地和外来学生—学龄人口差异之间的简单相关分析来看，本地学生—学龄人口数量差随学校规模（代表学校质量）增加而增加，而外来学生—学龄人口数量差与学校规模的关系薄弱（图5-7）。作为定义转型时期居民社会经济地位的重要维度，本地户籍的教育权利优势延续至今。对于热门学校，本地人口比外来人口竞争力更强；相比本地学生，更多的外来学生集中于更冷门的学校，即规模更小的学校。这证实了教改之前非正规的择校途径的存在，以本地学生为择校主体，吸引力越强的学校为划片之外的本地生源保留学位越多。

最受欢迎的小学A与优质小学B、C吸引大量片外本地学生就学，包括非常住的本地回流生源，以及一些市内生源，其父母或监护人在片内共建单位工作或属于政策保障范畴而具有入学资格。由于名义划片的范围很小，以胡同、单位住房的住户为主，优质小学保留较多非片内学额。质量垫底

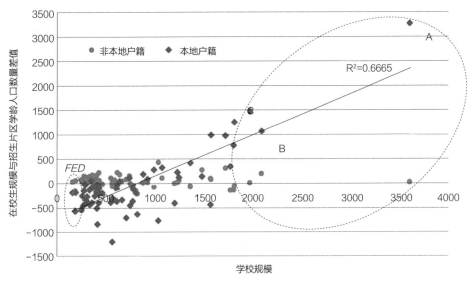

图5-7　各划片本地/外来学生—学龄人口数量差随学校规模变化的趋势
来源：自绘

的冷门小学D、E、F则有较高比例的外来生源。除了学校本身质量原因，片内社会空间特征同样影响生源结构。E划片覆盖部分经过更新改造、本地人口外流的历史街区，被统筹安排外来人口入学，很少吸引本地生源；D划片商业办公功能居多；F划片新建商品房居多。三者都主要服务外来生源。

总之，本地学生，无论是常住区内还是区外，倾向于集中在少数超额招生的优质学校；外来学生则被挤入一些规模较小的冷门学校。尽管区内在校生与学龄人口规模总体平衡，学校与划片之间呈现数量错配和复杂的社会空间分异。校际规模差异相当大且大过划片规模差异，表明政策意义上的非就近入学情况普遍。并且，校际规模差异主要源自本地生源，尤其是非常住本地生源，包括回流就学和政策保障入学。本地学生集中于少数名校却不一定在片内居住。外来生源则多就读于冷门学校，特别是本地人口迁出较多的片区，或商住项目集中的新建片区，同样可能不完全就近就学。从规划首要保障政策性生源的就学需求、同时满足外来人口就学需求的导向来看，这种格局会在相当长一段时间延续。

● 典型学区的居住分异与置换

根据2014年中介网站的"学区房"交易数据分析——包括区位、面积、房龄、单价等，作者发现"量中价高""量低价中"和"量高价低"三种交易情景。第一种以名优校周边的平房和单位住房为主，置换率适中、单价畸高；第二种经过一定的改造和外迁，置换率相对较低。两者都是"老、破、小"的典型代表。第三种以新建商品房为主，总面积小、单价低、置换率相对较高。相应地，研究此处选择金融街（胡同平房学区）、什刹海（"后单位制"学区）和广安门外（新建商品房学区）❶作为解析学区居住分异和置换的三个具体案例（表5-5）。

"学区房"特性与学校质量、片区环境有关。三个学区均为名优校招生范围，但居住空间呈现碎片化格局，存在居住群体与房价水平不相称的情况，即居住群体与买卖群体的脱节。特别是名校平房学区中居住与商业功能混杂，底层居民和外来服务业人员集中（表5-5）。研究通过房产中介、购

---

❶ AB两个学区都包含单位住房和平房，因其主要特点作为胡同平房和单位大院的代表。

三个案例学区类型与特征   表 5-5

典型学区类型	照片地点	年代	建设主体	居住主体	置换
平房胡同	北京实验二小划片范围内的平房胡同（1952）	20世纪50年代以前	历史形成的国有化公产平房、少量私产	本地老龄化人群、退休职工、小商户、外来务工人员	频率适中
单位住区	附属于黄城根小学的原政协大院住房（1985）	20世纪80~90年代	政府机关、原单位集体	原机关单位职工、就学家庭、打工租住者	频率较低
新建住区	北京小学对应格调小区内高层新建公寓（2003）	20世纪90年代中期以后	开发商	新移民家庭、回迁居民、外来务工或自营业人员	频率较高

来源：笔者调研整理

房群体和居住群体访谈，了解"学区房"市场趋势、买卖因素、环境质量、居住置换情况与实际居住格局；并通过名优校管理者和教师访谈，验证学校生源及其与周边片区的社会互动情况，从空间特征、社会构成、居住置换和学校影响探究内城的教育绅士化现象❶。

1. 胡同平房学区

平房学区多为老旧四合院和胡同，居住功能退化，沿街门面通常作为小商业形态的空间，但坐落于重点学区的居住空间数量稀缺且价格不菲。

---

❶ 教育绅士化（jiaoyufication），或称学区绅士化，是中产阶层为后代获取良好教育资源在优质学区择居所引发的绅士化现象（Wu et al., 2014；陈培阳，2015）；可能引起学区物质景观变化、社会经济升级、加剧阶层区隔和社会分化，为研究教育社会空间变化提供一个概念框架。

这些片区由于更新和疏解手段导致原住居民外流，本地老龄化人口与外来务工者混居，实际迁移能力低。由于附带入学资格，这类住房又有一定的交易市场，特别是面向自四合院限购❶取消后一些中高收入家庭的入学需求。除了因学区带来的溢价，政府的拆迁补偿预期也是溢价的来源。这种权利与金融捆绑、买卖与居住脱节的现象，显示出与西方自由主义不同的制度情景，由绅士化主体（gentrifiers）投资实现土地增值的潜在租金差，在公有制背景下停留于政府预期中而未被填平。自上而下的旧改项目、自下而上的服务业态升级等构成平房学区环境更新的主要动力。

由于环境破败，仅为入学所用而非实际居住导致的购房情况普遍，回流就学的本地生源也不居住于此。"学区房"买卖双方并没有自发的修缮或再投资意愿。受访的买卖双方都表示"学区房"的核心购买目的是为获得入学资格，基本不会考虑居住环境好坏，甚至过户也不会影响实际的转租关系和居住情况。受访的实际居住者也表示邻里几乎没有孩子在附近名校上学，也说明名优校与周边胡同平房学区的社会空间联系薄弱。

2."后单位制"学区

单位学区作为原国家机关单位职工住房市场化的产物，也充分享有教育福利溢价。周边医疗、商业、公交、教育等服务发展成熟，但内部环境陈旧，停车、卫生、物业管理等人居环境条件落后。本地退休职工、就学家庭与外来打工者混居。单位住房市场化过程中，获得产权并将集体户迁为家庭户的原住职工，将住房与附属入学福利打包售出实现溢价，被迁入的中产就学家庭置换（displacement），形成典型的学区绅士化现象（刘丹，2015）。就学家庭同样为入学产生同一阶层内部的居住替代（replacement）。相比平房学区，单位学区的整体环境尚可接受，由祖父母、母亲陪读小学、初中学生的就学家庭结构更为多见，其受教育程度和收入水平较高，购房既有直接自住并按户就学的情况，也有转租给外来打工者或其他就学家庭的情况。新旧中产阶层的置换、新中产阶层内部的替代，形成杂化的大院居住格局。

---

❶ 原北京市国土房管局与地税局曾下发文件，对购买四合院单位和个人予以税收让利，鼓励了平房私产化。

与平房学区类似，单位学区也有来自政府出资的潜在溢价。由公共部门改造多个原单位住区和回迁小区，实现单位进行"学区房"外部修缮、整治提升之后带来的租金差。而购房群体很少投资于物质环境提升，仅进行少量内部装修就可以入住。周期性入住的就学家庭在单位学区住户中占有相当比例，表明学校与单位学区社会空间存在一定的联系。受访的购房家长除了学校质量之外，也会部分考虑邻里这一影响因素。他们认为老龄化社区更为安静，并与自身情况类似的就学家庭进行浅层交往。可见，单位住房从分配制转向市场化的过程，也是一个从单位邻里转向社会邻里的过程。受优质校的因素驱动，教育绅士化效应也体现为大院文化的"学府化"。

3．新建商品房学区

新建商品房学区多为2000年后开发商建成的中高层门禁小区，居住条件好，停车、绿化、物业、商业等配套完善，面向城市新晋中产，性价比较高。但配套学校一般为名校办分校，仅服务于业主，发展时间短，教学质量和声誉均弱于主校。其中居民以新中产移民、本地回迁居民、租房的外来打工者为主。移民获得本地户口年限短，多为白领、事业单位职工、专业技术人员等，相当一部分家庭因入学而购房，购买力低于前两种学区业主，通常将新建小区作为落户北京的首套自住住房，或作为"退而求其次"的备选，入学与就学关联的房产分离的情况较少。但由于套型交易和转租频率较高，社会空间的杂化格局同样明显。

与前两种"老、破、小"学区不同的是，新建商品房学区的租金差由开发商投资、购房的新中产阶层填平，而政府没有更新投入。家长不仅看重分校与名校的合作关系，维护物质景观，也考虑影响日常就学的邻里人文环境，更愿意与同一阶层的家庭一起居住。就学权利甚至会促成这类学区业主形成自发的维权联盟，比如，北京小学红山分校因不能按时开学导致业主集体不满，从而投诉开发商与教委；红山分校按教委和开发商协议规定仅对购房的第一代业主招生，而附近其他小区业主要求就近入学受到阻挠。可见，新建商品房学区社会空间的领域化特征明显，家长除了学校质量之外不仅考虑生源和邻里影响，对居住环境有更多投入，甚至出现排斥相邻小区的资源垄断行为。

● 学校与学区的社会空间关系

内城教育社会空间变化的特殊在于,政策与市场联动条件下,租金差的实现主体不同,中产阶层迁入学区、投入环境更新、居住置换和替代程度都有不同,由此产生不同程度的社会文化互动和碎片化的社会空间格局,难以用绅士化一种概念涵盖之,可概括为"脱域性""绅士化""领域化"三种情况。

1. 学校与学区的"脱域性"

安东尼·吉登斯(Anthony Giddens)在《现代性的后果》中提出的"脱域"是指现代性(modernity)通过不在场关系而非面对面互动将空间从场所中脱离出来,以社会信任为基础,使空间被遥远的社会影响渗透和形塑[1]。新的权利关系消解了传统基于地缘信任构筑的共同体,产生了多种飞地。体制遗留与市场冲击作用反差鲜明的地区,"脱域"也更为明显。学校是教师、家长和学生建构信任的核心场所,如果学生所在学校、家庭不属于同一社区,社区就失去了通过日常生活影响信任建构的基础。学校社会资本限于内部的师生网络,而与社区的社会形态联系不紧密,会进一步增加校际的资本差距(孙士杰,2010)。

平房学区由于"人户分离""保障生源""买了不住"等情况,"脱域性"表现典型。首先是入学途径不完全对应划片住户,热门学校定向招收本地生源,冷门学校集中外来生源。其次是日常生活范围收窄,步行通学、邻里交往等互动减少。此外,基于互联网的通信技术突破学校与家庭、家庭之间交往的地域限制,形成线上的内部文化共同体。而学校与周边学区之间的"脱域",可能使实体空间中毗邻学校居住的弱势群体受到排斥,比如因工作租住于优质学区,但子女并不能就近入学。这种毗邻隔离意味着隐蔽的社会空间不平等:学校成为社会再生产的孤岛,难以融合并复兴所在社区,甚至对周边环境产生文化排斥。

---

[1] 吉登斯指出现代性的动力机制是时空分离、脱域机制和反思性监控,这三种机制都与信任相关。脱域机制包含两类:一是象征符号,包括货币、权力和语言;另一个是专家系统,通过跨越伸延时空的方式进行。

2. 学校驱动学区"绅士化"

绅士化是"后单位制"住房转变为"学区房"过程中发生的物质景观更新与居住阶层升级现象。绅士化主体以学历与收入水平较高、名优校入学需求较强的中产家庭为主，对"学区房"进行区位溢价和增值潜力的双重投资，而没有修缮改造的动力，在就学阶段之后就转卖给下一拨就学家庭，初期形成对原住居民的置换（displacement），之后是同阶层的周期性居住替代（replacement）（刘丹，2015）。在单位福利保障和社会整合功能市场化和社会化的过程中，对市场经济抵抗力较强的单位大院仍基本保持原有社会构成和空间形态；而在教育再生产领域，新中产阶层取代原有单位成员，形成过渡形态的绅士化，可以认为是介于"脱域性"和"领域化"之间的一种学区现象。

单位学区绅士化的过渡特征，表现为政府承担一定的修缮成本、就学家庭与本地老龄人群以及外来打工者混居、存在浅层的同群交往环境，"学府化"倾向初现，一定程度上维持了内城居住空间的稳定，避免了环境衰败过程中的空心化。中产家庭对学区很少投入物质和社会资源，且大院居住成分杂化，短时期内不会形成西方城市教育绅士化的象征性暴力和文化排斥现象。但由于教育的社会分层作用，教育驱动的社会空间分异在长期上会加剧教育不公平。

3. 学校与学区的"领域化"

"领域性"（territoriality）是权力的地理空间作用和表达，领域化行为包括划分空间边界、沟通和强制执行可进入的规则等（Sack，1986）。学区的领域化促成内部成员的制度化身份和排他性认知，即使毗邻或同处一个社区，名校与非名校学区居民的认同感差异巨大。这种割裂的"地方感知"对社会凝聚及和谐发展有消极影响，加剧城市社会空间分异和社会分层（陈培阳，2015）。

新建商品房学区入学与就学的功能统一是领域化的条件。首先，封闭的门禁小区排他性明显。其次，业主在择校时亦考虑择邻，"不愿高攀、不愿低就"的心态印证学校与学区分异。典型的领域化行为是，业主为入学维权而进行排他性和内部化的集体申诉，对抗作为"敌对势力"未兑现承诺的开发商或教委，抵挡相邻小区甚至相似居民后代进入自己的小区上学，形成以消费分层为基础的地域性团体。可见，学区领域化的过程中，附带教育的住房消费直接定义了业主身份，强化彼此联系并产生强烈的领域维护意愿，形成与学校关系密切的再生产空间。

● 小结

内城生源分配机制揭示出本地和外来学生的校际分异、学校影响下学区复杂的居住分异与置换。将教育绅士化这一舶来视角延伸应用至转型时期的北京内城，可以发现胡同平房、单位大院和新建商品房三类学区社会空间的特殊性。典型的绅士化过程中，高收入阶层实现地区再开发的土地租金差，逐步替代原有低收入阶层，提升该地区环境设施品质，改变社会结构并形成特定文化。而在北京案例中，教育因素驱动中产阶层迁入学区的过程受多种因素影响，呈现不同程度的入侵和替代，对物质环境与社区文化的投入程度也不同。尽管受访的中产阶层内部社会经济地位跨度较大，文化特性上缺乏统一标签，教育选择及相关居住消费已成为定义其阶层特性和偏好的重要领域。但由于特殊的体制和市场因素影响，学校对周边的辐射影响因地而异，学区社会空间呈现非典型的绅士化。

在体制因素方面，划片政策的执行，助推公共教育资源在住房市场的资本化；而土地公有、产权有限、受到交易约束的不完全市场则限制了资本的再生。比如，政府主导的拆迁补偿、更新改造等，由公共财政（潜在的）实现不同居住类型中土地或房屋部分的租金差，而非通过购房主体实现，阻断中产阶层在绅士化过程中对物质和社会空间的资本投入循环，形成与西方教育绅士化现象的显著区别，部分避免了就学家庭对原地区居民从物质、社会到文化上的多重替代。家长能够接受"老、破、小"的居住环境、完成就学需求后就转卖转租，因此缺乏持续的社区投入，导致既垄断就学权利又与其他群体共居的局面。但这种畸形的半替代过程同样加剧社会的隐性不公，遗留"学区房"更新与使用脱节的历史性问题。

在市场因素方面，中产阶层家长追逐名优校的择校需求驱动居住置换不可避免，但在不同住房供给条件下，对邻里环境的需求和考虑出现分化。根据不同学区的居住环境质量梯度，他们对邻里的考虑从很少、部分再到很多，实际侵入学区的程度、资本投入程度均有不同。三类学区的社会空间特征由此出现：脱域性（教育驱动房价飙升，但实际邻里结构影响较小）、绅士化（教育驱动邻里规律性置换，就学家庭浅层交往）和领域化（教育驱动邻里选择，甚至业主维权行动）的递进状态，揭示体制因素与市场因素不同程度的交互影响（图5-8）。

内城学区社会空间分异存在已久，且随着入学人口峰谷波动、"多校划片"等政策改革而变化，却尚未引起足够重视。户籍与文化分异的机制和后果，也应是相关就学规划决策的依据。为打破优质校与优质学区的隐形"围墙"，形成就近且包容的就学组团，推进深度的教育公平，相关政策有以下几个改进方向：①**综合干预学校生源**。学校是文化再生产的核心领域，无论哪种体制都存在学校教育加剧群分的弊端。需要长期为生源平衡而努力，关注学校分异的社会不平等。特别是针对学校孤岛化的"脱域"学区，考虑就地平衡生源结构的政策措施。②**核实生源实际居住地分布**。城市不同阶层居民社会空间位置的不平等，也是社会分配的不平等。为形成稳定透明的学区制体系，在户籍改革的趋势下，公共部门需要全面核实生源实际居住格局，限制空挂户的学位分配，推进租售同权、提升实际居住者的入学权优先级。相关措施可以参考大伦敦地区和新加坡的学校查询互动地图系统，辅助学龄人口管理❶，按照实际居住格局实施就近入学。③**就近**

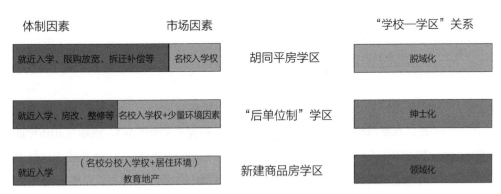

图5-8　"体制—市场"双轨因素对三类学区的不同影响
来源：自绘

---

❶ 相关地图平台见https://apps.london.gov.uk/schools/、https://www.onemap.gov.sg/#/SchoolQueryInfo；伦敦和新加坡没有严格划分的学区系统，基于小尺度人口普查单元（MSOA或LSOA）或学校周边居住建筑的学龄人口分布，掌握实际就近入学格局。

入学与择校政策相互补充。学校资源配置不均的局面长期存在，就近入学政策本身也存在操作漏洞。因此，基于地方差异，相关部门需要出台适宜的择校政策，打破局部权力垄断。特别是在促进弱势群体在学校和学区之间的流动方面，允许有条件择校。④"邻里"单元促进就学格局优化。以房择校推升房价，但不一定强化学校与学区之间的关系。"邻里"作为规划中重要的社会学概念，在市场因素影响下需要一定的就学干预。邻里塑造和培育能够促进实质层面的就近入学，提供学校之外从居住空间入手的资源均衡规划途径。

近郊："收入—区位"的分异格局

关注近郊家庭择校机制及就学格局，多维度解析教育社会空间公平。通州新城作为城市副中心，自大规模地铁住宅开发后，吸引大量人口定居，外来人口比例高、新增就学需求大。"住房开发—人口增长"模式缺乏公共服务跟进，中小学等基本公共服务设施不足。虽已引进一批名校分校，但难以满足整体对优质资源的需求。结合调查与可达性模拟，评价就学资源分布与服务覆盖格局。

● 梨园地区实际就学格局分析

梨园地区位于通州新城拓展区，新建地铁住宅多，外来人口增长迅速，在新城模式上具有一定的代表性。根据《通州年鉴》，该地区2016年近30万常住人口中，外来人口达到25.5万人，占比80%以上，是新城人口最多且外来人口比例最高的地区。同时，该地区学位多有不足，学校扩建压力大；中小学办学类型丰富，包括镇村小、单位办校、名校办分校等，彼此临近但资源的质量差异巨大（表5-6）。调查考虑到地区典型性，且无法覆盖新城全部范围，选择梨园地区的小学和初中作为样本范围分年级抽样发放问卷（图5-9）。

梨园地区调查学校情况一览　　　　　　　　　　表 5-6

学校名称	梨园镇中心小学	通州第一实验小学	大稿新村小学	梨园学校	育才学校通州分校	潞河中学附属学校
办学类型	镇村办校小学	单位办校小学	镇村办校小学	扩建镇村办校九年制	名校办分校九年制	新建名校办分校九年制
建校时间	1989年	2003年	1989年	2000年	2006年	2014年
学生数（人）	837	1693	320	1028	2898	685
京籍学生比例	51.9%	58.7%	44.7%	39.0%	40.3%	85.1%
教工数（人）	89	125	27	111	247	55
高级教师比例	42.9%	45.2%	38.5%	9.8%	22.6%	30.9%
发放问卷	120	150	120	160	160	120
回收问卷	107	139	111	小学120 初中40	小学118 初中31	小学120 初中未招生

来源：通州区教委2016年统计及自绘

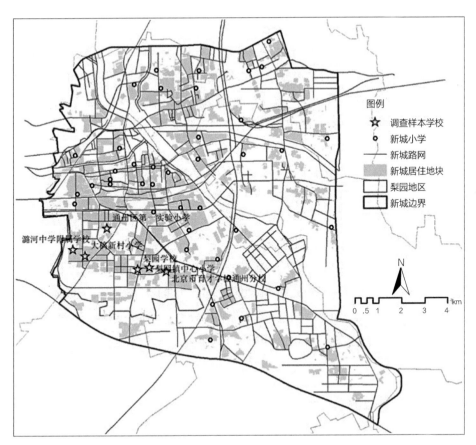

图5-9　通州新城、梨园地区范围与调查学校区位
来源：自绘

1. 社会经济特征

梨园地区并非典型的外来务工人员聚集地，或教育地产集中的资本化近郊，而是中等收入本地与外来人口混居的折中地带。受调查就学家庭的社会经济属性分布较为集中：年龄结构以中青年为主；小学家长文化程度以大专、大学为主，初中家长以高中为主；工作以公司职员、商业服务业或个体户为主，但社会声望与阶层文化尚不典型，对子女教育没有强烈偏好。小学家庭的年收入分布于8万~10万元（14.4%）、10万~15万元（16.6%）、15万~20万元（13.8%）和20万~30万元（14.5%）范围内；初中家庭的年收入值分布于8万~10万元（23.9%）、10万~15万元（18.3%）、15万~20万元（11.3%）范围内收入达到中等小康水平，且一半以上达到城镇家庭教育消费平均水平❶；但更为高端的教育消费或置业寥寥无几，未进行"学区房"投资。

受调查本地与外来生源各占一半，户籍维度的分异尚不明显。外来家长来京年限普遍达到十年以上，多为事实上的本地人，大多为一次置业，80%以上是自住者且从未搬迁，与地铁新盘的特征吻合，但有40%以上愿意为更好的学区搬迁。家长普遍反映自己孩子在校融合程度很高，均有同学和邻居相伴，说明学校在社区融合方面扮演重要角色。这类近郊与内城的新建商品房学区类似，新移民家庭与本地居民混居，但由强烈教育选择驱动的领域化情形不典型，学校权属并不割裂，社区也更为融合。教育社会空间分异的主要影响因素在于收入维度。

2. 实际就学可达性

梨园地区小学生上下学单程15分钟之内比例达到89%，初中生达到44.9%，但相当一部分是机动化出行。小学生步行比例较高，达到43.9%、其余出行自行车电动摩托与私家车各占四分之一；初中生以自行车电动摩托（29.6%）和公交车（38.0%）出行为主，也有19.7%私家车出行。49%的小学

---

❶ 对比2016年国家统计局公布的北京市城镇居民人均可支配收入标准（一个双职工三口之家年均可支配收入6.7万至11.4万），受调查家庭大部分满足城镇基本生活保障水平，经济收入条件中等以上。根据《2015年中国家庭教育消费者图谱》调查，城镇家庭月收入达到15000元以上，平均每月教育支出达1000元以上；城镇家庭月收入达到30000元以上的高达38%每月支出2000元以上。

家庭和33.8%的初中家庭期待以校车解决路途远的问题，且四分之三以上愿意为校车付费，这表明集中供给校车和合理选址选线的必要性。

规模较大、质量较好学校就学时间的众数、平均值及最大值更大，也相应地能服务更远的学生。单位办校的服务范围部分超出通州新城，而原镇村办校的服务范围较小，集中于校址附近。且与内城不同的是，代表质量的学校规模与京籍学生比例没有明显关系，却与学生家庭收入之间呈现一定的相关关系（图5-10），说明规模越大的学校学生家庭收入相对越高（$R^2=0.921$），离散程度也更大；而规模越小的学校学生家庭收入更低，分

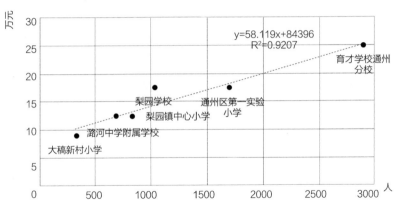

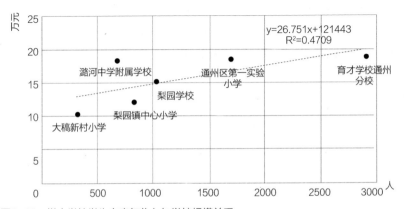

图5-10 样本学校学生家庭年收入与学校规模关系
来源：自绘

布也更集中。学校规模、就学可达性、学生家庭收入彼此关联，都是体现近郊教育空间公平的评价方面。

● 新城小学空间可达性评价

研究对新城小学、居民点、路网GIS建模，并基于邻域模型和潜能模型评价基本的可达性公平度。根据教委统计，2016年新城共有47所小学、在校学生39092人。通过建筑阴影（层数）与底面积估算根据百度地图整理的464个居住地块规模——按户均2.45人计算；再与中介网站各楼盘户数核对人数，得居住人口共计999361人。根据通州年鉴所记的各街道5~14岁学龄人口比例和新城举家落户特征估计，小学阶段学龄人口（7~12岁）比中心城高3.6%，并且匹配新城小学生总数，取值3.91%，共计38980人。路网根据百度地图建立，根据各类交通时速常规值设定步行、骑行、机动车等出行时间成本，并根据调查的小学生出行方式比例（步行50%、自行车25%、机动车出行25%）计算的加权时间成本，作为综合时间成本。

1. 基于邻域模型评价

通过邻域模型评价学校服务覆盖情况，包括基于学校的500~1000m缓冲区分析、Voronoi多边形分析和基于网络分析的步行/加权时间的服务区分析。结果显示新城小学服务覆盖范围不足。缓冲区分析显示，1000m半径覆盖四分之三以上的居住区，少数地区服务覆盖不足。Voronoi分析显示运河西岸中部学校分布密集、学区范围小，而运河东岸六环以外学校分布稀疏、学区范围大。加权出行分析中的服务区范围显示，除少数边缘地区，新城基本满足15分钟可达。但从步行的角度来看，就近入学比例一般（图5-11）。

通过在校生与邻域生源规模差值分析学校质量分布的不均衡，颜色越深代表需求与供给之比越大、颜色越浅则反之（图5-12）。基本上，以六环为界，环内城市地区冷热不均程度明显比环外村镇严重，就学拥挤地区集中于少数老校、名校和优质镇小。这些学校教育质量好、区域吸引力大、承担更大的就学压力。六环内新建居住区、发展较快的产业组团等也存在

图5-11 缓冲区、Voronoi分形、步行/加权时间的网络分析服务区范围
来源：自绘

学位短缺的问题，生源被邻近的热门学校吸引。六环外村镇人口和生源流出，学位供给则相对过剩。

2. 基于潜能模型评价

潜能模型考虑供给与需求之间的相互作用，为更符合实际，以学校规模度量服务能力，按不同方式计算出行成本、引入不同摩擦系数和人口影响因子等参数组合进行对比试验。按模拟效果，确定更复杂的服务能力因子与极限搜索半径。一般公式为：

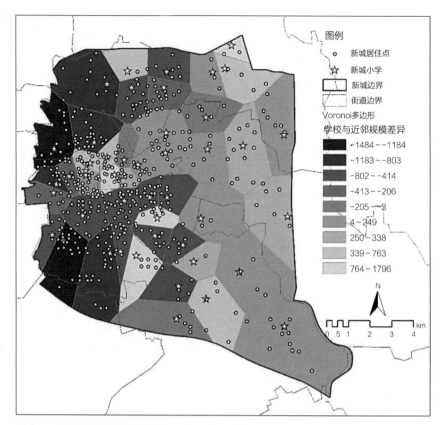

图5-12 各校在校生与近邻学龄人口数量差值分布
来源：自绘

$$A_i = \sum_{j=1}^{k} A_{ij} = \sum_{j=1}^{k} \frac{S_j}{D_{ij}^{\beta}}$$

A_i为居民点i到设施点j的可达性A_{ij}之和。n和k分别表示居民点和设施点的数量。S_j表示设施点j的服务能力，即在校生数量。D_{ij}为居民点i与设施j的出行成本，分别使用综合出行加权时间、步行时间以及路网距离。β为出行摩擦系数，多取1或2，由此获得4种代表性的参数组合。考虑不同居民点的设施竞争，引入人口影响因子V_j：

$$A_i = \sum_{j=1}^{k} \frac{S_j}{D_{ij}^{\beta} V_j} \quad 其中：\quad V_j = \sum_{i=1}^{n} \frac{R_i}{D_{ij}^{\beta}}$$

V_j代表居民点对设施点的竞争影响，R_i为居民点学龄人口数量。对4种组合分别进行引入和不引入V_j的讨论可获得8种组合。

$$P_{ij} = A_{ij} \bigg/ \sum_{j=1}^{k} A_{ij}$$

P_{ij}为居民点i选择设施点j的概率,即i到j可达性A_{ij}与i到所有设施可达性A_i之比。对以上8个模型获得各居民点获得服务的潜能概率A_i进行差值分析发现,引入V_j的部分模型显示六环外的村镇居民点潜能更高,与邻域分析结果相差较大。

$$G_j = \sum_{i=1}^{n} R_i P_{ij}$$

$R_i P_{ij}$为i分配到j的学生数。G_j为设施点j服务所有居民点学龄人口之和,即各校潜在学生数。对G_j与实际在校生数进行回归分析,比较相关性系数R^2以判断合理性,并对$R_i P_{ij}$可视化,从中筛选最可能的情形。通过比较发现,使用线性关系(β=1)、加权时间考虑出行成本更符合实际,但总出行成本更高。引入V_j后比较潜能分布合理性,并根据生源分配格局的合理性进一步筛选(表5-7)。

模型6平均加权出行时间在30分钟以上,与梨园地区调查情况不符;

筛选参数的潜能模型生源分配格局与出行成本统计* 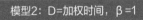 表5-7

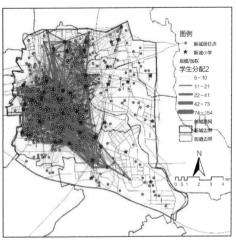

续表

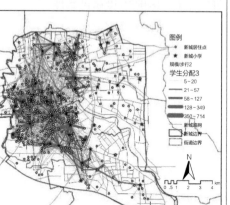
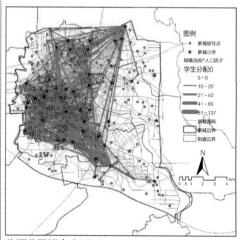

生源分配拟合度 R^2=0.7693
N=37547; TravelCostSum=1125761.6min
Avg.=30.0min; Std.v=28.4min
Max=215.7min; Min=1min

生源分配拟合度 R^2=0.9947
N=38008; TravelCostSum=1388236.9min
Avg.=36.5min; Std.v=26.4min
Max=142.9min; Min=1min

* 生源分配路径中小于5人未被纳入；出行成本平均值按学生人数加权平均计算
来源：自绘

在引入 V_j 后总出行成本、平均值与标准差均更高，出现新城边缘人口密度下降，小学吸引过多过远的生源的情况。最终结果在不考虑人口影响因子的情况不可得模型2与实际拟合程度较高，并显示六环内外的城乡学校冷热不均。少数中心热门学校满足了集中的就学需求，因此路网可达性高。而新城边缘地区与六环外村镇学校的吸引力普遍不足。其总出行成本相比就近入学情景（模型1）的成本有近一倍的冗余，有较大的布局优化空间。

● 基于择校模型的布局优化

1. 家庭择校偏好分析

就近情景下，单元或区位评价代表择校影响。而从以上两节分析来看，学校规模、出行成本、学生家庭收入等是彼此关联且共同影响就学格

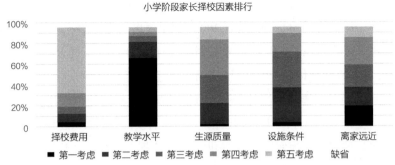

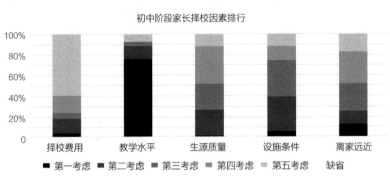

图5-13 样本小学与初中阶段家长择校因素排行
来源：自绘

局的择校因素。择校可被认为是一种复杂的微观决策过程，类似于顾客在一个有边界的市场中根据自身条件、获得成本、产品性能等因素做出的最优选择，前提是允许多个家长在多个学校中进行选择。梨园地区家长择校因素调查显示，教学水平最为重要，其次是离家远近，设施条件、生源质量（图5-13）。基于该调查❶，应用Mixed Logit模型估计影响择校的因素，并预测就学需求作为优化基础。

2. 基于ML模型预测

ML模型是理解和预测有限个选择集下，个体根据偏好做出选择的离

---

❶ 调查范围限于一个街道6所学校的786个样本，70%以上小学和初中家长在孩子入学时没有可选学校，可能无法充分反映家长择校偏好。但主观上，择校是一种长期潜在的意愿。学校规模与学生家庭收入的关系、整个新城的非就近入学也反映出一定的教育分层，可以认为择校模型的前提在新城成立。

散选择模型,不同模型是通过对概率密度函数的不同分布假设推导得到的。这一模型由Mcfadden和Train(2000)最早提出,设定解释变量为随机分布形式,突破了IIA(不相关选项独立性)假设和IID(独立同分布)假设的限制,其结果可以体现个体之间的差异。

其优势在于选择适当的分布函数,可以趋近任何随机效用模型,具有高精度和高适应性,对选择规律模拟更符合实际,如人口迁移、交通选择、产品偏好等,为实际决策提供很好的依据。不过,由于参数估计复杂,择校相关的模拟尚不广泛。以下基于就学家庭决策信息,分析和预测人口变化背景下的就学需求。

其概率函数为:

$$P_{ni} = \int \frac{e^{V_{ni}(\beta)}}{\sum_{j=1}^{J} e^{V_{nj}(\beta)}} f\left(\beta/\theta\right) d\beta$$

表示个体n选择了选择集中i选项的概率,其中 $f\left(\beta/\theta\right)$ 为某种分布的密度函数,可以是正态分布、均匀分布、对数分布、S_B分布等。当β服从正态分布时,$f\left(\beta/\theta\right) = \frac{1}{\sqrt{2\pi}\sigma} exp\left(-\frac{(\beta-\mu)^2}{2\sigma^2}\right)$,$\theta$即为正态分布的参数$\mu$、$\sigma$。由于$P_{ni}$没有数学上的封闭解析形式,只能通过统计模拟方法计算。

将就学距离、以学校规模和高级教师比例代表的教学质量、家庭收入、教育支出费用、搬迁意愿等因素❶纳入择校规律分析,公式如下:

$V_{nj}(\beta) = \beta_1 \times 就学距离 + \beta_2 \times 学校规模 + \beta_3 \times 高级教师比例 + \beta_4 \times 家庭收入 + \beta_5 \times \cdots$

数据分析的过程使用R语言中的mlogit包,将学校等级、学校规模、离家远近、家庭收入、性别、年龄、受教育程度、搬迁意愿等转变为自变量,其中的二分类变量设定为均匀分布,然后再次使用mlogit进行模型拟合。在拟合结果中,McFadden R^2表示McFadden似然率指标,表示模型的拟合效果。这一指标 $R^2 = 1 - \ln L / \ln L_0$ 的值介于(0,1)之间,越大则拟合效果越好。

---

❶ 计算中样本与学校之间的就学距离从百度API获得,家庭收入取区间中值,结合学校教学质量变量纳入计算矩阵。由于房价代表家庭购买力水平,后续预测时可以用居民点房价代替家庭收入变量。

基于诸多因素对就学微观决策过程的影响分析，通过调整变量分布获得较好拟合效果，将参数系数推广到新的人口变化和居民点情景下的就学需求分布预测，由此基于微观择校规律得到未来的就学需求格局。各校就学规模S_j表示为：

$$S_j = \sum_{i=1}^{n} \sum_{j=1}^{k} R_i P_{ij}$$

其中，i代表1到n个居民点，j代表1到k个学校，R_i代表居民点i的学龄人口数量；对于居民点i选择学校j的概率P_{ij}：

$$P_{ij} = \int e^{V_j} \Big/ \sum_{j=1}^{k} f(\beta) d\beta$$

e^{V_j}为学校j的效用函数，$V_j = \beta_1 x_1 + \beta_2 x_2 + \beta_3 x_3 + \beta_4 x_4 + \beta_5 x_5 \cdots$，$x_i$表示相应的影响因素值；$\beta$为多个影响因素系数构成的向量。

根据预测，新城北部和南部学校就学压力增加，建议重点关注北部的通州区兴顺实验小学、范庄小学、通州华人学校、私立树人学校等学校，以及南部的通州区张湾村民族小学。边缘地区生源预期较小，但考虑外部生源涌入不予撤销。实验二小通州分校等预期需求有大幅增长，需做好资源扩充准备；

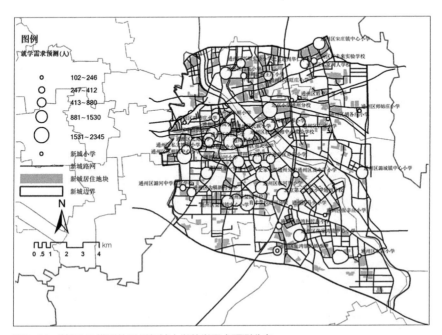

图5-14　基于ML模型的通州新城小学就学需求预测分布
来源：自绘

梨园镇中心小学等学校生源呈下降趋势，应做好富余资源的调整安排。北京第二实验小学通州分校、北京小学通州分校、史家小学通州分校等19所小学将超过1000人，变化较大，是未来需要规划关注的超大规模校（图5-14）。

ML模型预测的就学规模与2018年实际在校生规模的比对结果显示，除了永顺镇中心小学和运河小学之外，误差范围皆控制在1000之内，62%的小学相差幅度小于15%。上述两所小学规模急剧扩张主要是由于周边适龄儿童增加。未考虑各居民点人口增长情景，也是误差较大的原因。但总体而言，83%的小学预测与实际增减趋势一致，说明模型应用具有相当的可信度，并在一定程度上能够指导学校未来的软硬件扩建或收缩。

3. 综合布局优化

根据由学校规模限制、最大就学距离限制的服务最大覆盖范围进行生源配置，可以最大限度地将学校服务覆盖到不同居住区，增加生源混合的可能性。在符合就近入学原则和学位有限的条件下，将居民点生源分配至相应学校，得到学位最大化利用的派位方案。设定现状学校容量限制、加权就学时间半小时之内这两个约束条件，达到入学覆盖最大的目标，通过线性规划算法求解。表达式如下：

$$\text{Coverage}: \max \left(\sum_{i=1}^{m} \sum_{j=1}^{n} x_{ij} p_{ij} \right)$$

$$d_{ij} \leqslant 60 \min, \forall i, j$$

$$\sum_{j=1}^{n} x_{ij} p_{ij} \leqslant c_i \cdot \forall i$$

$$\sum_{i=1}^{m} x_{ij} \leqslant 1, \forall j$$

目标函数：学校服务周边居民区的学生总数最多；约束条件1：每个居民区学生上学距离不超过半小时；约束条件2：分配结果不超出每所学校可授的学位数；约束条件3：所有居民点学生全部分配。

容量限制、最大距离限制的服务覆盖最大的生源分配结果　　　　表5-8

学校名称	学校容量	匹配居住地块数量	匹配学龄人口数量	加权时间之和（分钟）
通州区北苑小学	65	2	65	43.3
通州区私立树人学校	58	2	53	37.0
通州区教师研修中心实验学校	303	6	303	86.0

续表

学校名称	学校容量	匹配居住地块数量	匹配学龄人口数量	加权时间之和（分钟）
通州区南关小学	365	10	365	87.6
通州区中山街小学	1102	21	1102	282.5
通州区后南仓小学	1412	20	1412	173.7
通州区东方小学	1607	18	1607	310.0
通州区运河小学	1538	22	1538	129.1
通州区官园小学	1109	14	1109	222.9
通州区贡院小学	333	7	333	107.5
通州区玉桥小学	859	11	859	75.6
通州区民族小学	109	3	109	31.6
通州区永顺小学	180	4	180	49.4
通州区第一实验小学	1693	18	1693	136.1
通州区潞河中学附属学校	685	7	685	84.2
育才学校通州分校	2285	18	2285	269.3
史家小学通州分校	2593	20	2593	229.6
通州区私立博羽小学	252	3	252	65.6
通州区永顺镇中心小学	217	4	217	51.0
通州区西马庄小学	138	3	135	82.7
通州区乔庄小学	107	2	107	109.2
通州区发电厂小学	110	5	110	116.0
通州区龙旺庄小学	152	2	150	79.0
通州区焦王庄小学	220	5	220	88.1
通州区范庄小学	71	4	71	73.3
通州区梨园镇中心小学	837	9	837	94.8
通州区大稿新村小学	144	5	144	132.6
通州区临河里小学	255	4	255	59.4
通州区梨园学校	633	10	633	51.4
通州区宋庄镇中心小学	733	5	731	194.6
通州区师姑庄小学	213	7	201	113.6
北京通州华仁学校	85	4	84	29.6
通州区张家湾镇中心小学	436	9	434	180.5
通州区张湾村民族小学	155	3	155	117.3

续表

学校名称	学校容量	匹配居住地块数量	匹配学龄人口数量	加权时间之和（分钟）
通州区张湾镇民族小学	101	3	99	62.3
通州区上店小学	88	6	88	59.6
通州区张辛庄小学	64	4	64	111.2
通州区马头小学	60	3	60	97.4
通州区潞城镇中心小学	230	6	221	114.1
北京第二实验小学通州分校	154	3	154	85.8
北京小学通州分校	134	4	134	68.9
通州区后屯小学	60	6	60	68.7
通州区古城小学	33	3	31	31.4
通州区芙蓉小学	83	2	81	20.2
通州区新未来实验学校	668	13	668	314.5
通州区兴顺实验小学	968	6	968	112.5
通州区胡各庄小学	494	16	494	320.5
总计	24191	362	24149	5461.4

来源：基于城乡人口变化的中小学布局优化模型及政策路径研究课题组（简称课题组）

i表示小学（$i=1,2,\cdots m$）；j表示居民点（$j=1,2,\cdots n$）；c_i表示学校i学位数；d_{ij}表示学校i到居民点j之间的距离；p_{ij}表示居民点j分配至学校i的生源数量；x_{ij}为决策变量，若$x_{ij}=1$表示居民点j的学生能够分配至学校i，若$x_{ij}=0$，表示居民点j的学生不能分配至学校i。计算获得生源分配结果见表5-8。

计算派位优化方案的需同时计算学校容量和居民需求点的权重，对应学生总数和学龄人口，对少数无法匹配学校的居住点进行调整。尽管方案总出行成本上升到5461.4分钟，各校就学规模分布与生源分配将更加均匀（图5-15）。该最优派位方案将便于教育部门对生源分配做出合理规划。

● 小结

通州新城具有外来人口和资本化郊区特征，但本地与外来学生在大多数学校中的混合程度较高，居住融合程度也较好，与内城分异情形不同，形成"收入—区位"的分异格局。大量无户口居住十年以上的事实"本地"

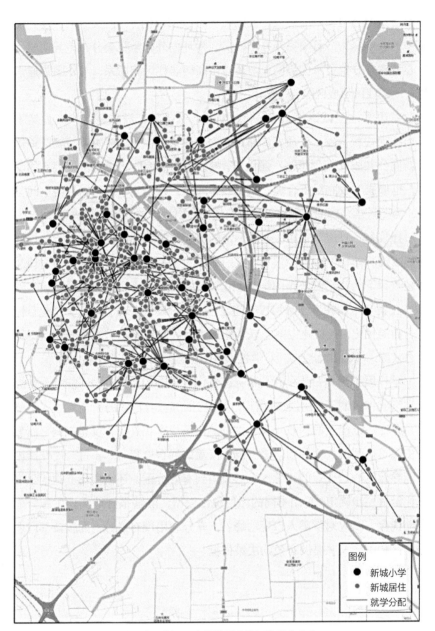

图5-15 容量限制、最大距离限制、服务覆盖最大的派位优化方案
来源：课题组

居民就学机会障碍主要在于升学而非入学。家庭收入构成一定的分异，规模越大学校的学生家庭收入中位数越高、异质性越强、生源范围也越大。尽管学校服务整体覆盖较为均衡，但校际之间冷热不均。就学需求主要集

中于新城中心的少量优质校。外围镇村办校需求偏冷，但又面临快速开发带来的就学压力，亟须提升办学质量。六环内外就学机会分布差异明显，中心名校办分校资源优势明显与新建中高档居住区相联系，与外围普通学校和一般住区形成区隔。

在边缘地区城镇化和郊区化过程中，基础教育设施配套速度显然不及居住大规模开发。优质资源布局倾向于点状分布和局部决策，缺乏整体的新城公共服务规划思路，强化了学校质量与家庭收入、房价等因素的联系，也形成学校布局不合理、出行成本冗余，以及学生之间的社会空间分异，需要科学合理的就学格局模拟及优化的模型方法支持规划决策。

择校是一种客观需求，存在一定的事实规律。理想的完全就近格局容易形成现状热门学校资源浪费、冷门学校过于拥挤的情况，与引力定律及择校规律下的就学需求预测结果相比不易实现。而考虑学校容量约束，限制最大就学距离在半小时加权时间之内，以学校服务覆盖最大为优化目标进行布局优化，此优化方案总就学距离上升，但与就学需求预测相比更加符合实际。可以此为参考，对学校未来招生数量和范围进行规划引导。

学校服务覆盖最大的优化目标，也代表更多的生源混合可能性，在综合出行成本限制下，建议适度打破以住房捆绑教育形成的完全就近入学格局，允许一定程度的择校。其增加的总出行成本仍在可接受范围内，而教育资源可得到最大化利用，学校服务覆盖的混合度更好。不过，接受择校可能导致一些居住点的就学需求难以得到有效分配，还需要与其他优化方案比对进一步确定。应用不同的派位优化模型，能够很好地实现生源分配自动优化，以应对学龄人口变动峰谷，充分利用现有资源，为教育部门调整学区和引导入学提供有效的决策依据。

第 6 章
基础教育空间规划实践

学校规划：乌托邦时代、工业时代、后工业时代

4.0 基础教育的社会空间规划：就学生态营造

自由主义范式：美国学区制与就学反隔离政策

平等主义范式：日本教育体制与就学公平政策

中小学选址布局在我国空间规划体系中属于详细规划内容：一是控制性详细规划对公共服务设施的"定量、定点、定性、定界、定时"❶；二是修建性详细规划根据上位规划、居住区设施配置标准、地方教委与业主需求等落实校园单体建设。此外，规划部门还会受到教委委托，编制应对人口变化的学校布局调整的专项规划，指导近期建设或支撑相关规划调整。这是一套横纵模块交织和多主体参与决策的复杂流程，包括纵向的教育资源配置协调，以及横向的城市系统关系协调。随着人口与社会经济变化，学校规划中的社会空间规划工作日益重要。

基础教育制度空间、文化空间与物质空间相互耦合，表明教育社会空间规划不仅涉及技术实践，还需要一套体系建构，这与就学体制问题息息相关。一国的财政制度、教育区划（如学区制）、地方性或流动性的就学政策等对教育空间公平有根本性的影响。学区是一个衔接单元空间和连续空间规划问题的重要制度概念，并非简单的空间划分，而是中央与地方关系调整的教育行政区划问题。以自由主义范式的美国和平等主义范式的日本为例❷，评价教育空间区划体系的形成调整、流动性和地方性的就学公平政策经验，为我国相关改革与规划提供借鉴。

学校规划：乌托邦时代、工业时代、后工业时代

● 1.0：乌托邦时代

1. 规划思想遗产

学校作为城市公共场所伴随着宗教改革和工业化出现。根据科尔曼回

---

❶ 定量：通过人口和招生规模预测、千人指标、学校用地与建筑标准等确定建设总量；定点：根据上位土地利用规划、人口分布、一定的服务覆盖原则等确定各校大致位置；定性：规定各校配置类型和建设主体；定界：基于周边环境、建设项目等划定各校用地边界；定时：安排学校建设时序，为保证规划及时性和有效性，工作周期不宜长，成果宜简单（宋小冬，等，2014）。

❷ 将两国简单概括为效率优先的自由主义和公平优先的平等主义，并非那么绝对。两国的教育行政体系都是在长时间探索中形成的，并影响到教育空间区划，追求适于本国国情的权衡。

顾，前工业化的欧洲，儿童的学习视野基本受限于家庭，社会流动也限于宗亲系统的家族延续性；家庭既是福利性生产单位，又是技能培训场所。16世纪初，马丁·路德在宗教改革中主张设立公费支持的义务教育，确保人人具备读写能力，随着工业革命兴起，家庭以外的生产机构普及，儿童发展需要面向社会由政府兴办的公立学校陆续出现。社区、雇主等潜在经济单位也成为培训利益相关者，开始承担办学责任。

19世纪欧美公立教育的雏形显现，使教育机会的概念普遍产生❶。税收支持的公立教育既是工业发展的产物，也是社会结构变迁的作用。教育机会反映阶层结构，本身就是社会分流机制。在英国，国家支持的寄宿学校（board school）是下层劳动者的学校，1870年教育法的颁布使教会志愿学校（voluntary school）也纳入国家财政系统，但寄宿学校与中上阶层的志愿学校课程截然不同❷。在美国，尽管没有强大传统的阶层结构，学校也强化了社会分层。公共财政支持的免费教育在19世纪早期产生，很快变成公共学校（common school），为几乎所有除了私立学校的上层孩子、印第安人和南方黑人之外的儿童提供教育。

英美国家基础教育双轨制的根源在于：社区需要工业化的劳动力、中产阶层需要接受好的教育、现有社会秩序需要维持。一个从固定的封建系统或种族系统进化的分层社会，需要防止大规模工人（黑人）后代进入中产（白人）后代位置带来的挑战。对此，科尔曼在20世纪60年代对教育机会"均等"的阐释是振聋发聩的：国家应提供免费教育直到满足劳动力的给定标准；公立学校儿童上相同课程、多种背景儿童进入同样学校、在地方性条件下机会均等；学校的责任是在可达地理范围内提供免费可得、不排除任何人继续接受高等教育的机会；机会的使用责任在于儿童及家庭，但服务的提供是国家责任。

作为工业时代以来城市的固定设施，学校长期居于规划理论配角，系统论述不多。但早期西方人本主义城市规划思想对学校的理解有着乌托邦

---

❶ 在此之前，私立教育对工业革命、商业发展和社会分层有巨大影响，中产以上家庭有需求和资源使孩子在家庭之外受教育，取得专业职位或者商业职位，而下层家庭教育限于工农劳动（Coleman，1975）。

❷ 阶层系统直接映射于学校，以至于当时的英国政府分出教育部和科学艺术部两个部门分管下层和中上层的学校系统，只有后者的课程和考试才提供后续教育许可（Coleman，1975）。

的理想色彩。

学校规划思想遗产之一是促进社会融合的均等化思想。芒福德（Lewis Mumford）在《城市文化》中指出："学校的作用和活动趋向于成为整个社会的模型……它的存在是为了培育和发展市民灵活多样的个性，而非仅仅是职业意义上狭窄的技能""学校是凝结人类人性化和理性化因素的城市场所，担负着使社会成为有机整体的任务"（芒福德，2009）。这与教育机会均等思想不谋而合，且从这个意义上看，学校的空间影响超过单体本身，具有凝聚社区乃至社会的作用。

学校规划的思想遗产之二是逐级邻里配置的均衡性思想。早期规划思想注重学校的社会作用，以及学校与社区规模的功能性联系。无论是霍华德的"田园城市"理论、道萨迪亚斯的"人居等级层次体系"、佩里的"邻里单位"模式，还是源于日本都市重构的"生活圈"理念等，都将学校视为社会活动的功能核心和联系纽带。以学校为核心的社区规划是组织城市圈域的一种方式，不仅体现了追求层次明晰、规模适宜、通学便利的人居伦理，实际上也包含了整合社会生活的意蕴。可以说，**先有层级和就近配置的社会思想**，后有规划设计的空间准则。

2. 规划设计准则

霍华德在其经典的田园城市（Garden City）构想中，将约30000人的组团划分为6个5000人的扇形区（ward）。每区在宽420英尺（约128m）、长3英里（约4828m）的带形绿地（也称宏伟大道，Grand Avenue）中修建6所公立学校，每所学校占地4英亩（约1.6hm^2），服务不到200名儿童❶（图6-1）。霍华德强调为儿童福利着想的学校布局原则：通过带形绿地联系居住、休憩与工作，设置住宅和工作地附近的学校减少上学路途精力消耗；带形绿地中设有游戏场和花园，校址环境比城市工厂和贫民窟附近更为优越；学校建筑不仅用于日常教学，还用于礼拜、音乐、阅览、会议等活动，丰富社

---

❶ 一个田园城市是中心城市外围的六个组团之一，设定6400名儿童（占总人口1/5）；每个扇形分区儿童数量占总数的1/6（约1060名），每区6所学校每所服务不到200名学生。1944年《住房手册》规定伦敦市3万人口所需小学用地为51英亩（约20.6hm^2）、各类学校总和140英亩（约56.7hm^2），而田园城市共144英亩的学校用地与此相吻合。

会生活，并平摊建筑费用。

更重要的是，田园城市为此设计了社区土地公有制下的实现途径：由地方税担保借贷购置城市建设用地，将土地税租用于学校修建（面向宏伟大道的居住单元因享有更多便利，税收更高）；学校及其他公共设施运作资金来自托管债务和收缴地租的中央议会，不需要纳税人额外支付费用。尽管带有乌托邦色彩，如此规划理想的实现从空间实践到社会规则形神兼备，表明城市建设与社会制度改革密切相关。

人类聚居学（Ekistics）按照人口规模和土地面积对数比例将人类聚居系统分为15个单元、三大层次。社区（邻里）作为建筑与城市重要的中间层❶，分为六种尺度规模（图6-2），其中第三级社区中心包括小学、第四级社区中心包括中学（吴良镛，2001）。这一思想以包括学校在内的社区中心层级配置组织聚居单元，将人类聚居视为一个整体，在社区实现自然、人、社会、居住、支撑网络各系统和谐共生。规划理论中，中小学是社区之内而非超越社区的概念。学校建设应当纳入社区建设：学校服务所在社区，社区维护所属学校。

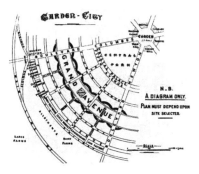

图6-1 田园城市六分之一分区中的宏伟大道示意
来源：霍华德，2011

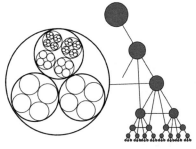

图6-2 人类聚居学中的社区等级层次体系
来源：根据文献（吴良镛，2001）改绘

---

❶ 15个单元包括：个人、居室、住宅、住宅组团、小型邻里、邻里、集镇、城市、大城市、大都会、城市组团、大城市群区、城市地区、城市洲、全球城市；从个人到邻里是第一层次、从集镇到大都会是第二层次，从城市组团到全球城市是第三层次。社区层级就城市结构系统而言，可称分区、片区；就社会组织而言，可称社区、邻里；就城乡关系而言，可称小城镇、村镇等（吴良镛，2001）；不同时代背景的中外社区居住系统、城乡居住环境表现差异巨大。

对学校规划实践影响最大的是邻里单位（neighborhood unit）思想。佩里（Perry, 1929）着眼于现代化的美国中产阶层核心家庭需求，以小学为中心进行社区规划布局。邻里单位规模5000人左右，以小学服务人口的合理规模控制邻里单位规模。作为邻里中心的小学结合其他服务设施、绿地或公共广场设置，使小学生上下学距离不超过半英里（约800m）且不穿越城市干道（图6-3）。这相当于提出了住区规模指标与学校服务半径原则：学校是住区功能核心要素，邻里以城市干道为界形成中心学校合理的服务范围。

邻里单位思想对世界城市规划实践影响深远。依据施泰因（Stein）和艾伯克隆比（Abercrombie）确定的城市干道系统划区原则和中心地理论经验等，许多国家提出公共服务设施配套的居住小区和新村形式，形成典型的居住单元（housing estate）开发模式：每一单元设有一整套居民日常生活所需公共服务设施，以小学最小规模为人口规模下限，单元内公共服务设施最大服务半径为用地规模上限。1958年苏联颁布"城市规划修建规范"，将居住开发单元作为城市基本单位，规定其规模、密度和公共服务设施配套内容，直接影响了新中国成立后的城市居住小区规划设计规范（吴志强，李德华，2010）。

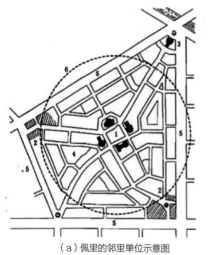

（a）佩里的邻里单位示意图
1-邻里中心；2-商业和公寓；3-商店或教堂；
4-绿地（占1~10的用地）；5-大街；6-半径800m

（b）现代居住邻里单位规划方案

图6-3 邻里单位示意与规划方案
来源：吴志强，李德华，2010

随着交通尺度的拓展，无论是居住综合区、新城市主义（new urbanism）还是公共交通导向开发（Transit-oriented Development，TOD）等模式，学校布局规划遵循的"层级配置、就近配置"原则基本不变：在组团、小区、居住区组团中将公共服务设施作为层级中心，同时限定设施服务规模与半径，保证就近使用。

相关模式还包括日本的都市生活圈理念，影响到东亚等地的规划实践。生活圈是以家为中心形成的包括工作、教育、社会交往和生活服务等日常活动在内的时空行为圈（肖作鹏，柴彦威，张艳，2014）。规划通过调查获取不同居民的日常行为特征、各类公共服务时间成本意愿、使用需求频率等确定最佳时距，借助GIS划构建不同层级的生活圈体系，从而配置相应公共服务设施（图6-4）（孙德芳，沈山，武廷海，2012）。其优势在于满足实际生活便利、公共服务均等化配置和避免重复建设。

参考生活圈划分体系，小学和中学分别在1万~2万人（2km²）和3万~6万人（5~8km²）的街区尺度配置（图6-5）。上海市"15分钟社区生活圈"规划导则对居民行为和需求的调查显示，3~19岁学龄人口社区生活参与度适中（李萌，2017）。实际上，中小学就近配置需求迫切，但完全附属于社区建设这一点存疑：**伴随着经济发展、社会变迁和城市空间重构，中小学服务是否真的能被一定的社区层级所限定和满足？**已有规划理论主要关注学校逐级邻里配置的均衡性，而教育均等化的社会理想却容易被忽视。理想和现实之间需要更多的规划路径探索。

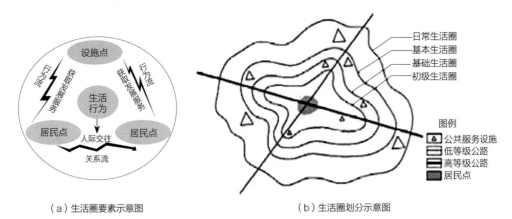

（a）生活圈要素示意图　　　　　　（b）生活圈划分示意图

图6-4　生活圈要素与生活圈划分示意
来源：孙德芳，沈山，武廷海，2012

生活圈层次		服务功能	时间频率	出行时间	出行距离	圈域规模	人口规模
社区生活圈	组团生活圈	居住、绿化、幼托、老年设施	一日	步行5分钟内	200~300m	约30hm²	0.5万~1万人
	邻里生活圈	小学、日常购物（邻里中心）		步行5~10分钟	500~800m	约200hm²	1万~2万人
	小生活圈（韩国首尔）	初高中、少量就业、较高级别的购物（地方中心）	一日至一周	步行15分钟内	1~2km	约5~8km²	3万~6万人
	定住圈（日本）						
城市生活圈	大生活圈（韩国首尔）	主要就业、更高级别的购物需求（城镇中心）	一周至一月	公共交通或小汽车30分钟至1小时	韩国（首尔）5~7km	韩国（首尔）约60~150km²	韩国（首尔）60万~300万人
	定居圈（日本）				日本20~30km	日本约200km²	日本15万人

图6-5 亚洲地区（日韩）不同层次生活圈划分
来源：李萌，2017

● 2.0：工业时代

1. 配置标准研究

伴随着工业化的大规模建设，经典规划理论向工业化的技术思维转化，通过学校整合社会的人文关怀思想式微。有关的规划讨论主要集中于学校配置标准。纽约环境区域规划最早提出学校用地指导方针，建议小学最小用地5英亩（约2hm²）、初中8英亩（约3.2hm²）、高中12英亩（约4.9hm²）；刘易斯（1952）在《城乡规划的原则与实践》提出的中小学建设实施标准也成为当时的基本规范（沈奕，2011）。二战后美国规划协会（American Planning Association, APA）开始制定校舍建设之外的学校布局标准，包括最大通勤距离和推荐班额（Schrader, 1963）。

与此同时，学校布局决策逐渐被地方政府弃给学区（Donnelly, 2003），学校与社区的组织关系往往被规划忽视（Torma, 2004）。为此，国际教育设施规划师委员会（the Council of Educational Facility Planners International, CEFPI）提出各类学校最小用地面积指标等建设指导建议，要求教育用地与社区共享，并被多数学区所接受（Berke et al., 2006）。狭义的规划师话语领域集中于学校选址导则和受雇于学区的学校建设实践。

美国学校规划控制规模布局的常用工具类似于我国的千人指标和服务半径。比如，门槛人口（threshold population）❶的计算方法至今仍沿用（杨颖，孙亚玲，2017）。除了APA对最大步行距离和上下学时间的规定之外，CEFPI规定小学最大上下学距离和时间为步行0.75英里（约1.2km）或30分钟车程，中学为1.5英里（约2.4km）或60分钟车程，高中为2英里（约3.2km）或60分钟车程，对美国学校规划影响深远。如果人口密度低，门槛人口满足但学校服务范围不在标准之内，就需要减少门槛人口或者扩大服务范围（Mcdonald，2010）。

新中国成立以来，我国中小学规划建设经历了从计划主导到效益主导的发展过程（张以红，2011）。作为居住区配套设施，中小学长期按照1994版和2002版《城市居住区规划设计规范》配置❷。而在市场经济转型背景下，有计划经济色彩的千人指标和服务半径标准不断暴露出地方差异、供需失调和实施不力等问题（赵民，林华，2002）。2000年以来，包括学校在内的社区公共服务设施配套标准受到许多反思检讨。比如，配建项目类型、设置标准、服务规模等指标体系满足居民需求变化的改进（张仁俐，等，2001；杨靖，马进，2007），传统"居住组团—小区—区级"配置系统基于现实需求的突破（李京生，张彤艳，马鹏，2007），建设主体、用地获取、资金筹措等学校建设方式对市场经济条件的适应（晋璟瑶，等，2007），以及供需匹配的教育设施规划指标体系的构建（韩高峰，秦杨，2013）等。许多省市也着手制定适于本地的社区公共服务设施配套标准❸。

这些变化表明，学校建设不只属于社区范畴，且需要新的规划组织。无论受财政还是技术因素影响，以人口代替人的概念、使用一套配置标准或模式难以适应现实需求，教育的社会性亦无法顾及。我国《义务教育

---

❶ 即建立一所学校所需的最少人口：门槛人口=（班级规模×学校班级数）/（学龄儿童比例×目标入学率）。

❷ 《城市居住区规划设计规范》规定：中学为居住区级服务设施，服务人口3万~5万人，服务半径不宜大于1000m；小学为居住小区级服务设施，服务人口1万~1.5万人，服务半径不宜大于500m。

❸ 北京、天津、南京、武汉、重庆、杭州等城市针对社区级公共服务设施，以《城市居住区规划设计规范》为基础制订了地方性的公共服务设施配套标准。

法》规定,学校规划由地方政府负责❶,但同西方国家一样,也存在教育和规划部门分而治之的情况。开发商代建等方式也导致教育设施短缺和局部配置不均衡等问题。随着居住区走向开放,规划倾向于将学校从邻里中心布置在边缘,由相邻社区合建以削弱单个社区变化对生源的影响(赵珂,陈娜,2013)。限定学校数量及位置的服务半径、学校规模等规划指标会受到布点间相互作用的影响;规模过大、过小均不利于优化教学使用过程,应从教育成效出发综合探讨(王建梁,黄欢,2014)。

中小学用地类别从"生活居住用地"大类中"公建用地"转变为"公共管理与公共服务用地"就反映出这一点。2012年《城市用地分类与规划建设用地标准》明确中小学用地不属于居住用地(R)而纳入公益类(A)(纪叶,2015),并规定单项人均建设用地的最低标准,更意味着对政府保障中小学用地公益性质和建设责任的确认。

2. 分区规划研究

从美国20世纪60年代和我国2000年以前的情况来看,工业时代的学校规划特征是通过一套配置标准规制布局方案;面对频繁涌现的供需矛盾,满足真实需求的有效供给成为主要任务。2000年以来,我国规划界对学校布局的研究尤其关注城郊、城乡不同地区的背景特征和统筹协调问题。在优质教育资源集中的中心城区,学位分配、标准调整、规范化管理及部门协调等方面的问题突出。典型的规划策略包括:划分学区或施教区、分层次管制、远近期结合(史健洁,耿金文,卢玲,2005);学校扩征、合并、撤销、土地置换、设置弹性指标(陈慧,周源,2009)等。对于老城区、新城区、城郊接合部的学校布局结构差异,需要考虑区域内和校际间基础教育发展均衡(郑敏,2011)。城区基础教育设施空间服务涉及设施规模、空间覆盖度、实际就学范围、服务选择性、公平性和服务质量满意度多个方面,并随着城市增长而变化(沈奕,2011)。

一些研究专门提出新城、新区的设施配套指标测算改进方法。比如,基于外来人口变化分析基础教育设施指标定额,提高新城配置指标弹性(刘剑锋,2007);以就学规模、距离和意愿调查为基础改进新区教育资源配置

---

❶ 见《义务教育法》第15条关于地方政府规划和新建学校的规定。

模式(王贝妮，2014)。对于城乡二元特征显著、流动人口集聚、办学基础薄弱的地区，包括城市边缘区(曹晶，2010)、城乡接合部(曹阳，2015)、快速城市化地区(朱庆余，李昂，李晓楠，2013)，规划提倡因地制宜、动态多样的公平布局思路，基于需求调查核定服务对象，调整班级、规模、服务半径等指标。

随着2000年以来乡村"撤点并校"的大规模实施，规划调整作用更为凸显(雷万鹏，2010)。比如，淡化城市建成区界限，按照城乡一体化思路改善农村和山区教育设施条件(陈武，张静，2005)；作为城乡统筹支撑，从特征界定、技术支撑、供给机制等方面推进城乡基本公共服务均等化，辅助政府科学决策❶(罗震东，韦江绿，张京祥，2011)；依据生活圈理念配置县域公共服务设施(孙德芳，沈山，武廷海，2012)；结合城市化进程布局城乡基础教育设施，同时实现数量、可达性和质量的均等化(张京祥，等，2012)。

● 3.0：后工业时代

1. 缩减过大规模

后工业时代的学校规划面对的是复杂系统问题，而单纯改良设施配置标准的意义愈发有限，需要从就学规模和距离优化入手考虑整体性的布局方案。其中，首要问题是科学合理地优化教学规模。

保护小规模学校本身具有促进社会空间公平的意涵。20世纪20年代开始，美国最小学校用地规模标准不断扩大的趋势引发质疑：学校规模标准过大易忽视地方实际建设环境，并降低学生步行比例(Ewing, Schroeer, Greene, 2004)。学校规划的重点进而倾向于减小过大班额，给热门学校瘦身(马健生，鲍枫，2003)。实证也表明，减小教学规模有助于提高学生成绩，且对贫寒家庭学生作用更明显(杨军，2004)。因此，规划界不再更新或强制要求中小学校最小用地标准。自20世纪60年代APA提出关于学校和生均最小用地标准的建议后，有21个州取消了对这两项规划标准的任何规定(Weihs，

---

❶ 广东省、常州市在2008年和2009年分别编制了不同层面的基本公共服务均等化规划，体现了规划主体与设施供给主体的协调合作。

2003)。CEFPI于1976年规定小学、初中、高中最小面积分别为10、20、30英亩（约4、8、12hm²）；2004年正式取消了对学校最小规模的要求，给予学校规划更大的弹性。这样做一是为了保护又小又旧的历史学校，不会使其因为不达标就被拆除；二是为了在步行可达的邻里建设社区中心学校，这类学校不必有过大的用地规模（Chung, 2002；Chung, 2012）。

教学规模问题引发对学校规划标准人本化的省思。在满足基本技术需求之后，制定最小用地标准的意义是什么？资源紧张地区的热门学校超额不达标已是常态；而追求单体达标和升学率的"撤点并校"容易使偏远地区陷入教化盲区[1]。在诸多用地条件限制下，基于学校达标率的评估难以直接推导出规划纠正手段。制定下限标准的意义在于保证供给底线，但不意味着对弱势需求眼不见为净。同时，建成区学校应当限制最小用地规模还是最大教学规模？学校规划的趋势是辩证认识线性的千人指标和最小用地标准的现实意义减弱；从实际的就学便利和教学效果出发，考察和控制最大班级规模和最大通勤距离（服务半径）。

特大城市学校布局优化手段的局限也要求规划改进。学校规模过大，不仅机动通学比例更高导致高峰时段校门口拥堵，学生平时活动空间也十分有限，教室空气污浊甚至课间操只能在楼道进行。常见方式是通过"校中校""一校多址""名校办分校"等实现就近或中远距离疏解。"校中校"通过班组群的模式进行空间组织和人性化管理，三个年级三个班一个群七位老师精简师资配置。"一校多址"要求分年级走读或分校教师同步教研，客观上增加日常管理难度。"名校办分校"能够短期见效，但受到距离和机制的制约，一些名优师资流动激励不足、分校办学质量难被认可，均衡资源配置进程缓慢。另外是在外围新建地区提高单体建设标准，以带动优质资源疏解。但准确地说，学校单体的高标准是无上限的，最优规模并无答案，且教育空间配置的弹性越来越大。显然，规划应当在适度原则下提供建议性的标准导则；更重视行动的全局性，深入机理研究并加强部门合作，促进学校规模体系的系统均衡。

---

[1] 这里强调学校对文明传播的作用，比如在菲律宾 300~500人的海岛上组织两三个老师和十几个孩子的"混班教学"，形成"一室学校"。均等化的意义不仅在于普及教学，还在于文明传播。

2. 倡导邻里就学

21世纪开始，西方国家由于城市蔓延再次关注到学校布局问题，规划倡导邻里就学的话语上升，体现出后工业时代人本主义的复兴。学校布局是考虑规模、距离、学校与社区关系的综合问题。二战后，随着美国城市蔓延，郊区学校不再限于适宜步行上下学的范围之内。对此，"精明增长"（Smart Growth）理论将学校与城市空间增长相联系，认为学校空间配置对中心区衰落和郊区蔓延影响深远（Donnelly, 2003; Vincent, 2006; Norton, 2007）。内城的学校质量和社区吸引力下降，使得中产阶层家庭居住迁移被外围新建学校吸引，很大程度上推动了郊区化进程（Chung, 2002）。教育设施配置的空间问题引发探讨，规划界与教育界的合作也因而加强（Fuller et al., 2009）。

20世纪90年代的新城市主义思潮也关注郊区学校服务半径过大的问题，主张学校与居住功能混合布置，确保学校在步行可达范围之内。2002年，《为什么约翰尼不能走路去上学》（Why Johnny Can't Walk to School）的报告揭示出郊区大规模学校的诸多弊病，如学生肥胖率上升、成绩下降和家长参与度低等；历史学校的区位保护问题也表明小规模学校的价值。由此，很多学者倡导建设社区中心学校（community center-based school），或邻里学校（neighborhood-centered school），提议学校、规划师与地方社区合作，建设小规模并与邻里社区紧密联系的学校，将学校从社区边缘重新布置于社区中心（Passmore, 2002），保证适宜步行的就学范围，并控制城市蔓延（Chung, 2002）。

"邻里""社区"这样的词汇重新回到西方学校规划视野，无疑是人文关怀的回归。越来越多的观点将学校视为社区财富：学校是社区历史的象征，也意味着社区的未来。学校关闭则社区衰落，对学龄儿童家庭的吸引力就没有了；学校支持多重社区活动，如选举、体育、集会等，是家庭成员重要的聚会场所，带来社会凝聚力和地方归属感（Witten et al., 2003）。学校对于弱势社区存在的意义更为重要。对纽约学区合并影响的研究表明，失去学校的社区社会经济能力更低；500人以下与500人以上的乡村社区相比，缺乏学校意味着文化资源更少，居民社会幸福感更低（Lyson, 2002）。

不过，"社区学校"建设本身还存在争议，反映出教育资源配置公平与效率的根本矛盾和价值冲突。精明增长倡导社区学校面积较小并与邻里密切联系，但学校设施规划却希望社区学校能满足整个地区的需求（麦克唐纳，郑童，张纯，2015）。对此，McDonald（2010）建议不同社区根据自身情况权衡学校规模大小（紧凑邻里建设小规模中心学校而分散邻里学校规模可以适度扩大）；考虑步行范围、运动场地潜力、学校与社区的设计联系等做出决策，使学校布局满足步行需求，保证教育与居住用地组织关系合理，并减少机动交通和城市蔓延。

对于已建成区，便捷安全的上下学线路对于社会公平、儿童健康，以及学校与社区互动发展十分重要。2005年起，美国联邦交通部投入11亿美元开展学校安全路线（Safe Routes to School，SRTS）计划，在中小学2英里（约3.2km）范围内开发不被主干道干扰并设置减速的慢行路线，惠及步行上学更多的低收入和少数族裔群体，增加学生日常运动量（Mcdonald et al.，2014）。韩国政府也对城市儿童常去机构周围开展实施"校园地带改善项目"（School Zone Improvement Project），确保从家前往幼儿园、小学和保育机构街道的安全性，将儿童交通事故降低了95%❶。

近年来，我国为儿童健康成长的城市和住区公共空间设计研究增多。比如，住区儿童户外活动研究（袁野，2014）❷、儿童友好的住区公共空间评价（徐南，2013）、城市儿童公园设计（张鹏，赵婕，2015）、儿童户外游憩地规划（刘叶，2016），以及基于可达性的上下学行为研究等，呈现出以家为中心的小尺度精细化环境改良特点。面向邻里就学，较大尺度的通学空间和路径组织、街道安全和系统优化的规划有待上升为政府责任。

4.0基础教育的社会空间规划：就学生态营造

● 就学生态营造

重回邻里标志着后工业时代之后的规划师进入重构社会生态的角

---

❶ 见《市政厅|开学啦，如何为孩子设计更安全的城市街道》：http://www.thepaper.cn/newsDetail_forward_1371193.
❷ 见《为孩子的设计——北京城市住区儿童户外游戏行为与环境观察报告（一）（二）》

色，不仅塑造便利、安全、健康的就学环境，更融入日常学习生活的空间营造当中。2015年，CEFPI更名为学习环境协会（Association for Learning Environment，A4LE），对教育设施规划的关注从自上而下、转向自下而上的草根视角。新的规划导则制定工作内容框架而非强制性指标，明确设施环境与学生成就之间的关系，并强调家长和社区参与的重要性。导则还以多样化的学校案例提供了声光热暖、空气质量、绿色化方面的建设标准，以及过程评估和成本控制方面的管理准则（A4LE，2016）。

以CEFPI更名A4LE为标志，规划关注物质环境对学习效果的影响，面向更广义学习环境的"就学生态"（ecology of schooling）营造。这一概念来自生态系统理论（ecosystems theory），由发展心理学家布伦芬纳提出，阐释人整个生命周期中，人与所处不断变化的环境之间渐进适应的过程（Bronfenbrenner，1977）。生态系统是一个拓扑型嵌套结构，层层容纳、彼此作用并对个体产生影响，分为四个层面（Bronfenbrenner，1977）。微观系统（microsystem）是发展中的人与容纳人的直接环境之间的关系集成，涵盖人以某种角色在某一时期参加某类活动、有一定物理特征的场所，如家庭、学校、机构。中层系统（mesosystem）是微观系统的系统，包括人生某一时期容纳人的主要环境之间的关系，如一个青少年的家庭、学校、同伴、教会、营会之间的关系。外层系统（exosystem）是具体地方层面延伸的中层系统，涵盖其他影响而非直接容纳发展个体的正式和非正式社会结构，包括社区、媒体、政府机构、商品服务分配、交流交通设施、非正式社交网络。宏观系统（macrosystem）是文化或亚文化中影响人具体层面环境和行为的制度格局，如经济、社会、教育、法律、政治体系（图6-6）。

人的生活和成长环境不仅包括直接的社会环境，也包括更大的正式和非正式的社会背景。人与社会环境的互动对人的发展有重要影响，对学校的社会空间规划也有启发意义。学校是"组织学习关系"的场所，是人类社会的缩影，"麻雀虽小，五脏俱全"。学校环境空间的差异给学生学业和行为带来65%的成长差异（空间设计项目组，2016）。"就学生态"是从家庭、学校、同伴、社区乃至更大网络的社会环境系统。这一概念意味着学校规划的工作对象弹性越来越大。一个实例是中关村三小的"班组群"设计。班级作为自由拼合的树状单元，组成班组群结构，强化小班师资配置和不同年龄孩子的交往，为的是缩小学校制式空间与家庭氛围之间的差距，帮助孩子在千人以上的大学校中找到归属感（图6-7）。这种模式在建设成本和质量标准的双重约束下产生，却突破了固定的技术规范，展示出教育空间组织的灵活性和更多的设计可能性。

因此，学校规划不仅限于案头工作，还包括参与学习环境营造的有机

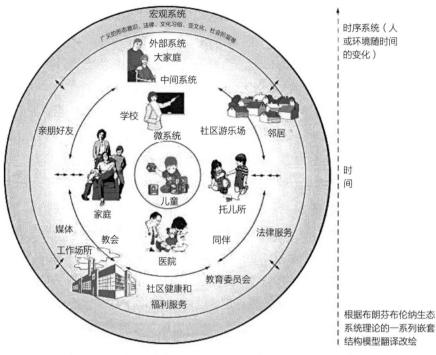

图6-6　儿童发展的生态环境系统示意
来源：根据生态系统理论模型示意改绘

图6-7　中关村三小万柳校区的班组群空间
来源：自摄

过程。学校空间的营造目的是让孩子"真实的学习":"在真实的学习情境中,学习解决真实问题,在完成真实任务的过程中习得知识、获得技能、丰富交往、形成品质"。而单纯的技术规范,甚至如火如荼发展的人工智能也难以代替人的协作来实现这一点。一些多元化的教学模式如"走班制"❶,对教室和师资配备也提出更高的要求(李萍,2016)。规划师和建筑师应当与教育工作者、家长和学生更紧密地合作,融入彼此的空间经验以胜任工作。建筑师与教师的相互培训越来越显得必要,规划师与教育管理者的身份也是不分家的。

可见,未来的学校规划不只依赖自上而下的资源分配,也更需要自下而上的自组织模式。无论是学校设施单体、校园内部、去学校的路上,还是生活的社区都是孩子学习互动的场景。营造一个适宜的学习环境,大到城市就学交通系统、学校与社区互动形态,小到影响学习成效的课桌椅摆放,都需要规划工作介入。成为学习环境中的一员,规划才有可能真正复兴规划思想遗产之中的人文关怀。同样,进入社区也才能对弱势群体实施更有效的补偿。需要看到,社区之间禀赋差距长期存在,一些局域化的政策和理念好处是薄弱学校和社区享受不到的,对均等化付之更多在地的努力也是规划师的责任。

● 激活社区参与

将日常学习生活环境从学校拓展到更大的社区,通过教育活动激活并巩固社区参与是营造就学生态、重回邻里就学的应有之义。 社区、邻里是一定地域范围内人们长期居住、生活、交往实践中形成人与人、人与地方之间关系的聚居系统。一定程度的社区参与是社区规划的重要手段,以促进社区成员发展为目标,满足人的本质需求,增进人与人、人与环境之间的互动,激发共同意识和社区归属感(赵蔚,赵民,2002)。教育作为塑造社会关系、社会网络、社会文化和社会共同体的关键途径,是社区多元价

---

❶ "走班制"指学科教室和教师固定,学生根据自身兴趣能力选择合适班级上课的形式,不同层次班级教学内容、程度和考评要求不同,在一些大中城市中小学已经推广。假设"走班制"将原来45人班拆分成30人班,教室与教师数量比原来至少增加1/3(李萍,2016)。

值的重要来源,为社区利益相关者合作、有形和无形资产增值提供契机。顺应学校与居住区位的天然联系,通过社区参与营造就学生态是重要的教育空间规划实践。

由于教育系统与地方不可分割,美国一些典型的教育公平项目依托社区实行。一些学校即使破败也是社区自豪感的象征,学校关闭则是社区资本的损失(Garland,2013)。家庭、学校和邻里是彼此依赖的系统,应当增加社区参与、资本培育和资源共享的可能(Goldring,Crowson,2002)。新地方主义(The New Localism)❶将社区与学校的关系作为学校质量提升的来源,倡导以社区作为教育成效核心的政策(Crowson,Goldring,2009)。比如,基于学校提供社区所需的福利支持、就业培训、健康关照、家长课程和移民服务等(Smrekar,Mawhinney,1999);设立21世纪社区学习中心(The 21st Century Community Learning Center)提供辅导低效学生并充实课后学术机会的社区教育服务。著名的纽约哈莱姆儿童区(Harlem Children's Zone,HCZ),通过非营利组织介入为低收入居民提供早教服务、父母课程、健康营养、学术顾问与课后项目等,打破贫困的代际循环❷(Whitehurst and Croft,2010)。为复制HCZ的成功,美国教育部2010年起筹集千万美元启动希望邻里(Promise Neighborhoods)等项目,来复兴那些被遗忘的、无力改变的薄弱社区,从而增加地方机会和活力,提升居民期望和成就。

随着我国社会与城市发展转型,社区参与成为基层治理和规划的重要工具(刘佳燕,大鱼社区营造发展中心,2022)。社区在街道党政组织、公益机构、企业、学区委员会等协调下,参与公共事务的管理和决策,增进公共福利,丰富社会生活。规划作为支持平台,采取多种形式和工具,外部牵拉、内部助推,在明确社区成员需求的同时保持规划理性。当前,大城市已有多样的儿童参与社区活动,比如儿童友好、家庭友好、老幼共融导向下的小微公共空间更新、社区花园建造、交通安全教育、步行巴士组织、旧物集市、亲子活动等。

然而,大城市人口高度流动、住房与单位、学校之间产权分离、远距

---

❶ "新地方主义"是一种治理原则,强调地方治理能力对地方发展活力的重要性,又摒弃完全的自由化,将社区与学校之间的关系作为提升教育成效的重点。

❷ 具体措施与推广方式可见哈莱姆儿童区官网: https://hcz.org/。

离交通等都在割裂居住的在地联系、破坏社区感；流动儿童聚集的社区缺乏足够的教育支持和陪伴、存在安全和健康隐患。面向弱势群体教育关怀，由非政府机构组织的社区参与实践，自下而上补充了社区规划功能的不足。比如，三知困难儿童救助服务中心发起的新公民计划❶、千禾社区基金会发起的城市支教项目等，将教育公平空间实践的范围进一步扩大，也启明就学生态营造的工作方向。教育的社会空间规划，实际上是在不同群体和利益相关者之间建立起并维护相互认知、承诺、信任的关系网络，最终落脚于促进社会融合的初心。

● 流动学习空间

在一个扁平化、网络化、智能化的未来世界，教育不平等真的有可能消失吗？规划师如何看待自己在推动教育社会空间公平的工作方向？本质上，教育不平等的根源可以认为是来自于个体认知技能（cognitive skill）和期望水平（aspiration level）差异，受到社会空间的复合影响。在"空间"日趋流动的情况下，信息流、技术流、交通流的扩大和提速正在消解空间"边界"，以新的社会空间组织方式弥合群体的认知鸿沟也是就学生态营造的内容。

笔者所见，可行的途径之一是以社区为载体扩大在线教育资源的支持。对于促进群体的教育融合，校车被认为是20世纪的措施，而21世纪的措施是在线学习。尽管在养成教育阶段，教师监督和同伴互动是重要的成效影响因素，网络教育资源仍被寄予补偿弱势群体的希望。比如，费城市为西部低收入社区配备的扫盲中心（Center for Literacy），通过志愿者辅助在线学习，提高移民及后代的读写能力和理解力，帮助其更好地融入社会（图6-8）。

另一种途径是走出学校实体设计流动性的教育空间。教育空间在走向虚拟化的同时，在现实中也是广义和流动的。传统的授课型教室布局在少

---

❶ 新公民计划致力于通过研究记录传播和倡议活动，支持流动儿童教育领域发展，推动更多人关注和参与改善流动儿童成长环境，让每个流动儿童都能享有公平优质适宜的教育。

图6-8 支持远程终身学习的费城社区扫盲中心
来源：自摄

数发达国家已开始退出历史舞台。比如，美国的环球学校（THINK Global School）设置了全球旅行路线，一年四个学期在不同国家的城市开展体验性学习；芬兰中小学的项目式教学也鼓励学生在真实的社会场景中掌握解决问题的技能。未来的学校空间可能是不定型的，甚至将任何一个地方作为学习场所。就学生态的营造也将贴近人们随时随地学习的需求。

自由主义范式：美国学区制与就学反隔离政策

● 美国的学区制格局

1. 学区制形成历程

学区最早是社区自治的产物，出现于17世纪早期马萨诸塞州由殖民地定居点形成的市镇社区，类似于英格兰的教区（parish）❶。文化信仰背景相近的欧洲移民筹资兴办学校，满足徒步就近入学需求。学区通过地方社会资本如私人捐资、教会和家长管学维持日常运行，自发地形成教育委员会并建

---

❶ 教区是中世纪英格兰的基层行政单元，负责民众的日常生活、道路设施维护、教堂管理等。教众是社会活动的主体，监督教区官员的行为，并具有自治和参与意识（陈日华，2007）。

立起教学管理制度（滕大春，1994）。随着移民聚居范围扩大，市镇学区通过巡回教学（itinerant teaching）❶满足周边农村需求。独立办学需求增多时，市镇巡回学校大多撤回，学区逐步从市镇扩展至郊区农村，从民间组织转变为政府，通过立法获得行政主体地位（梁云，2012）。从新英格兰地区开始，各州开始颁布法令对学区自主办学权合法化（滕大春，1994）。全民选举产生教育委员会、独立的教育税征收权和行政管理权的法律确认，标志着"学区制"正式确立。

随着移民迁徙和征收教育税的立法斗争，学区制在美国境内，尤其是重视教育和有产者众多的城市扩张。19世纪20年代，"公立学校运动"（common school movement）❷倡导者在北方城市游说实业家、慈善家等，因为学校获得稳定税收之前，私人捐资一向主要资金来源（滕大春，1994）。此外，公地作为美国公共教育资金来源的传统由来已久。出于从土地财税掘金的动机，学区制是18世纪后期西进运动中国会鼓励土地开发的手段，通过学校这一合理税收渠道保证地方的公共服务运营以吸引定居者（Fischel，2014）。1785年土地法案（The Land Act of 1785）和1787年西北条例（Northwest Ordinance of 1787）要求中西部各州从国会获赠的土地收入必须用于教育，作为加入联邦的条件。全国公地调查将市镇划为36平方英里（约9.3km^2），由国会向市镇捐赠中央"学田"（school section，通常是第16块，也称sixteenth section）用于运营公立学校（图6-9）。"学田"每年出租的收益被整个市镇的一室学校（one-room school）❸分享；当免费公立学校成功吸引定居者后，国会获得相应的土地增值。学校选址并非直接位于"学田"，而是由业主定居后考虑自家上学距离共同决定。这种方式在当时形成的学区

---

❶ "巡回教学"即在市镇周边农村设立若干教学点作为巡回学校，将附近儿童定时集中，由市镇学校教师去各教学点定时巡回授课，并由市镇支付教师工资。但由于教师的交通、报酬和学生配合等问题，这种方式很难持续（梁云，2012）。

❷ "公立学校运动"指依靠公共税收，由公共机关管理，面向所有公众提供免费义务教育的运动。在这一运动呼声下，从1852年第一部义务教育法颁布到1919年，各州通过了义务教育法，普及了义务教育。

❸ 一室学校是符合当时农业地区技术环境的有效教学方式，不分教室、年级，由流动教师采用"教学—复述"方式教授简单的文学和算术，为保证儿童参与家庭务农时间也不要求连续出勤。但当务农需求减少、分年级规模教学出现、长距离通学成为可能之后，这类学校减少直接导致原有学区合并（Kenny，Schmidt，1994）。

6	5	4	3	2	1
7	8	9	10	11	12
18	17	**16**	15	14	13
19	20	21	22	23	24
30	29	28	27	26	25
31	32	33	34	35	36

←——— 6英里（约9.7km）———→

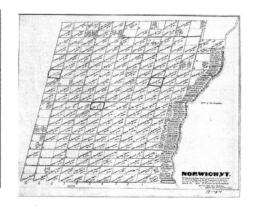

图6-9　全国公地调查中联邦市镇的学田位置（左），佛蒙特州诺维奇市业主划出的资助学校地块（school grants）（右）
来源：Fischel，2014

体系是弹性而破碎的。

学区制法定化以来，关于国家教育行政架构是集权化还是分权化的争论持续。19世纪的教育改革家，以"公立学校之父"贺拉斯·曼（Horace Mann）为代表，主张教育行政管理权力的集中和学区系统的标准化，因为分散自治与联邦国家应有的国民教育整体性理念相悖。而主张分权者倾向于夸大地方办学成效，不愿削减居民投票效力。但客观上说，由于农业机械化、农村人口衰减、通向高中的分年级学校出现、汽车的发明以及公共交通的提供等，满足工业社会发展需求的公立教育是标准化、集中化和城市化的（Bard, Gardener, Wieland, 2006）。这种趋势指向教育行政权力向更高层面政府的集中。

19世纪末，联邦政府成立州教育委员会，各州掌握领导权并整合所辖学区，使得学区数量急剧减少。20世纪初全美约有20万个学区，二战后尚有11万个，20世纪70年代后下降到2万个以下（Gordon, 2002）（图6-10）。到2005年学区不足15000个，几乎都是由于农村一室学校❶合并入大学区分年级学校所致（Battersby, Fischel, 2006）。自上而下的动因包括：农业人口数量下降与城市人口密度上升；州资助的重要性上升，州内学

---

❶ 一室学校是农业地区不分教室、年级的学校，由流动教师采用"教学—复述"方式教授简单的文学和算术，为保证儿童参与家庭务农也不要求连续出勤（Battersby, Fischel, 2006）。

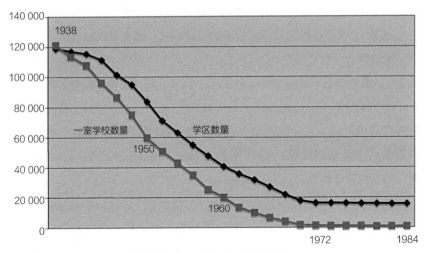

图6-10 1938—1984年美国学区与"一室学校"的数量变化
来源：Gordon，2002

区由质量差异引起合并；属于国家联盟的教师比例增加，要求学区合并降低组织成本（Kenny，Schmidt，1994）。同时也存在自下而上的推力：地方投票者需要高中文凭的劳动力、避免资产价值下降，学区合并得以大规模展开（Fischel，2009）。

学区合并规模之大，曾被认为是中央集权的胜利，而说明自下而上传统的是，至今绝大部分地区公立学校的管理主导权仍在于地方。美国人口普查局信息显示，2012年全美共有14178个学区，其中12880个为独立学区，即有公共品供给特殊目的的独立政府（school district governments），由居民选举的教育委员会负责学区事业，如制定教育计划、征收教育税、选聘教职人员、规划和维修校舍等。只有1298个学区从属于州政府或县、市地方学校委员会的非独立部门（dependent public school systems）❶，不符合政府的选举和财政本质，原则上无权单独设立学校，需要在政府监督下管理所辖学校。

---

❶ 独立政府是由居民选举产生的教育委员会负责管理学区教育事业，如制定教育计划、征收教育税、选聘教职人员、规划和管理维修校舍等；非独立部门不符合政府的选举和财政本质，原则上无权单独设立和管理学校，在政府监督下对所辖地区内学校进行协调、监督和指导。

由于大部分学区高度独立自主，为解决学区间规模不均、教学标准不统一等问题，产生了多种统筹学区服务的行政模式：如合并单独提供小学或中学学区的联合学区（unified school district）、县范围内合并两个或两个以上同类学区的联盟学区（union school district），以及一些州协调、监督和指导基层学区的中间学区（intermediate school district）[1]。此外，公立学校系统还包括其他教育活动（other educational activities），如从属于大学、市、县等的特许学校，由非营利的特许管理团体（charter management organizations）管理。私立特许学校（private charter schools）及其他私立学校不受学区管辖。

现有学区边界反映的是自下而上"有机社区"（organic communities）的形成，而非自上而下的划分，受土地价值、经济技术变化和种族隔离等因素共同影响（Fischel，2014）。学区规模差异极大，从0.2km^{2}到47000km^{2}不等（图6-11）。在学区制率先法定化的东北部、西进运动时多由白人开发的中西部和五大湖大都市地区（Metropolitan Areas），人口密度与经济发展水平高，教育竞争激烈，学区分隔密集。学区政府由自有住房的纳税者支持，很少依附于政府部门或与其他行政边界重叠；学校质量与物业价值密切相关，是验证"蒂伯特群分"假设的主要地区（Hoxby，2000）。干旱多山的中西部（Arid West）大农场经济区，地广人稀，为保证农村学校运营效率，经历了大规模学区合并，学区范围也就更大；由于历史上国会有意识地保留"学田"吸引定居者，合并后的学区边界也不完全与市县重合。只有在实行过种植园经济和种族隔离制度的南方（Old South），分权传统和社区控制力弱，学区多与市、县边界重合。曾有主张农村学区合并到州以下的县作为学区单元，但在非南方地区，大多数"自上而下"沿已有行政边界合并学区的提议实际上都出于利益难以协调的原因失败了（Fischel，2009）。

自下而上形成的学区格局也凸显出地理空间上的社会经济分异。将地方教育支出与房产税挂钩会产生高度的不平等：同一州内不同学区财政收入差异显著，而大多数学生进入的学校一半以上经费由房产税资助，自由

---

[1] 比如伊利诺伊州在县一级设置教育行政主管代表地方学区进行一致性的管理工作（如确认教师资格），并充当地方学区与州教育主管部门之间的协调角色，此外还设置管理一到七个县教育事务的区域主管。

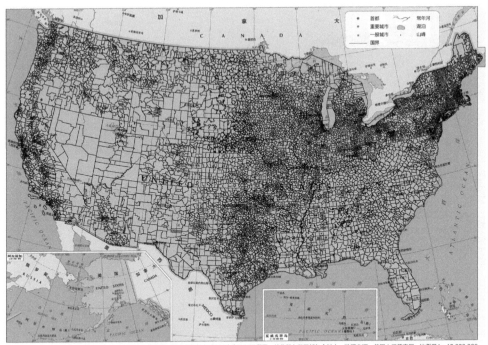

图6-11 美国本土2015年学区地图
来源：根据人口普查局学区Shapefile自绘；https://www.census.gov/programs-surveys/saipe/technical-documentation/file-layouts/school-district.html

选择将导致穷富群分（Gruber，2004）。人口普查局的学区学生贫困率地图表明，在学区较大的中西部和南方，学生贫困率普遍较高，而学区分隔密集的大都市地区学生贫困率低（图6-12）。学区大小本身也意味着不平等，穷人更可能长距离通勤于大规模学校，而学校规模过大、通勤距离过长不利于教育成就；富人有更多的就近教育选择，而更小的学区有更好的社会资本，从而正面影响教育成就（Fischel，2009）。此外，对于学区"划分"不平等，以及学区之间的种族隔离和贫富分异，政府很多情况下是无能为力的。例如在全国有色人种协会诉密歇根州（Milliken v. Bradley）一案中，法院认为由住房选择造成的学区隔离并不违宪，除非隔离边界被证明是刻意而为，地方对学区之间的反隔离无强制责任。在德州住房与社区部诉包容性社区项目（Texas v. Inclusive Communities Project）一案中，尽管学区财政边界很大程度上契合穷富的收入边界，法院重申政府不会故意歧视性地划分学区。

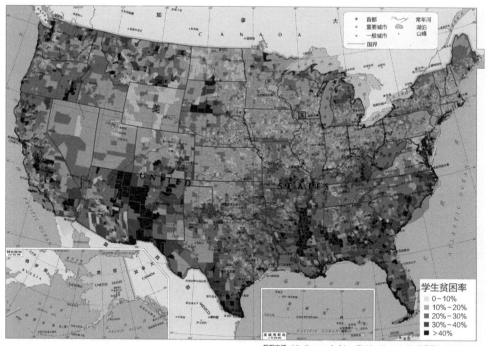

图6-12　2013年本土学区格局与学生贫困率分布
来源：根据网络数据改绘

总之，美国学区格局中自下而上的影响痕迹相当深刻。社区自治传统、私人捐资和公地税收奠定了学区的制度雏形和扩张基础，体现自下而上的自组织性。只有在教育规模化的客观需求助推下，自上而下的行政干预力量才实质性显现。分权化体系下，边界反映的是自然与社会环境中的权力配置关系。越是经济发达、人口密集、自治强烈的地区，学区分隔越密集，也越符合市场竞争特征。而越是经济不发达、人口稀疏、地方控制薄弱或存在种族隔离的地区，学区分隔越大且独立性越低，教育行政权力也相应集中。尽管需要兼顾学区间的协调统筹，地方分权的好处是权责对等，资源配置灵活高效、因地制宜。与此同时，分权也凸显出经济社会的不平等：将地方教育质量、房产税和居住偏好挂钩，使教育市场化映射为空间市场化。贫富分异和种族隔离的空间不平等通过教育循环加强。

2. 学区格局形成动因

美国学区格局的形成并非简单的技术划分，而是复杂的政治地理过程。影响因素可分为物业税收、就学体制、人口规模和种族隔离等四个方面。首先，辖区范围内的物业税收是美国学区形成的保障。大都市地区学区更像是公共教育产品的市场，而非政府体系；并且，地方公共品选择越多，居民满意度越高。南方以外的美国学区制基本上是"蒂伯特模型"的典型代表。群分具有激励学区竞争、提高教育产出和减少公共支出的潜能。群分程度高的大都市学区学生在每一美元支出上，比群分压力差地区学生的成绩更好，运行效率更高（Hoxby，2000）。研究表明，每个大都市居民至少可以选择4个学区（Battersby，Fischel，2006）。一些州的法律要求学区与县或州边界重合，但这是花费成本的，会减少学区间竞争导致供给成本上升（Kenny，Schmidt，1994）。

相比之下，农村学区面积大、数量少，代表公共教育产品市场的衰落。教育成本提高和税基减少后，财政保障不足是农村学区谋求合并的直接动因。一方面，工业化发展追求教育规模经济，当公立学校发展到分年级学校和高中时，"学田"收入不足以支持更大的公共教育开支（Fischel，2014）。另一方面，城市化导致农村经济相对衰退和人口下降，追求城市教育的父母也纷纷搬至有分年级学校和高中的大学区（Bard，Gardener，Wieland，2006）。为了避免本地房产价格下降，农村投票者不得不支持学校分级和学区合并，同时，州政府行政角色扩张也助推了学区合并，这是20世纪上半叶学区数量减少的原因（Fischel，2014）。

其次，就学体制变革是财税之外农村学区合并的主导因素。在前工业时代，学校象征地方社会资本，灵活分散的一室学校为务农儿童提供不定时的简单教学。而随着工业化和城市化发展，这种方式难以为继。农村学校开始为到城市劳动力而非为本地发展预备人才；对于孩子应当受教育成为"人力资本"（human capital）还是适应本地生活这一点，农村家长和教育家并无清晰认知。学校合并始终被视为社区身份（community identity）的损失，大多数合并案例都强调集权化对本地意愿的违背。但出于现实需求，分年级学校和高中的政治胜利几乎是注定的：在农业机械化之后，家长普遍同意学校分级；作为大学预备的高中征得足够投票者同意之后，社区开始合并到满足一个高中的最小学区规模（Fischel，2009）。

从自上而下的角度，国家一向热衷于集中化和标准化的供给体制，将地方教育并入国家体系。支持学区合并的主要理由是规模经济，倡导地方设立一个最好的学校而非低效的小学校。研究者发现，高中毕业班至少应有100人，减少小高中的数量有利于成本效益提高和更好的课程提供；从规模经济中获益的校车制造企业、学校建筑商等也联合政府推动学区合并（Bard, Gardener, Wieland, 2006）。尽管未被普遍证实，大学区在就学体制上有诸多优势❶。在这些因素影响下，学区合并趋势普遍且通常是不可逆的，受益于集中体制的教师联盟也阻止县和州政府重提学区自治（Fischel, 2009）。

再次，人口规模分布客观影响学区格局的地理形态。20世纪的城市化进程中，东北部大都市地区人口密度上升，容易享有规模经济，最小学区规模减小；而在干旱多山的西部，不适宜集中农业或多中心城镇发展，为招收足够的生源，学校普遍合并形成大规模的学区（Fischel, 2014）。一项数据回归分析显示，年降雨量与人口规模解释了美国大部分地区学区面积的变化：东北部小农户地区比中西部大农场地区年均降水量更高，从而有更高的农场及人口密度和更小的学区规模（Battersby, Fischel, 2006）。与财税和体制因素类似，人口因素也表明规模经济对学区合并的决定性作用。对俄亥俄州大都市区的研究发现，人口数量和物业价值对相邻学区合并产生最主要影响，规模差异大的相邻学区更容易合并，而中等规模的相邻学区倾向于保持独立（Brasington, 1999）。

最后，在种族隔离根深蒂固的南方，学区制情况特殊。由于奴隶制经济长期主导，自下而上的自治动力不足，学区多依附于市县政府。学区制最初扩张时，控制土地的南方种植园主对"学田"吸引白人定居者不感兴趣（Fischel, 2014）。而隔离的双轨学校体系使白人和黑人各自的人口密度都不足以形成有效率的学区规模。在分年级学校和高中出现后，白人进入自己的合并学区，黑人直到废除奴隶制之后才有同样的权利（Fischel, 2009）。而运营不同种族学校单独的学区成本巨大，通常被转移给市县政府部门；

---

❶ 比如，提供预备学生进入大学和职业教育的高级课程、课外辅导和图书馆、有更多元的教职员工和学生、克服小学区教师和财政短缺、通过高支出和回报吸引高质量师资、有助于内部社区间学生机会均等（Center for the Study of Education Policy, 2009）。

多数南方州就恢复以市县作为学区单元（Center for the Study of Education Policy）。为避免地方学区给予黑人更多的选举权，市县政府也需要加强教育行政控制。作为反隔离先行地带，在黑白合校进程中，南方依附于市县的学区也更容易受联邦和州政府控制（Fischel，2014）。

  总之，学区制是美国公共教育作为地方性事务的运行基础，起源于自下而上的社区自治传统，而非国家制度产物；作为覆盖全国的地方政体，学区的形成、扩张和合并是分权化体系下的复杂政治地理过程，而非简单的行政划分。以物业税为基础，除了种族隔离影响之外，学区格局的形成本质上体现规模经济的主导作用，并响应人口税基的变化，反映出地理空间上的社会经济分异。这种体系下，学区效率与教育公平、教育产出、额外成本等之间的外部性矛盾需要不断权衡。大都市学区中，蒂伯特模型本身的"效率—公平"悖论典型：一方面，群分激励公立教育市场竞争，提高资源配置效率并培育地方资本；另一方面，群分的好处被服务分布的不均等和社会分异效应抵消，教育不公平会降低总体和长期的经济效率。上级政府对贫困学区的补贴可以起到收入增加效应，但当财政集中之后，激励的降低使补贴效益相应损失（Gruber，2004）。

  对于农村学区，合并的好处是提高财政效率与教育产出，但只在特定条件下实现。过度合并会导致规模不经济，显示规模经济拐点的存在（Duncombe，Yinger，2007）；合并还可能增加行政费用、交通成本，降低学生成绩和房产价格（Killeen，Sipple，2000）。小学校的学生成就比大学校更好，负面行为比例、辍学率更低而毕业率更高；贫困地区更受益于小学校和小学区，更可能在合并中遭受不可逆转的损失（Howley，Johnson，Petrie，2011）。事实上，学区合并一般作为处理公共财政危机的手段，并非持续提高财政效率和教育产出的可靠方式。学校和学区的最优规模并不存在，应当保护弱势地区的小规模学校，一事一议地考察去合并措施（Howley，Johnson，Petrie，2011）。

● 美国的就学反隔离政策

  美国学区质量、税基与社会经济特征天然挂钩，在州、学区层面的平衡途径不多；反映于种族隔离和收入分异的就学公平问题，更多是通过法案判决驱动,在地方层面寻求解决。过去半个多世纪,美国就学反隔离政策经历了从法院强制到地方自愿、从断开学校与居住区位关系到再联系、从以学校为中心到整合社区的演变,形成多种政策工具类型。

最早的干预思想源自科尔曼报告(Coleman Report):公立学校的种族隔离造成黑白学生学业成就差距、成就动机、社会感知等方面不平等。民权运动以来,一系列标志性诉讼法案推动了相关政策实践(表6-1)。在具有里程碑意义的布朗案(Brown v. Board)中,法院判决"隔离但平等"(separate but equal)违宪,要求学校废除种族隔离,隔离本身就是不平等(separation is inherently unequal)成为信条。在最初十年的缓慢进展后,1964年民权法(the Civil Rights Act of 1964)的颁布实质推动了南方学区的反隔离。随后,法院鼓励入学分区(1968)和校车(1971)作为黑白合校的措施推广。

美国就学反隔离标示性诉讼案主要内容与影响 表6-1

标志性诉讼案	年份	法院判决	政策影响
布朗一诉托皮卡教育局案 Brown vs Board of Education of Topeka 1	1954	种族隔离的学校本质上是不平等的	南方州在反隔离措施上取得进展
布朗二诉托皮卡教育局案 Brown vs Board of Education of Topeka 2	1955	学区可以按"恰当的速度"操作反隔离	预留了策略性隔离的政策空间
罗格斯诉保罗案 Rogers v. Paul	1965	推翻"每年一年级"去隔离的迟缓计划	加快了黑人参加白人高中课程进度
格林诉新肯特郡学区委员会案 Green v. County School Board of New Kent County	1968	允许自由择校的反隔离方案违宪	除择校之外的就近入学分区等手段用于招生政策
斯万诉夏洛特-梅克伦堡教育局案 Swann v. Charlotte-Mecklenburg Board of Education	1971	通过校车促进生源融合是符合宪法的	校车作为终结学校隔离的政策在南方州推广
米利肯诉布莱德利案 Milliken v. Bradley	1974	除非隔离被证明是刻意为,学区之间的反隔离不是强制的	全国隔离格局与地方对学区间反隔离无责任被确认
高特罗诉芝加哥住房局案 Dorothy Gautreaux v. Chicago Housing Authority	1976	密集和高层的公共住房项目不应建设在孤立邻里中	疏散弱势群体的住房券项目启动,并启发了后续的MTO项目

续表

标志性诉讼案	年份	法院判决	政策影响
俄克拉荷马市教育局诉道尔案 Board of Education of Oklahoma City Public Schools v. Dowell	1991	俄克拉荷马学校系统统一后，法院反隔离要求因超过限度应被停止	加快结束了联邦法院强制反隔离要求
密苏里州诉詹金斯案 Missouri v. Jenkins	1995	推翻了通过工资提高和补偿性项目纠正学校隔离的裁决	学区要求州资助各区的反隔离措施被认为越权
社区学校家长诉西雅图学区案 Parents Involved in Community Schools v. Seattle School District	2007	基于种族的学生分配计划不符合反隔离的要求权限和紧迫利益	公立学校不得以种族作为分配学生的单一决定因素

来源：根据Wikipedia整理

不过，20世纪60~70年代反对合校的声音不断，法院判决态度出现松动：作为居住选择后果的学区隔离被认为并不违宪（1974）；20世纪70~80年代的郊区化（suburbanization）、白人迁徙（white flight）浪潮、东北部学区对校车的抗议等也客观阻碍了反隔离进程（Rivkin，2016）。期间，公共住房项目衍生出混居理念（1976），扩大了就学反隔离政策语义。到了20世纪90年代，法院对强制反隔离的态度正式转向：历史上隔离的学区只能有限缓解遗留问题（1991）；学区对隔离学校的低绩效学生无宪法责任（1995）；以特定种族比例作为生源分配因素与反隔离初衷背道而驰（2007）。一些软性措施如学区重划、在种族混合和跨边界处新建学校、发展特殊项目等被地方重提，但面临公共开销巨大、难以落地和重回隔离（re-segregation）等挑战（Smrekar，Goldring，1999）。

2000年起，相关政策议题集中于：到底要不要强制地反隔离？在法院限制有种族意识的生源分配规定下，越来越多的学区宣布"统一状态"（unitary status）[1]，废除以校车和种族生源分配比例为代表的强制措施。反对者预测统一状态将导致再隔离、不平等性增加和多样性流失；赞成者则认为其有利于学业成就提高、校车支出负担减少、学校选择扩大、学校社区

---

[1] 强制反隔离弱化源于一笔叫做"统一状态"的拨款，学区宣布"统一"之后，政策优先聚焦于扩大学校选择权和邻里学校质量提升，取代了过去强调由司法监管促进种族平衡的措施。这也契合2002年不让一个孩子掉队法案（No Child Left Behind，NCLB）以来新的教育政策语境：不再刻意关注多元性而是对所有学生一视同仁强调绩效提升。

关系更紧密等（Smrekar, Goldring, 1999）。近年来，非强制工具成为主流，关注重点从反隔离本身转向学业成就；特别是基于社区责任提高学校质量的论证，拓展了对提升弱势学生成就措施类型的理解（Rivkin, 2016）。

总体上，政策演进趋势是从联邦强制转向地方自愿，从学校与住房区位联系断开到再联系、从以学校为中心到居住整合，可分为两个阶段：以20世纪60年代以来法院强制校车、20世纪70年代以来多种择校途径为代表，是鼓励生源流动和学校多元化的阶段，学校与住房的区位联系削弱；以20世纪90年代"统一状态"为标志，是重回社区参与和新地方主义的就近入学阶段（Goldring, Swain, 2014）。按照以强制性或自愿性、以学校为中心或涉及住房两个维度，将相关政策工具类别分为四个象限（表6-2）。学校反隔离政策倾向于鼓励流动性；居住反隔离政策则包括流动性和地方性两类。

涉及反隔离的学校和居住政策工具分类 * 表6-2

	学校反隔离 （school desegregation）	居住反隔离 （housing desegregation）
非自愿 （Involuntary）	校车制（Busing）、强制性生源分配（Mandatory Assignment）	高特罗项目（Gautreaux）
自愿 （Voluntary）	特许学校（Charter School）、磁石学校（Magnet School）、择校券（Voucher）、控制性择校（Controlled Choice）	住房券（Section 8）、机会迁移（MTO）、希望六号（Hope VI）、包容性区划（Inclusionary Zoning）

* 第三象限除了部分带有反隔离目的，也多为了提高教育效率；第四象限为平衡生源混合和就近入学目标提供了重点

1. 学校反隔离政策成效

以学校为核心的反隔离政策倾向于断开教育的区位联系（表6-3）。最典型的是校车制，通过校车将黑人学生从隔离邻里接送到白人为主的学校。其次是磁石学校，招生不受居住区位限制，按志愿摇号并设生源比例，通过专门课程或特殊项目吸引学区外混合生源；逐渐从种族融合工具回归兴趣教学功能，衍生出高科技高中和虚拟学校等形式。特许学校是招生公私合营、自主办学、不受学区限制的另一类择校项目，数量持续增加。城市少数族裔集中地区开设的特许学校往往带有生源混合目的。此外，择校券项目在多地推行，特别为低收入家长发放抵免指定学校教育费用的有价证

学校反隔离政策工具分类 表6-3

政策类别	政策内容
校车制	校车制在20世纪初学区合并潮中已出现，在民权运动后被赋予反隔离意义。具体是通过校车将黑人学生从隔离邻里接送到白人为主的学校上学，并从南方州扩展到北方。其推广之初备受争议和阻碍；但随着20世纪80年代中后期法院强制性减弱，校车制的自愿性和交通作用重新上升
择校政策	磁石学校从20世纪70年代兴起，是通过专业主题课程如数学、科学或艺术等，或特定教学理念或方法如蒙台梭利或古典教育等，吸引家长和学生的公立学校；作为反隔离法案后强制生源分配的择校项目产生，一类以校中校的特殊项目吸引学区外混合生源，另一类招生时不受居住区位限制，按志愿摇号分配学位
	特许学校在20世纪90年代出现，是由州政府立法通过、公共部门负担经费并特别允许教师、家长、专业团体或其他非营利机构等私人经营的公办民营学校类型。这类学校强调办学自主权，除了必须达到与政府约定的绩效责任之外，不受一般教育行政法规约束；招生不受学区限制，热门学校使用随机摇号录取学生
	择校券是西方教育选择理论的具体实践，20世纪90年代以来得以推行；是政府为提高家长"教育购买力"而发放的有价凭证，面额等于现金，用于在指定公立教育或公私立学校之间支付学费或其他费用；一般多用于支付私立学校上学费用❶

来源：根据Wikipedia和相关文献整理

券，也旨在生源流动。2000年，"不让一个孩子掉队法案"（No Child Left Behind，NCLB）出台，就学政策注重将所有学生视为一致，强调绩效提升，一些学区实施控制性择校，目的在于公平机会和多元性。

作为历史产物，校车制等法院强制学校反隔离的总体效益是积极的，并大于反隔离初衷本身。20世纪70~80年代公立学校反隔离进展伴随了黑人学业成就显著提高，20世纪90年代起强制性努力停止、隔离程度不再下降，黑白学生成就差距缩小同样停滞，甚至在2000年后回升（Vigdor, Ludwig, 2007）。1991年至2009年，相对于强制状态的学区，法令放松的学区学校隔离逐渐上升（Reardon et al., 2012）。可以认为，强制措施至少阻止了学校隔离进一步加剧，提升了黑人社会期望和地位。也有观点认为，反隔离进展与黑人学业成就提高是巧合，因为社会经济机会的扩大使黑人社区对年轻人的期望更高，白人对黑人尊重度亦提高（Rivkin, 2016）。相对于缩小黑白学生成就差距，强制反隔离改善黑人社会地位的收效更为明

---

❶ 此外还有学费税收减免（Tuition Tax Credits）或税收抵免奖学金（Tax Credit Scholarships）（曲恒昌，2001），但其空间影响不如前几类明显。

显,其实施也需要无抵制的地方环境。

由于实施背景差异,择校项目的政策成效评价是混合的:择校既是教育权利扩大的标志,又是再隔离的代名词。一方面,多种择校项目热度不减,明显提升了家长满意度。磁石学校提高了学业成就,其数量于1997—2005年上升53%,且75%面临超额申请(Ballou,2007)。特许学校热度相当,少数热门学校提高了入学者成绩,大部分家长满意度明显提升(Gleason et al.,2010)。使用择校券同样提高了黑人学业成绩和大学入学率;但择校券的过多使用对提升学生成绩的作用不大(Barrow,Rouse,2009)。

另一方面,自由化的择校项目强化了再隔离。磁石学校隔离程度与所处区位有很大关系,城市学区的磁石学校几乎全是少数族裔学生;在取消强制反隔离,也就是停止要求招生种族平衡之后,磁石学校黑白再隔离程度增加,学术选择型的学校白人更加集中(Smrekar,Goldring,1999)。类似的,特许学校也强化了种族隔离和社会经济孤立。南方特许学校同时增加了黑白学生隔离程度和成绩差距(Bifulco,Ladd,2006)。由于面临资金困难,许多特许学校目的从就学机会整合转向增加白人中产家庭入学权,其社会经济集中度更高(Frankenberg,Siegel-Hawley,Wang,2012)。此外,择校券的再隔离效应也同样明显,甚至被称为"种族隔离的保护伞"。相对而言,控制性择校允许择校的同时控制贫困和少数族裔学生比例,反隔离作用取决于学区自身多元性,政策细节如学生特征的定义对整合效果也有很大影响(Reardon,Yun,Kurlaender,2006)。

2. 居住反隔离政策成效

以住房为核心的反隔离政策包括断开和联系教育区位关系两类(表6-4)。一类是流动性政策(mobility-based model):通过"补人头"提高弱势群体进入高收入邻里及学校的机会。最早的迁居准实验项目是高特罗项目,在芝加哥公共住房项目反隔离判决上产生,支持贫困家庭使用住房券从贫困内城迁入郊区。由此产生美国最大的贫困家庭租房补贴项目,住房券项目(Section 8),不限制迁入邻里选择。最负盛名的流动性政策实验是MTO项目(Move To Opportunity),为贫困和隔离邻里家庭提供住房券和搬迁指导,助其迁入贫困率10%以下高机会地区,用于比较哪类混居措施更有效(Sanbonmatsu et al.,2006)。

居住反隔离政策工具分类* 表6-4

政策类别	政策内容
流动性	住房券指1974年住房与社区发展法案（Housing Community Development Act，1974）第八部分，是住房与城市发展部（Housing and Urban Development，HUD）最大的租房补助项目，惠及150万家庭（其中120万住在公屋中）。住房券补贴贫困家庭房租，不限制其迁入邻里的选择但逐渐重视居住流动咨询；通常也作为MTO和希望六号项目效应研究的参照对象
	高特罗项目基于1976年芝加哥公共住房项目反隔离判决产生，鼓励家庭使用住房券从贫困集中的内城邻里迁入郊区，是最早的准实验项目。回访表明迁往白人更多和更富裕郊区比其他地区的好处，特别是对于青少年（Rubinowitz，Rosenbaum，2000）；但后续也有研究指出迁居本身影响很小，项目不能排除住房券接受家庭偏好的影响（Mendenhall，DeLuca，Duncan，2006）
	MTO项目是1994年起HUD在巴尔的摩、波士顿、芝加哥、洛杉矶和纽约实施的居住示范项目，通过为贫困和隔离邻里家庭提供住房券和搬迁指导，助其迁入贫困率10%以下高机会地区。在高收入邻里对低收入和少数裔迁居的影响研究方面积累了经验；其作用在于作为准社会实验排除个体因素影响只看邻里效应，检验建设公共住房和发放住房券的措施有效性（Sanbonmatsu et al.，2006）
地方性	希望六号是国会1992年颁布的保障性住房项目，旨在改善位于高密度、严重衰败、犯罪率高、贫困地带的公共住房邻里环境。HUD用50亿美元在150多个城市资助了230个希望六号项目；通过联邦政府投资激励地方与开发商合作，完成邻里更新和住房开发（Smrekar，Bentley，2011）。项目将学校与社区置于共同发展背景下，提出文化多样性和内生性的社区振兴目标；通过杠杆式PPP资助机制，提供联邦强制与地方背景之间的平衡，前期旨在提升社区质量，后期更侧重社会融合（Crowson，Goldring，2009）
	包容性区划主要针对新建项目，采取区划和密度补贴办法主导混居开发，要求商品住宅开发时配建一定比例的可负担住宅，以低于市场价出售或出租，从而获得超过正常区划密度的修建利润。1976年起在蒙哥马利郡（Montgomery County）启动，建起12000多套价格适中的住宅，后风靡全国；东部倾向于公平分配方针，西部多作为规划手段（李甜，宋彦，黄一如，2015）。项目注重在地的居住稳定性和教育联系：通过资助将一定比例住房分配给低收入住户，同时也注重同步整合社区和邻里学校（Schwartz，2011）

* 需要说明的是，许多衍生政策介于流动性和地方性之间，都与学校紧密结合；高机会地区需要更多的保障性住房，而高质量单元需要更多位于衰败邻里（Mueller，Van Zandt，2014）。
来源：根据Wikipedia和相关文献整理

  另一类是地方性政策（Place-based Model）：通过"补砖头"提高弱势邻里质量或加强混居项目的教育支持（Mueller，Van Zandt，2014）。典型项目是希望六号，通过联邦投资激励地方与开发商合作提升公共住房环境品质（Smrekar，Bentley，2011），将学校与社区置于共同发展背景下，提出多样性和内生性的振兴目标，前期旨在社区环境提升，后期侧重社会融合

(Crowson, Goldring, 2009)。面向新建项目的混居措施是包容性区划，通过区划和密度补贴让出修建利润，要求商品住房开发配建一定比例低于市场价租售的可负担住宅，注重在地的居住稳定性和教育联系，将一定比例公屋分配给低收入住户的同时，同步整合子女就学（Schwartz, 2011）。

就流动性政策而言，迁入更好邻里对儿童学业成就提升甚至更换学校的作用不完全乐观。早期的高特罗项目回访表明，迁往更多白人和更富裕郊区的青少年有低辍学率和高安全感（Rubinowitz, Rosenbaum, 2000）。但如果排除住房券项目接受个体的因素影响，迁居本身作用很小（Mendenhall et al., 2006）。MTO在前五年对迁居到低贫困邻里的低年级学生成绩有很小影响（Ladd, Ludwig, 2003）；迁居影响随着学生进入中学衰减，且迁居并不等同于更换学校，班级内同群效应是更核心机制（Sanbonmatsu et al., 2006）。

事实上，更换子女学校、长距离迁居以及提供迁居指导是就学反隔离有效的保证。大多数情况下，贫困学生更换邻里只带来短期和较小成就，且大量留在原来学校（Briggs et al., 2005）。贫困家长期望受限往往抵消了住房券效用：不能将对学校的不满变为迁居动力，也缺乏择校的必要信息（DeLuca, Rosenblatt, 2010）。相对于高特罗家庭更多长距离迁入高收入郊区，MTO样本多迁入更近、更贫困、少数族裔更多、学校更差和就业率更低的住区，甚至返回原来的住区（Rosenbaum, Zuberi, 2010）。由于更换的邻里或学校没有达到一定的白人或高社会经济比例门槛，或学生存在融入新环境的心理障碍，几乎没有项目能实现学校的种族或社会经济融合（Johnson, 2012）。可见，定向迁居指导至关重要，需要充实贫困家庭信息改变其消极取向，将居住、教育和就业一揽子考虑。

流动性政策的长期好处还有待观察，始于子女幼时的稳定混合是重要因素。对MTO的长期评估发现，迁居对学龄前儿童成就没有明显影响，对成年人身体和青少年精神健康的好处则随时间减弱（Gennetian et al., 2012）。作为长达三十年以上的政策实践，贫困家庭迁入更好邻里的长期效应仍待辨明。Chetty等（2016）通过匹配MTO个体数据与联邦税收数据比较不同实验组儿童成年影响差异，发现迁入高收入邻里对13岁前搬迁的贫困儿童成年后收入、大学就读率、婚姻状况及下一代生活水平有正面影响，但会随子女搬迁时年龄增大而下降；如果在13岁后搬迁，还会受到一定的负面影响。可见，迁居给贫困家庭可能带来短期的身心健康和长期好处，其有效关键在于始于早期的稳定的居住混合。

　　流动性政策整合就学层面的障碍，凸显了教育资源的区位黏性：学校、家庭和邻里是彼此依赖的系统。地方性政策顺应并强化就学与居住区位的捆绑，关注学校和社区的整体复兴，基于合作完善社区教育责任。再开发与公共住房项目的教育整合有效性建立于社区与学校之间的关系。希望项目在邻里修缮目标之外，一般要求联邦资助者与地方学校和督查合作制定教育改革策略，将希望项目学校变为高绩效学校。大多数报告显示希望项目邻里居民贫困、犯罪和失业比率下降、安全性和生活质量提高；以学校为核心的社区重建强化了家长的社会资本，复兴学校的第一步是复兴其所在邻里（Smrekar, Bentley, 2011）。考虑到地方性的重要作用，应将学校与社区一体化提升，提高弱势地区学校质量。

　　另一种地方性政策包容性区划也注重居住与就学的系统性，避免了住房券项目难以整合学校的缺陷。以蒙郡为例，包容性区划强制市场价格邻里留出三分之一左右公屋单元（图6-13），由联邦资助公共住房管理委员会（Housing Opportunity Commission，HOC）购买，抽签分配给低收入家庭，按邻里就近入学的情况下，子女也被分到富裕邻里公屋对应的学校。好邻里学校贫困学生比差邻里学校贫困学生的数学和阅读成绩在五到七年间提高，前者与一般学生小学毕业时的成就差距比入学时已缩小一半；他们受

图6-13　蒙哥马利郡一般集中式公共住房（上）与市场价格的分散式包容性区划项目（下）对比
来源：Schwartz, 2011

益于低贫困邻里居住,更受益于在低贫困学校上学(Schwartz,2011)。可见,通过公共住房整合提升贫困儿童学业成就,保证居住稳定性、低贫困邻里居住、低贫困学校入学三者缺一不可,应当重视住房政策的教育影响,将就学政策视为住房政策。

事实上,无论是流动性政策还是地方性政策,取得反隔离成效都离不开居住与就学机会的同步整合:通过加强迁居指导(如更换学校、迁居区位、家庭提升策略等方面)、加强居住和就学联系保障弱势群体对高质量教育环境的接触机会。或通过立法加强住房券效用,保证高机会地区的住房供给;加强迁居指导,提升低收入租户对高机会邻里和学校的融入效果;或对公共住房附加学校服务,开发提升学校绩效的邻里项目,纳入私人和地方参与者扩大资金,使社区成为学校的重要合作者(Mueller, Van Zandt, 2014)。这里,规划支持具有相当的重要性:①理解住房租售市场格局、根据地方不平等背景选择工具;②结合教育因素制定弹性的住房政策;③以教育产出为优先目标,绘制区域教育机会地图。

总之,美国的就学反隔离政策经历了从学校与住房区位联系断开到再联系、从以学校为中心转向居住整合的演进。联系学校与住房区位并不总是加剧隔离,而弱化两者联系也并非意味着反隔离,自由择校还会加强再隔离。从政策效应的一般化图解(Goldring, Swain, 2014)(图6-14)可得:

图6-14 美国就学反隔离政策潜在效用维度
来源:根据文献(Goldring, Swain, 2014)改绘

第一象限中，开放入学的择校很少达到种族平衡，但可能提高学生学业成就和家长满意度。第二象限中，校车和有生源比例控制的择校可能遏制隔离，但其效果与实施环境有很大关系。第三象限显示地方性政策的前景，将公屋和贫困家庭分散到高机会邻里，并保障其就学机会，同时达到就近、融合和成就提升的多重效用。第四象限中，新地方学校和传统的划片入学都不刻意干预隔离，效用的区别在于是否有意识地将学校作为增强社区资本的工具，整体改善弱势邻里教育环境。

那么，政策讨论不应停留在简单的就近入学还是允许择校层面，因为两者都可能强化隔离或者扩大成就差距，欲达到社会融合或缩小成就差距的效果，必须结合地方背景将学校与住房共同考虑，进行更精细的政策设计。公平的就学政策应重视就学与居住的联系，最终指向成就提升和社会融入。就公平的有效性而言，第三和第四象限代表两个潜力方向：一是通过公共住房项目将贫困家庭教育机会整合到学校内部；二是综合培育社区的地方资本，设计以学校为核心的邻里复兴计划。对于学业成就差距的缩小，学校可能是比邻里更为核心的机制，但不意味着只能从学校内部干预。长远来看，家庭和邻里的作用甚至更为重要，不应忽视教育的地方性。这也印证，如果迁居家庭未成功离开原生环境、在居住混合之外实现早期稳定的就学融合，子女教育的提升效果难下定论。因此，地方性政策中同步整合居住与就学，流动性政策中加强迁居指导是政策有效性的关键。一方面加强住房政策的系统性，注重新迁入家庭子女进入学校的整合；另一方面以多元性为引导，以学校为核心提升邻里教育支持。

平等主义范式：日本教育体制与就学公平政策

● 日本的教育行政体系

1. "学区制"演变历程

日本的教育空间区划与美国典型的学区制不同，但仍作为集权与分权动力相互作用的产物，有截然不同的学区角色。明治维新时期，日本政府增设文部省,在全面效法西方教育体制的基础上,学习法国中央集权的大学区制,颁布了近代第一个教育法令《学制》。学区制将全国划为8个大学区,每区一所大学,并设督学,下设32中学区和学区监督,每个中学区下又设210个小学区,约600人一所小学。作为独立的法人机构,小学区是当时最小的公共教育管理单位,覆盖了封建时期80000余个村社。

然而,在当时中央对公共教育财政投入乏力的情况下,公众对教育税和学费过重不满,封建村社办学的地方传统与现代化压力发生冲突。村社实质性的归并、结盟或竞争,架空小学区设置,导致《学制》的废除;1879年,日本颁布《教育法》,正式将小学建设责任和教育管理职能交给村镇(千叶正士,李丽辉,2011)。甲午战争后,日本获得庚子赔款设立教育专项基金,加强中央集权控制,村镇进一步被纳入国家控制。这一阶段经历了明治大合并❶,解决自然村与学区的职能统一。市町村肩负教育管理权后,教育区划格局变化就顺应了市町村合并,奠定了地方自治基础。

从明治维新开始,日本优先普及小学和初等教育,举国强化师范教育,形成了国家主义的教育公平发展导向。以消除封建藩据为目的的中央集权持续影响,出于公共事务连结组合、大都市区扩展,以及战争基地建设等原因,基层政体的合并也一直持续到战前。当市町村合并到更大规模后,每个村社还想保留小学,学区反而成为市町村下设新建学校并获中央认可的非正式机构(千叶正士,李丽辉,2011)。可见,日本的市町村角色更等价于美国学区(school district),学区是下设的入学管理单元概念(school attendance zone),与上级政体没有独立连接。

二战后受美国影响,日本建立地方化、专门化和分权化的教育委员会制度❷,作为民主化改革成果,独立于地方教育行政机关(侯晓颖,丁永为,2015)。这样形成了以文部省为中央,都道府县—市町村二级地方自治的教育委员会行政架构。这一阶段经历了昭和大合并,强化市町村角色,要求满

---

❶ 合并前町村规模极小,100户以下占近七成,无法执行户政、土木、救助、征税,以及国小义务教育政策。合并后设定每个町村300~500户,平均人口从550人上升到2400人,町村数量下降到原来五分之一。

❷ 教育委员会制度是日本战后民主化改革的重要成果,通过设立地方独立于首长的教育委员会,使教育行政从一般行政中独立出来,保障教育的中立性和延续性。

足8000人口基准，满足有效经营中学义务教育规模。合并既由县政府知事根据市町村议会决议规划，尊重地方的独立性，又由中央政府通过提出"市町村合并促进计划"，与县政府密切配合推动❶。

与美国学区合并不同，教育财政体系本身调整不是行政区划变化的唯一动因。1999年以来的平成大合并，使日本市町村数量减少至1700余个。动因包括中央地方权力调整、公共机构精简、人口少子化高龄化、公共服务规模化、居民生活圈扩大等。相应的，学区格局变化一方面来自市町村大的合并，受中央和地方关系影响；另一方面是由地方决议调整，形成内部学区划分。

以川崎市川崎区学区为例，日本全国各市区的学区是市町村以下的基层概念。将学区制改革权力下放地方的条例来自战后日本颁布的《国民学校令》。公立小学、初中就学区域由市町村教育委员会决定，即中小学生原则上在所属地域学区上学。新世纪以来的分权改革之后，市町村教育委员会自由化掌握学校管理规则的调整权力，可自行确定学区通学区域和指定入学规则（谭建川，2016）。

从日本的学区制演变来看，单元空间教育资源配置受到区划调整影响，连续空间基层入学范围划分优化与地方议事有关。尽管日本同我国一样有着封建集权土壤，但在学区层面能够尽可能地匹配居住功能、人口数量与学校密度的分布并减少纠纷，一是源于国家教育体制建立初期的公平导向基础，二是由于教育行政架构本身来自与美国类似的地方自治传统。市町村对学区调整有自主权，学区划分也是因地制宜不是一成不变的。

2. 教育体制变革动因

与美国不同，日本的学区不是独立的政体单元，但有教育委员会作为相对独立的教育行政机构。中央与地方权责关系变化并非单独反映于教育区划变动，而是表现为教育委员会与地方行政主体之间关系的调整。除了明治维新时期大学区废除，多次教育行政体系改革动因并不来自于国内

---

❶ 这一阶段市町村数量从1953年的9868，降至1961年的3472，平均人口从5400人升至11500人，平均面积由35km²上升到97km²。

基层，而是受内外环境的复合影响，如战争赔款、国际政治气候、选举动向等。

尽管有着集权文化本底，日本教育行政体系在二战后西化色彩严重。教育委员会制度是战后美国主导日本教育民主化改革的重要成果，建立地方分权、自主性、代表民意、独立于一般行政的行政体系，文部省对教育委员会没有直接监督关系。但其中潜伏着选举、分工、专业性等问题，公选制在集权土壤上有水土不服的迹象（侯晓颖，丁永为，2015）。

20世纪50年代后，受到冷战格局影响，美国对日本集权化的期望增加，日本国内去选举、去美国化、财政去独立化的呼声渐高。尽管有教师工会抵制，日本形成了教育行政的新集权：强化文部省对地方、都道府县对市町村的教育行政干预，对选举制的教育委员会进行任命制的本土化改造；教育行政独立转向更封闭和保守的集权形态（范履冰，俞祖成，2012）。

20世纪80年代后，由于日本经济增长放缓、财政恶化、自由主义抬头，小政府成为改革主流。地方权力的下放、都道府县对市町村学校的基准设定权、教育委员会任命制的废除都提高了地方自治的灵活性，增强了居民的公共参与度（谭建川，2016）。教育委员会原则上对居民公开，吸收家长和当地居民担任委员，承担向居民解释和说明公共事务的责任，更直接反映地方教育诉求。

近年来，在回归国家教育权的"再生"理念下，中央对地方教育行政的控制力重新加强。地方首长与教育委员会构成"综合教育会议"，又将教育委员会地位降低至政府协作部门（谭建川，2016）。日本经历了分权—教育行政独立、集权—教育行政独立、集权—否定教育行政独立、分权—否定教育行政独立的不同阶段（范履冰，俞祖成，2012），提供了一个集权国家移植教育分权制的案例。

总之，美国教育分权制的日本化表现，是教育委员会与地方行政体系之间的权力交割，反映不同时期的国际形势和国内诉求。而中央地方关系的变化不一定触及教育区划变动。日本国土面积小，在体系构建之初就奠定了基础教育的公平导向，具有较为均衡的教育发展基础。在行政体系改革的同时，通过相应的法制改革调整财政、师资、设施资源流向，保证教育公平基调和地方活力之间的平衡。

● 日本的就学平等化政策

1. 转移支付与师资流动

日本就学平等化的主要保障是分权基础上的教育财政转移支付。代表民主独立的教育委员会制度，与代表中央集权的地方行政机关之间的权力配置，意味着日本教育行政在分权和集权之间徘徊。相应的，日本国内的教育财政改革论调也在国家保障教育财源和地方分权税收转移之间转化，但一直把较高的投资重心和"教育机会均等"放在首位。战后的国库负担制度保证了较为平等的发展基础，而伴随着分权化自主财权进一步扩大，良好的转移支付制度保证了财政资源均衡投入（包金玲，2009）。具有代表性的是"地方交付税"制度❶，以均等化的转移支付手段缩小地区发展差异，维持各都道府县和全国中小学同一规格的教育条件（李祥云，2004）。

在国家层面，配套转移支付制度，日本的法规体系保障了弱势群体和贫困地区的办学条件。战后颁布的《学校教育法》对公立学校选址、用地和校舍面积、师资、器材图书等方面作了明确要求，并严禁将公立中学设立为精英学校，保证全国的办学基准平等。1956年起，日本又确立由国家援助就学困难的贫困儿童的法律体系，颁布多项专门扶助个人和偏远落后地区的法律❷，不同于教育行政改革法规的大幅度变化，保障弱势群体教育权利的法律经过完善后沿用至今。

中小学教师定期流动制是日本另一项均衡教育资源的重要措施。日本法律规定中小学教师作为国家或地方公务员定期流动，对教师流动的年限、流动的待遇等都作了明确规定。一般教师任期满五年就需要调动，全国每年有四分之一教师需要在同一市町村或都道府县之间变换公立学校；终身教师可能会在七所学校任教；相应的还包括校长轮换制，保证各个公立学校之间教学水平均衡（杨威，2011）。以东京为例，每名教师职业生涯应包含多个偏远山区和海岛等地区的工作经历，不得长期连续在同一所学

---

❶ "地方交付税"以法治化、公式化和规范化的手段规定了财税目的、数额、类别、计算及分配方法，目的在于消除不同地区间因经济发展水平不同而导致的经费不平衡。

❷ 比如保障弱势群体就学的《学校保健法》《学校供餐法》《生活保护法》和补贴弱势地区的《偏僻地区教育振兴法》《孤岛振兴法》《大雪地带对策特别措施法》等。

校任教,避免个别学校优质师资过度集中(汪丞,2012)。

此外,在生源流动方面,政府也尽可能确保教育公平导向。日本是一个人口迁徙自由的国家,户籍制度去身份化,主要为居住登记,工作、居住与地方福利挂钩,同时民族成分较单一,种族、身份歧视等社会遗留问题少。这样保证了比较均质的流动基础。政府一般在义务教育阶段限制择校自由,按学区就近入学,学校只有私立、国立和公立之分,没有重点和非重点之分。家长有权改变政府指定学校或到学区以外学校上学,甚至出现向农村流动的"山区留学""海岛留学"。近年来,为打破整齐划一、缺乏活力的就学制度,也出现专门增加生源流动性措施,在公平原则下增加有条件的跨区择校,并将私立学校作为分流高端教育需求的重要措施(严圣禾,2012)。

2. 学校标准化建设

日本在国家层面严格实施城乡一体的学校设施标准化建设。国家层面的建设主体和统一标准有效确保了校际办学水平均衡,并随着时间推移、公平内涵从低层次向高层次演化(杨秉翰,刘畅,2008)(图6-15)。

硬件方面,日本公立中小学的教学楼、体育馆、游泳馆和操场等设施按照统一标准建造;电脑、空调、多媒体设备等也按统一标准配备,避免

发展阶段	义务教育发展目标	教育公平发展阶段	中小学建设标准政策演变	中小学建设标准特点	义务教育财政转移支付模式
第一阶段（明治维新—1945年）	扩大初等教育阶段	机会公平,初步的过程公平	《学制》《教育令》《小学校令》	粗略的标准,只定位于满足各市各村就学儿童的需要	地方政府负担义务教育经费,以专项转移支付为主
第二阶段（1945年—20世纪90年代）	强调基础教育资源均衡配置,努力提高中小学教育质量	确保机会公平,实现过程公平	《教育基本法》《学校教育法》	无论学校规模大小,在校学生数多少,学校都必须具备办学的必备条件和设施,执行统一、规范的教学要求;实现教师"定期流动制"	专项转移支付与一般性转移支付并重
第三阶段（20世纪90年代—2000年）	进一步推动中等教育的多样性,重视并充实个性教育	追求质量公平	"教育改革计划"	新型中等教育学校的组织结构、成员构成、教职工的职务、资格、任免及班级编制、教职工的定员等仍然基本适用于现行法律的有关规定	转移支付比例不断加大,中央和地方政府分别承担了义务教育经费的1/4和3/4
第四阶段（2000—2019年）	加强"为国家"目的、推动多层次人才培养、应对新时代要求	"多轨化"程度日益低龄化,制度上不公平加深	《21世纪教育新生计划》、修改《教育基本法》	量减质升,"小中一贯""中高一贯制"确立、发展;职业教育充实	国库对义务教育费负担率由1/2改为1/3;成立特别交付金制度

图6-15 日本中小学建设政策变迁与均衡发展阶段
来源:根据文献(杨秉翰,刘畅,2008)改绘

办学基本条件的差别。软件方面，文部省对小学六年级和初中三年级学生重新启动全日本学力测试标准，统一了绩效考评标准；除了不收取任何学费、书本费之外，在校服、校餐、体育郊游费用等方面也推行标准化，对家庭困难学生也有各种资助补贴。

与美国就学政策演进趋势类似，日本的学校建设也更多考虑地方性；以社区学校、区域教育理念破解家庭和学校关系孤立问题（姚舜，2015）。这种思潮将学校、社区教育、体育和文化设施视为一体，不仅促使教育模式多样化、丰富教育环境，还增加设施的开放功能"向终身教育过渡"。比如在三春町，由建筑师、研究员、中小学、文部省和教育委员会成立"学校设施研究会"，合作完成学校设施的整体规划和设计。教师对适合教学活动的设施最有发言权，建筑师则根据教育改革需求、科学结论，财政标准等负责方案的落实调整，行政人员辅助日常运营协调和联络。地方合作在标准化框架下为社区提供最贴近需求的教育场所。

● 从空间组织到政策体系的规划实践

从实践角度，学校规划经历了从理想主义、实用主义、理性主义到重回人文关怀的公平范式演变。乌托邦时代的规划思想包含促进社会融合的均等化理想，和层级就近配置的均衡性理想，注重就学便利与邻里联系。工业时代将邻里思想转化为千人指标和服务半径的标准规范，快速实现物质空间基本平等；面对后来涌现的供需矛盾，从标准改进、分区规划、需求调查到关注学校配置的系统性，贴近真实需求的做法成为主流。

后工业时代的规划理性与人文并存，致力于缩减过大规模并倡导邻里就学，满足真实需求的有效供给。与精明增长、新城市主义等思潮相结合，规划对就学便利、学校与社区关系、学生成就的关注复兴。规划师深入学校和社区中的教学互动、共建、通勤等机理问题，通过标准调整、保护小规模学校、居住用地混合、社区建设、通学路优化等多种途径，综合提升就学环境质量。

当前，学校规划面向多个尺度的"就学生态"（ecology of schooling）营造，认识到地方与人的日常生活不可分割，学校、家庭、社区之间相互依存。未来，规划介入的是重构社会生态的教育公平，以自下而上的组织模式为特征，从教室、学校、通学路、社区，乃至虚拟化和流动化的教育空间全方位开展工作。

美国学区形成以物业税为基础，源于地方自治传统，可视为权责对等的空间市场，体现出规模经济的主导作用，但贫富和种族分异的不平等、效率公平矛盾不易解决。日本市町村教育委员会一级相当于美国学区，在国内外局势变化影响下调整形成，是国家与地方博弈与合作的产物，高度平等但效率不高。两国虽有不同的教育公平范式，但都在学区或市町村一级形成分权，保持相当程度的教育独立性，国家层面以地方税、转移支付及相应的法治保障，确保政府对基础教育财政可持续的充分投入，地方层面通过自主议事确保入学政策满足地方需求。

我国现有学区是教育部门统筹划分的管理单元，或指代招生范围，尚不涉及财权事权调整。从美、日、中三国学区制内涵与比较可见（表6-5），学区制改革实际上不只是简单的空间划分问题，而是行政关系调整的区划问题。没有一种模式是万能的，都需要经过上下两种动力长时间互动调整而成。这一问题决定基层学校建设和决策的行政主体，以及教育空间规划编制和实施层级。

美国、日本、中国学区制内涵与比较　　　　　　表6-5

	"学区"内涵	形成基础	空间格局	优势	劣势
美国	独立或半独立的政府体系	社区自治传统和分权化的教育财税体系	覆盖全国，自下而上有机形成	权责对等、灵活高效、因地制宜；大都市学区财政来源可持续、提升供给效率和地方资本	资源统筹管理难度大、学区经济社会分异凸显不平等、农村学区过度合并的负面性不易平衡
日本	市町村下设中小学就近入学区域	西方影响、国内集权与分权改革、地方议事	各基层教育委员会自主调整	国家与地方调整事权层级清晰、高度平等	整齐划一、体系僵化，学区间竞争小、活力差、多元性不佳
中国	依附于区划分的管理单元，或指招生范围	集权背景下分权到县的义务教育财政体制	城市地区试点，自上而下行政划分	资源统筹管理难度小、学区社会空间分异未被凸显	存在权责错位、公共服务溢价难回收、财政效率不易评估、学区空间化问题有待解决

来源：笔者总结

因此，解决就学问题，需要超越设施规划的工具性，建立从认识论（效率与公平矛盾、公平价值观）到方法论（单元空间、连续空间评价与优化、规划实践应用），贯穿不同尺度、兼顾程序与实质的教育空间规划体系，从制度、文化、技术多重路径入手。特别是学区制的建设，将有可能从简单的空间划分发展成为支撑基础教育均衡发展的制度工具。

第 7 章

基础教育空间规划路径：制度、文化、技术

制度路径：学区制改革与促进机会流动

文化路径："就学—居住"一体的地方资本培育

技术路径：基于真实需求识别的有效供给

制度路径：学区制改革与促进机会流动

● 建构学区制

1. 学区建构基础与权衡矛盾

首先，学区依托自下而上的土壤形成。我国历史上私学的存在也意味着教育是地方性事务，但缺乏像美国一样自下而上形成学区的自治土壤，国内教育环境更近似于日本的集权文化。从民国时期蔡元培效法法国大学区制谋求教育经费独立的失败经验来看，我国与西方国家在地域环境和政治文化方面差异显著。由于国内外的时代及地域背景不同，国内既然无法效仿日本的教育行政改革，就应当形成一套具有我国特色的教育空间行政体系，对学区进行科学定位。

以建国初期的"中央领导、分级管理、条块结合"为基调（范先佐，2003），我国义务教育财政体制经过改革开放以来的分权化，转向"以区县为主"的地方主导❶。这种自上而下的权力下放与美国学区合并过程中的权力上移、日本教育行政区划的合并调整有着本质区别。因而不难理解中美"学区"的内涵差异：美国学区作为提供公立学校服务的基层行政单元，是独立或半独立的政府体系；而在我国改革语境中，学区是教育行政部门统筹学校资源而划分的管理单元，或指代招生入学范围，但不涉及财税权力边界。日本市町村与我国区县的尺度相当，但其历史上内部分区地界较小且有自治基础，在公平导向下更有条件形成就近入学组团。考虑到以区县为主配置教育资源的一些弊端❷，有必要在资源配置不均问题显著的超大城市或区域层面进行区县的教育资源配置权力回收；同时在区县以下恢复、构建、谋

---

❶ 1985年《中共中央关于教育体制改革的决定》将基础教育管理责任和权力下放至地方政府；20世纪90年代初的财政分权改革进一步使区县教育委员会掌握地方义务教育资源配置权力。

❷ 以区县为主的教育财政投入，由于地域较大很难对内部每个学校均等对待，并可能在区县之间增加竞争，扩大由路径依赖和城市发展带来的区际和校际资源分布不均。同时，以区县为主体、学校为对象的设施规划编制往往属于补充性角色，无法顾及教育与居住系统的密切联系。

求一定的自治基础,给予政策赋权,以学区为核心层级进行规划编制。

其次,学区空间化应当权责对等,避免教育分异。我国义务教育的城乡二元格局显著,城镇化过程中常见城市学校拥挤、农村学校衰退之类的现象;而分权到县又暴露出地方投入不足、资源分布不均、经费负担结构不合理等问题(范先佐,2003)。从美国的学区格局来看,权责对等问题也是空间匹配问题。集权化或分权化的改革趋向需要因地制宜:在资源竞争过度地区教育行政权力仍需下放,而农村义务教育财政责任仍需上移。日本地方与中央的教育行政权力交割变化也体现这一点。

学区制改革需求迫切地区,往往也是优质教育资源密集的城市中心区,应当理顺教育财权与事权等其他制度之间的关系,赋予学区权责统一的自主性,作为考虑学区空间化的前提。当前一些区对中小学"集团化"整合划分的大学区多以街道为界,在面临局部的入学权利纠纷时,不易解释涉及入学资格的小划片范围依据。学区实际上指代的是权利边界,并非"划分"而成,没有统一的标准可循,但需要在避免强化教育分异的问题上未雨绸缪。比如,摸清现有服务对象的实际居住范围,避免产权与户口配置导向,绘制可达性与可负担性曲面,因地制宜地推行生源混合与开放录取规则,提升学区划分效率与公平性。

最后,学区制建构需要权衡"效率—公平"矛盾与规模经济矛盾。我国城市地区公共服务投入沉淀于不动产市场而无法正常回收是一大问题。大量研究证实了公立学校质量的房产溢价,但考虑到区以下未形成明确可行的学区税收边界,在区一层级企图回收溢价存在供需不匹配的现实障碍(王轶军 等,2007)。在土地财政难以为继的存量规划背景下,基于房产税构建可持续的学区财税体系是长期趋势。对此,美国大都市学区的效率优势值得借鉴。一些发达地区具备相应的地方资本和议事基础,产生隶属于区教委、由校长、单位、家长组成的学区委员会,力图实现资源共享协商共治,但不掌握独立的财税权力(陆云泉,2016)。征收房产税,尤其是用于地方教育,可以从学区开始形成自下而上的社会共识。同时兼顾"效率—公平"矛盾,避免完全的空间市场化。综合满足就近入学、社会包容、社区诉求等多重目标,这将极大考验政府规划和管理智慧。

此外,我国"以区县为主"的现状与美国南方情况类似,尽管必然损失资源配置效率,但能发挥权力处理相对集中的优势缓解体制遗留问题,如城乡二元导致的入学权利不平等。在促进本地与外来人口的学校空间共享方面，相关部门大有可为。对于改革需求不大的农村地区，相较学区过度合并的后果，平衡规模经济的负外部性更为重要；需要顺应人口变动趋势、弹性确定中小学配置标准、慎重撤点并校并保护小规模学校，考虑校车、远程教育等多种均等化措施。

就制度路径而言，学区制建构是完善教育区划调整，形成公立学校服务管理的基层单元，而非严格实施就近的划片政策。相对于其他国家，我国具有统筹管理优势。针对城市就学问题，应当讨论作为清晰空间层级的学区是如何赋权、划分和调整，打通自下而上、动态调整的财权和事权通道，探索学区的空间化、制度化，提出教育行政权责匹配、公共服务溢价回收、财政效率与公平平衡的改革方案。

2. 基于地域理顺教育权属关系

尽管缺乏独立的教育财政体系和地方自治基础，独立于现有行政架构之外的学区制不会一时大规模形成，但理论上，有必要将学区作为衔接单元空间与连续空间的中间层级，形成"市域—区县—学区—学校"或"市域—学区—学校"的制度结构。特别是区域的基础教育服务一体化，不仅包括点对点的资源连线，也涉及区对区的资源疏解、教育政策优先区的划定，需要学区框架支撑。对于优质资源集中、择校冲动强烈的地区，也需要协商考虑权责下放和学区空间化，谋求内生的可持续治理能力。

一是理顺教育财权和事权。基础教育财政一般由中央和地方共同负担，但支配事务主要在于地方。美国主要由学区负担中小学教师工资、基建费用，而日本由地方部分负担基建，都道府县和中央负担基建和教师工资，保障了标准化建设和师资定期流动。对于我国，也可以考虑财政结构创新，基建和日常开支学区化，而人员经费上调至中央、教师统一工资标准并按期流动。构建合理的教育行政体系，确立规范的行政主体关系、建立健全的转移支付制度，明确划分事权范围、理顺教育权属关系，从而厘清治理逻辑。比如，将市作为教育财政投入主体，而学区作为支出主体和学校资源分配主体。师资管理和调配权力在于市一级，统一编制保证在编教师在学区间定期流动。市级部门具有统筹优质资源均衡和疏解的权限，将学区划分为不同类型的教育政策区，配置相应的资源包，服务总体规划和地方经济社会发展。

二是赋予学区自主性。学校管理并非教育部门的独角戏,需要纳入社会力量共商共议,注重学校与家庭的多重关联,明晰学校与社区的对应关系。这一治理性过程,可以自下而上涌现出一定的就学组团形态,加以布局优化的方案参考,形成便于管理调整的制度单元。纵观美国和日本的学区演变历程,其雏形都具有地方独立性,至今也仍保留一定的自治能力,形成合理的资源配置结构,解决就学公平问题。由于居民普遍关心教育,学区委员会能天然获得广泛的公众参与,更好地商讨校舍维护、设施共享、支出管理、家校联系、校车配置等议题,促进就学组团化。不同背景学生原则上享有就地同校的权利。学校允许分快慢班、实行兴趣导向、差异化的教学,但享受的师资和校舍条件基本相同,服务的社区范围也是混合的。根据学区禀赋差异,可以通过不同层级协商,引入私立学校来平衡择校需求。

此外,现实中的基础教育服务空间错配现象,也需要基于地域匹配就学居住、优化组团。应当特别关注教育发展薄弱地区的就学与居住匹配问题。比如对外来人口聚居区的打工子弟学校收编城市而非限制和拆除,保证其服务标准化;考虑学生表现的多方面影响因素,对贫困邻里实行系统指导;认识到清除"低效""违规"学校对社区的伤害和清除贫困邻里造成城市经济活力的损失,保护贫困邻里和小规模学校,帮助这些地区培育稳定的内生发展动力。

3. 根据社会空间属性分区规划

从学区成形和变动的历史经验来看,学区空间化并无统一的边界和划分原则,需要兼顾效率与公平,自下而上与自上而下相结合合理论证。无论是以街道为界的集团化大学区、还是历史因素影响形成的小划片,其划分依据都面临着一定的解释困难。在具体操作层面,需要考虑社会空间属性进行分区规划。

从需求角度,基于人口与社会信息识别社区范围和社会空间属性,从与收入挂钩的职业、住房,到与身份挂钩的户籍等因素,分析与教育资源分布有关的社会空间特征,建立地区机会剥夺指数,进行专家视角识别,指导教育政策分区。

从供给角度，基于地域协调不同来源的经费和办学性质学校的资源组合模式，形成合理可行的组团边界。利用可靠途径动态检验资源利用效率和就学需求分布，合理评估就学单元范围，明确大学区、小划片以及现有单元之间的关系。对不同社会空间特征的教育政策分区，比如优质区、薄弱区、错配区等等，考虑不同的资源配置政策。

由于学区是一套不断调整而成的动态机制，一方面需要评价和模型技术支持规模适宜的就学组团划分，另一方面需要促进适配不同人群的教育空间共享，以便产生传统技术工作以外许多基础性的调研和沟通任务。对此，作为政府、学校、居民中介的规划，将比单纯执行技术配套的规划发挥更大作用。

以单元空间公平评价支撑学区空间化和资源配置方向的调整。对于识别出的教育洼地，可以借鉴美国社区复兴的地方性政策，也可以效法英国、法国的做法建立"教育优先区""教育行动区"，推动城乡接合地带和落后地区发展。政府在政策和资金上给予高度支持，同时积极引入私营企业、学校、家长和其他社会机构组成联合体，接管薄弱学校，利用政策优势带动地方发展。

以连续空间的公平评价支撑教育机会地图绘制和就学政策调整。掌握就学空间的冷热不均格局，补齐薄弱地区短板。对于供给端的学校体系，在科学评估基础上谨慎撤并和关闭不达标学校、小规模学校和作为社区中心的学校，增加需求密集地区的供给水平，将所有学校一视同仁纳入资源均衡配置体系措施之中。对于需求端的居住空间，分析地方住房租售市场格局，据其不平等特征选择政策工具，结合教育因素制定弹性的住房政策。

● 促进机会流动

1. 兼顾就学与居住政策补齐短板

学校层面促进机会流动的方式，可以借鉴日本的教育均等化政策经验。首先建立稳定的转移支付制度，对城市公立、村镇办、转制校等多种类型学校一体化管理，消除由体制因素导致的质量差异；以高层级政府作为投入主体，保障统一标准的公共产品供给；通过立法规定常态化措施，以公式化、标准化的手段进行转移补贴，而非依赖一次性或短期支出。

其次有效推广师资定期流动制度，改善以往由于缺乏统一和强制条文、各校差异大、人事制度原因造成的校长、教师流动意愿低等问题；由高层级政府主导，规范师资流动的执行过程，增加人员流动激励，解决教师后顾之忧，使其被动流动转为主动流动；从而提升教师工作热情、丰富其经验积累；确保校际师资均衡和各校办学活力。

居住层面促进机会流动的方式，可以借鉴美国的地方性居住政策经验。首先在保障性住房项目中重视教育资源的配套。以往住房政策很少关注深层次的公平或者教育问题，偏向补砖头而非补人头。应当加强居住机会与教育机会的整合：分散补贴建成区以保障居民迁入优质住区；或分散保障性住房项目毗邻优质住区。对新建区，需要采取将学校与住房相联系的包容性区划措施，即通过激励手段兑现保障性住房指标，并配置足够达标学位，允许其居民与其他商品房业主后代一同入学，促进学校层面的社会整合。

其次通过社区复兴措施提升弱势邻里的教育质量。应当加大对薄弱学校、民办学校、外来子弟学校支持力度，尤其是在排查其所在的社区环境，将学校扶持计划转为社区计划。对于公租房或城中村等非正规居住地区，考虑纳入企业、社会、非营利组织的合作模式，提供课外培训项目，以学校为催化剂培育地方社会资本；加强居民和家长的教育参与，培育社区的包容性心态和自治能力，增强社区归属感；从而构建有效的社会资本网络，减少教育社会空间分异。

2. 就近入学与择校政策互为补充

从国际经验来看，学区并非严格限制入学权利的边界，获得就近入学服务的权利也不宜与产权或户籍身份全盘挂钩。打破学区禁锢，将就近入学从强制义务转为权利资源的关键一点在于租售同权，弱化就学与居住的强制捆绑，多管齐下达成就近入学机会公平的目标，而非仅仅依赖学区划分或招生划片工具。在满足大部分群体就近入学需求的基础上，保有学区间生源流动的正式通道，允许合理的跨区择校就学。简单一刀切的就近入学政策可能加剧社会空间分异，也并非教育公平的代名词，而择校也并非教育公平的反面。无论哪种政策，都存在教育资源配置不均与社会分化之间的循环作用，也都可能导致学校和居住的教育分异。

合理补充择校通道的前提是认识市场和社会在教育供给上的必要角色。政府往往只能保证大部分公众的教育公平，而市场途径则对少数群体需求起到满足和调节作用。增加多种市场教育类型，比如：提供兴趣导向的磁石学校、公办民助特许学校，减轻优质公立学校压力，提供多样化和个性化教育，有助于教育均衡发展。事实上，只有通过私立教育分流，才能把公立教育途径真正留给普通大众；私立教育的良性发展，包括优质私立学校和非正规学校，可以避免优质公立资源被少数群体占有，避免真正的底层需求被忽视和挤出。

对于较长距离流动性的跨区就学，还应客观认识实际通勤网络，将校车规划纳入政府的公共交通体系。关于校车配备的社会呼声已久，是多部门的现实责任，而非就近入学的对立面。从北京内城和近郊调查情况来看，学区常住人口规模与学校规模不匹配、学龄人口流出流入的情况很多。许多家庭需要校车满足邻里上下学的需求，甚至愿意集资通过学校或企业获得校车服务。校车供给并非鼓励跨区择校，而是根据实际情况专门规划。在住房政策层面也应考虑交通问题，提供居住流动与就学的综合指导与咨询建议，提高信息透明度，满足就近入学需求。

文化路径："就学—居住"一体的地方资本培育

● 整合就学生态

教育以人的社会化、身心健康和自我完善为目的，是"生活的社会延续"，也是一种空间生态。从微观系统来看，教育在家庭、学校的社会环境中完成；从中、宏观系统来看，教育是一个人经历幼年、少年、青年，从家庭走向学校、社区，并接触更大社会环境的成长阶段。随着时间推移，人的生活和成长经历也伴随着空间尺度的扩大。从这个角度而言，就学生态涉及教育空间的多主体及其之间的有机关系，与所处环境是不可分割的整体，需要以生态系统的思路进行整合。

就学生态的概念在于将就学与居住视为一体，是有机提升教育成效的介质。学校是社区建设和基层治理的重要一员，社区是支持学校服务的必要部分。面向从家庭、学校、同伴、网络的环境系统，以就学家庭为中心，介入学校与社区之间复杂多元的关系状态，主要以自下而上的方式营造本地化的教育环境，超越仅仅以学校或社区进行公共干预的单一思路，或机械化决策的线性思维。

整合就学生态的现实场景包括但不限于：①入学服务与学区构建：理顺学校与社区之间的权属关系，以相互服务的契约关系明确居住权利所附带的就学权利，"安居"以"乐学"，通过学社共建共享优化学区空间。②师资交流轮岗与均衡发展：不同学校的声誉评价、薪资待遇以及离家距离等，都会影响教师参与流动的态度和积极性，因此可通过提升薄弱学区对轮岗教师的住房交通生活保障待遇，构建便利宜人的人文环境，推进常态化师资流动。③"家—校—社"协同共育：引入对教育合作及参与意愿较强的社会资源及家长，开展制度化联席会议，形成学校主导、家庭尽责、社会支持、数字化赋能的"家—校—社"合作分工、协同共育模式。④流动儿童就学保障：出台打工子弟学校改、迁、建等决策时，需重点参照校舍状况之外流动儿童所在社区的实际居住状况、流动儿童父母工作状况等，人性化改善和提升就学环境，对在家上学（home schooling）等非正规教育进行合理引导。

就学生态是由教育决策者、供给者、服务者、需求者等主体组成的空间生态系统，构建"采集+服务+协作"的生态治理机制，相关工作可以从自上而下的数字化平台和自下而上的教育规划师工作两方面入手。一方面以市为统筹单元、区为决策单元、街道为协调单元、社区为反馈单元，根据地方背景，融合生源、师资、学校设施、房价、人口普查、通学出行等多源异构数据，通过调查反馈、相关性分析、空间模型等进行全景式社会空间评估和多准则优化，实现诸多主客观决策因素的空间化、具象化、可量化、可评估。另一方面培育学校和社区的基层教育规划师，参与日常服务工作；组织本地的教育议事机构，汲取内部意见、对接外部资源，促进不同主体之间的联络合作与规则协商，加强多方协同治理与风险调控。

● 培育社区资本

教育是培育社区资本的重要途径和产物。一个地方教育前景能否得到改善,取决于社会系统的变革。根据帕特南(2011)的定义,社会资本是"社会组织的特征,比如信任、规范和网络,能够通过促进合作行动而提高社会效率"。将社会资本置于社区尺度来观察——"社区资本"在居民日常生活的社区中产生,是社区发展的润滑剂和助推剂。人与人之间的联系可以成为每个社区最重要的资产。通过识别、赋权和连接整个社区的本地领导者网络,与学校、其他地方和组织的领导者相联系,社区能够建立新的行为模式、创造新的机遇、产生以往不存在的集体行动能力,形成强大的社会基础,不仅本身具有建设社区文化的价值,对于解决诸多实际问题也相当关键。

学校作为社区不可分割的组成部分和多元价值来源,通过其信息和资源共享的中心地位、教育活动广泛的利益相关者网络、财产增值作用等,是社区资本的培育基质。尽管各个社区社会系统不尽相同且相当复杂,无法简单快速地解决问题,基于教育活动的中心性和强关联,社会关系可以形成一个相互关联、相互加强的循环模式,影响社区治理能力和文化形态。比如,以学校为中心将教育与社区前景,规划、政策制定和财政问题相结合,加强学校与社区合作。在自上而下的治理基础上,通过购买服务、第三方介入等方式激活自下而上的自组织能力,为每个成员提供参与地方议事的机会,促进社区生态的包容性发展。反过来,基于美好未来的共同愿景,具有强大影响力的社区关系网络也能促进教育质量提升、满足本地需求、营造包容环境。通过加强学校与社区之间的互动、在社群内外建立信任关系、增强社区意识与影响力,为学校和社区发展带来积极的机遇和资源。

此外,培育社会资本有助于解决基层治理体系碎片化的问题和公共财政短缺的困境,进一步发挥学校与社区合作效用。过度垂直僵化的纵向结构可能将个体原子化,并使学校与社区彼此割裂开来,同时将削弱社区意识和自组织的努力。而建立在不同群体和利益相关者之间的意识、承诺、有效沟通和相互信任基础上的横向网络,对地方教育发展有重要作用。首先,优化学区体系,理顺学校与周边社区、单位和其他利益相关者之间的网络关系。其次,构建伙伴关系,包括居民委员会、业主委员会、家长和居民代表、相关企业和非政府组织等主体,从而推进基层体制机制改革。最后,在区或市一级教育财政设立专项基金,支持弱势社区学校。这将发挥规划在协调多方关系方面的作用,从而形成均衡、包容的"就学-居住"一体化组团。

技术路径：基于真实需求识别的有效供给

● 识别机会公平

按照社会空间的实质语言（substance language）和时空语言（spatial-temporal language）的划分（Harvey，2010），将实质语言转译为时空语言，能够用于识别基础教育机会分布的空间公平。实质语言为实证研究所用：人是社会中的人，空间作为社会人的属性之一，作用于行为结果（如资源获得、教育成就等），用于解释教育资源流向的社会空间规律。时空语言为规划学者所熟知：人是时空过程中的人，是各种社会属性聚合于时空单元中的人，而空间是一系列社会关系的外显形式，用于描述教育资源流向的社会空间格局。

那么，社会经济地位、性别、收入（包括房价）、种族乃至政策因素等直接或潜在地影响教育成就的社会变量，及其空间化的间接指标，都是识别教育洼地、弱势群体机会公平的内容对象（图7-1）。在社会与空间因素互

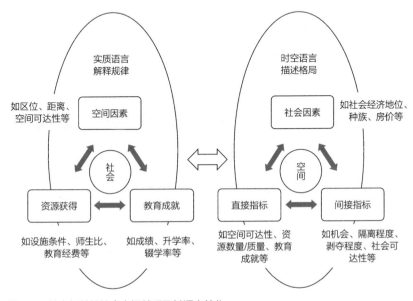

图7-1　教育相关的社会空间关系及其语言转化
来源：自绘

动下的评价演进,不断趋近更真实的教育空间格局,为规划干预提供依据。

单元空间,按空间均等(spatial equality)、地域公正(territorial justice)、社会公平(social equity)到社会正义(social justice)(江海燕,周春山,高军波,2011)的内涵,定义应用于不同类别和特征的基础教育公平评价方法(表7-1)。

单元空间基础教育公平评价内涵、方法类别及特征 * 表7-1

评价内涵		单元指标体系评价	相关性与模型评价	方法特征
空间均等	各个单元公共服务水平差异大小	均等化评价		反映校际、地区、城乡差距、侧重供给方、客观指标为主
地域公正	各个单元公共服务与人口需求的匹配、服务效率与效应		供需相关性分析、综合绩效评价	
社会公平	居民获得公共服务的质量差异、感知水平差异	社区指标评价	满意度评价	反映城市内社区服务差异、侧重需求方、更多主观评判
社会正义	弱势群体利益情况识别或其诉求	剥夺指标、隔离指数	调查访谈	

* 虚线表示方法能够跨尺度应用
来源:笔者总结

连续空间层面,以可达性为核心工具,依据从隐性到显性、从基于地到基于人、从静态到动态、从单一到复合的方法趋势,其评价是一个根据环境筛选方法和结合目标选择方法的灵活过程(表7-2)。其方法选择对于定义什么是空间公平起决定性作用,也关系到政策导向和补偿措施。

可达性概念与不同语境的应用分类 * 表7-2

概念	评价内容	单元空间	连续空间	时间空间
隐性	基于地; 评价服务的可能使用; 主要思想是模拟	资源条件评价 社区指标 供需匹配分析 相关性分析 综合指数构建	**供需匹配分析** **相关性分析** **综合公平评价** **潜在生源区研究** 设施布局优化模型	时空可达性评价 远程教育
显性	基于人; 评价服务的实际使用; 主要思想是实证	(单元)满意度、综合绩效评价	**相关性分析** **实际生源区研究** (单体)满意度、综合绩效评价	就学行为与格局描述 影响因素分析

* 设施单体的显性可达性属于连续空间;黑体内容已在第3章总结
来源:笔者总结

● 解析真实需求

基础教育空间规划在满足真实需求的前提下，合理配置设施资源、科学划定政策分区。"量"的需求来自人口规模、结构和空间分布变动。人口出生率波动的"大小年"、城乡地区人口流动等直接影响学校作为年龄敏感性设施的配置、变更与关闭。应当根据科学的人口预测，统筹考虑常住人口、流动人口、学龄人口变化及其分布密度、地理环境和中小学现状等因素，尊重学生的年龄特点和成长规律，分类设置、灵活调整、合理布局，与城镇化进程和人口变动协调同步，遵循需求导向、校随人走、优质均衡的原则。城市学校布局要在用地资源紧张、拆迁、学校新建、改扩建困难的地区适当增加学位；在学位过剩地区盘活存量、置换功能、整合资源。农村学校布局既要确保规模适度集中、提升教学质量，又要避免过度撤并带来的上学远、辍学以及交通安全问题。

"质"的需求是社会经济发展、教育文化变迁等带来多元化的择校需求。从结构视角来看，有社会经济、文化政治资本的优势群体，将教育作为阶层维护的手段；缺乏资本的弱势群体，将教育作为阶层流动的途径；从功能视角来看，成绩优秀或具有特殊才能和兴趣爱好的学生，择校、择班需求强烈；因语言、宗教、性别、家庭及自身等因素需要特殊关照的学生，也有择校需求。超大城市情形更为复杂，除了传统的公立学校梯队、民办公助、公私合营、外资学校等，还存在多种社会办学、在家上学等模式，教育选择多元化已成为常态。实际和潜在的择校需求和就学格局也具有一定的特征和规律。规划应当重视弱势群体需求，正视强势群体需求，以实证调查为支撑，以分析模拟为依托，关注其中的机制影响，适度干预、合理疏导，提供择校政策空间和相关建议，避免粗放的"一刀切"。

● 有效优化供给

离散设施层面，中小学布局规划调整是涉及设施选址（点）、学区划分（面）、校车选线（线）的综合运筹问题。利用模型定量化地进行中小学布局优化前评估、优化方案制定、比选以及相应的政策设计，是有效匹配需求、优化教育资源供给的重要方法路径。模型通过联系供给、需求和交通成本，考虑规模或分级约束并权衡可达性公平、效率-资源分配公平和配置效率三方面目标，确定设施选址并优化生源分配格局。方法包括："选址—分配"模型、帕累托最优理论分析、DEA分析、线性规划、目标规划、主体互动GIS、概率模型、情景模型、校车选址选线模型等。在应对不确定性、就学政策调整和校车规划方面，相关模型和算法存在多重改进空间，数据整合难度和应用成本也在降低，为复杂决策环境提供科学理性的优化方案参考，也为公平合理的政策制定提供必要依据。

学校布局规划编制技术与决策模式的系统性改进，在于把握就学需求的动态性和不确定性，追求规模合理、效用最大的效率目标，以及从空间公平到以人为本的公平、公正目标，适应学区制改革等政策设计要求。比如，基于人口发展和现状格局调查，评价依据服务规模均等、资源就近可得、覆盖群体公平等原则，模拟就学需求分布；结合DEA分析调整资源配置方向，利用线性规划模型构建容量限制的覆盖最大、距离成本最低模型，建立多阶段、多目标、多约束的布局优化模型，指导学校布局调整及支撑保障措施等（图7-2）。将技术手段融入相关情景模拟、公众参与、信息沟通、辅助决策等过程，纳入多主体意见，提出综合发展建议，使优化方案更贴近真实需求，从而实现有效供给。

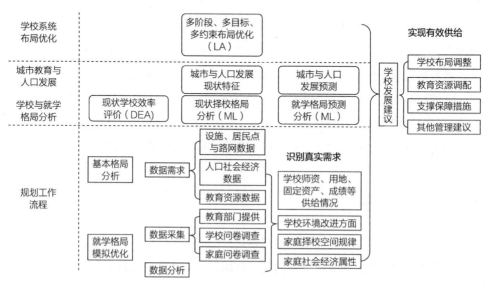

图7-2 实现有效供给的学校布局优化技术路线
来源：课题组

第 8 章

城市基础教育空间规划展望

规划对象：从空间实体到就学生态

规划方法：从单一理性到复合理性

规划角色：从技术工具到协作平台

结语

规划对象：从空间实体到就学生态

我国财政性教育经费支出占GDP比例已连续十年以上超过4%。填补城乡基础教育公共服务欠账，有力支撑教育均衡化和均等化发展，是社会经济发展到一定水平后的特征。从根本上说，教育公平程度高的国家拥有高福利、低竞争和包容性的社会形态。教育空间规划需要认识到纠正教育资源配置问题的必要性和可行性，即从空间实体的静态方案转向多种手段介入就学生态营造的综合决策过程，这意味着从认识层面、技术层面、政策层面和实践层面四个方面转型（图8-1）。

认识层面，实现基础教育普及知识技能和促进社会流动的公平价值，将规划对象从设施拓展到社会空间，规划任务是协调效率与公平、规模经济与可达性、多元与就近的矛盾。空间规划追求的教育公平不仅停留于

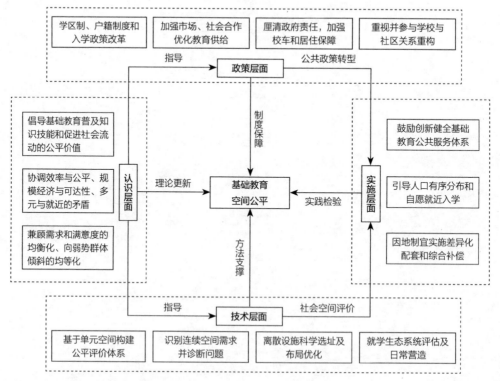

图8-1　基础教育空间规划的转型方向
来源：自绘

供需匹配和可达性公平，更兼顾需求和满意度的均衡化和向弱势群体倾斜的均等化。相对于其他公共服务，基础教育有其特殊性，需要遵循其中规律，树立明确的价值观和理性的管理意识。

因此，基础教育设施规划的概念需要上升至空间规划和就学生态治理，涵盖资源配置的学区（school district）和生源分配的入学单元（school attendance zone）两个层级。单元空间资源评价对应前者，识别教育机会分布，划定政策分区，对接供给端的分配意图。连续空间设施规划对应后者，将分配方案与公众信息联系起来，对接需求端的真实意见。两个层级的协调重点在于可行的学区层级架构。以就学生态为对象，规划不仅提供相关技术支持，更是空间综合治理的政策平台。

规划方法：从单一理性到复合理性

基础教育的社会空间规律与解析表明，单一的"量"的匹配思维不足以适应教育活动的内在机制，只有通过复合的"质"的协调思维才能多管齐下满足教育空间公平、多元和就近的目标。教育空间生态及治理是复合理性事物，需要基于复合理性的认知和交互作用拓展工作视野。

技术层面，梳理基础教育空间公平的评价方法、相关性分析和布局优化方法，将单元空间、连续空间、离散设施及就学生态的公平考虑纳入相应的规划层次中。公平的基础教育服务配置需要精准识别问题分布，在简单的平均分配工具之上，应用科学的评估方法，既纳入客观的社会经济属性因子，也涉及主观的文化权力表达，扩大多个尺度数据信息收集的手段，更准确地识别弱势地区与群体差异，提出支撑教育公平措施的实质方案。

政策层面，空间规划对教育公平的作用在于资源（再）分配、调整资源供需的空间主体关系和边界，需要干预制度和文化维度，弥合不同尺度、学校与社区、技术与政策的脱节。比如，介入学区制和入学政策改革，加强政府与市场、社会的合作以优化供给、在校车和居住保障方面确立政府职责、参与学校与社区关系重构。通过搭建部门合作与信息集成的工作平台，用整体决策代替局部决策；提高弱势群体空间的支付能力，确保资源供给向弱势地区公平倾斜，培育其内生发展动力。

实践层面，教育空间规划是实质内容与程序内容交织，评价、干预、检验的循环，将量化评估和决策支持落实到实际问题的解决上。对于公平价值这一理想的贯彻，决策时技术理性过多难以适应现实决策的弹性需求，而主观权威过多又会妨害技术底线。需要在实践过程中进行合理权衡，鼓励部门合作、政企合作创新、健全基础教育公共服务供给体系、引导人口有序分布和充分就近入学、因地制宜地实施差异化的配套政策和补偿措施。

规划角色：从技术工具到协作平台

探索适于我国、理性与人文并重的教育空间规划体系，需要规划从技术工具的角色向协作平台的角色转变。有关基础教育财政体制、入学政策改革、解决就学问题等问题的讨论，已有不同领域和视角的观点和结论，但其究竟能否形成符合国情地情的一套公平体系，是以空间实践为基础来进行探索的。教育空间规划思路是在建立复杂系统思维的基础上，将基础教育空间解析与公平评价有机地嵌入现有规划体系，作为规划路径的技术支撑，形成适于不同尺度和环境操作的流动性政策和地方性政策，而不仅仅是进行学校设施建设指引（图8-2）。

对应总体规划的是学区（school district）配置层级，构建单元空间的教育公平评价体系。面向总规建设公正城市、区域资源疏解等目标，将基础教育设施质量、数量水平、服务人口与一系列相关社会经济因素相联系，而公众表达地区发展机会分布。根据城市发展目标、资源配置意图，结合设施专项规划评价结果，确定重点分区规划对象，确立和调整相应的教育区划、行政主体之间的资源调配关系。

鉴于存在较大尺度跨区就学，设施专项规划层级诊断连续空间的教育可达性公平。居住层面，建立城市学龄人口数据库，利用新兴技术采集空间行为信息，按实际居住地动态、细分人口并监测城市社会结构。学校层面，录入用地、师资、生源、成绩等规模数据。两者结合既可识别重点热校、重点需求区、评价实际的通勤流向和潜在可达性格局，又能诊断分异

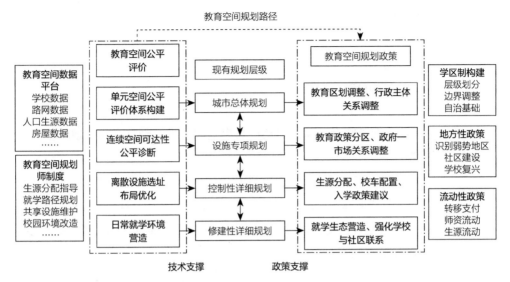

图8-2 城市基础教育空间规划路径
来源：自绘

和贫困问题，提供学区配置单元划分建议、重点分区规划指导，科学引导资源优化配置。

对应控制性详细规划层级的是入学单元层级（school attendance zone），强化应用新的模型技术选址布局优化模型，以就近入学和多元包容为原则，避免决策随意性。纳入学校和生源分布、规模及社会经济属性，进行选址和综合布局优化，尽可能补齐资源投入差距，缩小过大规模和过远距离。对应修建性详细规划层级，以就地匹配为目标，多管齐下创造宜人的就学环境，营造日常的就学生态。

以上从总体到详细的教育空间规划路径，需要两方面的平台工作保障加强：一是通过教育、规划、公安、交通等多部门合作，集成教育空间规划的数据平台，对应每个层级数据应用，掌握实际生源分配格局、识别需求冷热、诊断城市就学问题，对学校规模、距离和就学环境综合优化，并征集公众意见；二是建立学校和社区的基层教育规划师制度。以指派的社区规划师或经过培训的教育管理者为主体，作为教育委员会可能的一员，参与地方议事，负责学校管理者、家长、非营利组织等之间的联络合作，反馈空间使用需求。工作涉及营造日常学习环境、缩减过大就学规模、促进邻里就学，多种途径补偿弱势群体，弥合认知鸿沟等事宜。

结语

● 研究初衷

1. 理论整合：跨学科桥接教育空间思维，确立空间规划的教育公平观

从经济学、社会学、公共管理等归纳教育资源配置学说，认识其空间过程、机制和规律，是思考空间规划干预的基础。社会科学的"空间转向"[1]对规划理论发展影响深远，与规划的人文关怀和技术实践关系密切。规划需要关注底层技术哲学的变化，整合技术性和人文性的知识技能，因此新的路径搭建过程与以往不尽相同，必然是多学科知识、思维和逻辑在时空维度上的复杂交织[2]。

由于教育公平与规划伦理、可持续发展在价值层面的高度统一，规划学科在教育领域的职责也亟须传达。基本公共服务特别是基础教育具有增加隐形收入和收入再分配的功能，其合理配置对社会公平、地域公正、消除社会分异和空间极化有重要意义。探究规划干预教育公平的必要性和可行性，指向"空间正义"，即从空间维度反思社会公正（周俭，钟晓华，2016）。对教育空间进行专门讨论，以弥补特定基本公共服务研究的缺失。

2. 方法梳理：跨尺度梳理教育空间评价工具，支撑教育空间规划路径

无论是行政/功能单元之间资源再分配，还是学校选址布局、学区重划、校车配置等教育系统再组织，空间公平评价都是必要的先行工作。单元空间层面，已有研究聚焦于财政学对地区财政、人力、设施资源的评

---

[1] 20世纪70年代，受列斐伏尔（Henri Lefebvre）和福柯（Michel Foucault）等著述影响，人们逐步认识到城市社会问题的产生并非独立于社会经济发展，而是受到更深入的社会空间生产关系影响，由此产生西方社会理论的"空间转向"（曹现强，张福磊，2011）。

[2] 引自：果说|三谈营造：行业正在发生的变革——记尹稚教授在清华同衡学术周巅峰论坛上的演讲。

价、公共管理学对公共服务绩效、满意度的评价、社会空间评价分散于社会学和地理学对资源分布差异、群体不平等、隔离和剥夺分布的评价，但面向规划应用的系统梳理不多。

连续空间层面，已有地理学、规划学、运筹学基于GIS可达性的公平评价和规划进行研究。对基础教育公平的讨论还不够深入，是因为优化模型方法将学区视为空间上合理的就学服务范围，与制度讨论接壤不多。而区域、地方、学区、学校不同尺度的资源配置议题需要相互衔接，纳入教育空间规划体系（图8-3）。对于北京超大城市复杂环境的评价也是一次多尺度解析探索。

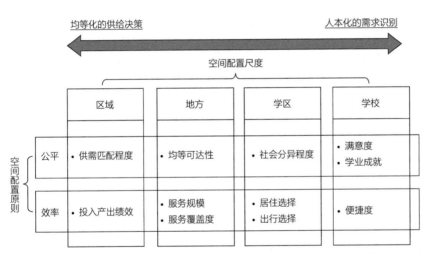

图8-3 基础教育资源空间配置不同尺度下的公平和效率议题
来源：自绘

3. 现实引导：揭示规划干预城市就学问题、向公共政策转型的必要性

超大城市单中心结构下公共服务资源过度集中、就学需求冷热不均、长距离通学问题突出。而基础教育资源实质性疏解关系到户籍、住房体系、市场机制的系统改革。随着政府职能从"管理型"向"服务型"转变，需要从教育空间治理角度思考规划转型，从而适应城乡规划与公共管理的融合（黄艳，等，2016）。

在大数据应用于公共治理数字化改革的背景下，集成多部门与公众参与构建教育空间规划体系的方式是可行的。由于基础教育资源配置、招生和日常管理、学区制改革等工作由教育部门主导;空间规划仅限于小范围试点的数据应用,很少参与空间政策语境下大范围的就学问题干预,因此缺乏必要的信息支持和体制保障。应当明确的是,基础教育空间规划是系统性工作,涉及教育、规划、公安、交通等多个部门,应当加强部门、政企和政社的多方协作,建立整合的数据资源共享与协调工作平台(图8-4)。阐释教育空间规划原理有助于形成这一共识。

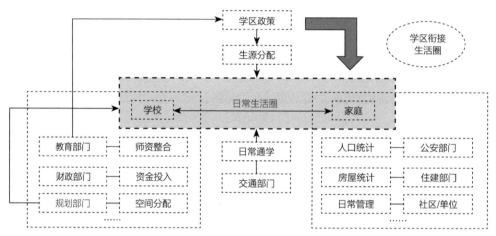

图8-4 基础教育空间规划的部门协作框架与规划角色
来源:自绘

● 研究创新点

1. 对基础教育空间公平和规划内涵的认知创新

将基础教育设施规划的概念上升至空间规划和就学生态治理,是一次理论和方法融贯的尝试。系统梳理规划在不同空间层面所面临的效率公平矛盾原型、干预原则和方法思路,打破了学科之间的思维界限,提升了空间规划对教育公平的认识。以整体观念寻找事物的相互联系是规划学科的核心(吴良镛,2001)。这对理论创新和方法构建都形成新的启示。教育资源分配或可达性的空间公平并不等同于教育公平,在设施资源均等化配置、资源均衡分布之外,还需要理解教育的内在机制,配套就学公平的政策规划,综合满足均衡、包容、就近的充分就学目标。

2. 纳入基础教育空间公平评价的规划思路创新

相对于以往各个学科的单独研究，系统梳理从单元空间到连续空间的公平评价以及设施布局优化研究，为基础教育空间规划整理了一套更为完善的空间公平评价方法体系。在明确规划面临效率与公平的矛盾本质、问题原型和干预思路的基础上，基础教育空间公平评价方法的整理，为教育空间规划实践提供较系统的技术支撑思路。相应地，对于北京超大城市多尺度的就学空间格局，从补偿原则出发，借助相关方法解析不同分异维度的空间公平，解释机会分布特征，也补充了已有研究对北京案例评价基础教育空间公平的视角空白。

3. 指向教育空间区划和就学政策设计的规划路径创新

在回顾学校规划实践演变历程、美日学区及就学政策体系的基础上，以学区问题为中心，明确有关教育公平的空间规划与政策规划之间的联系。在教育空间规划落实过程中，需要部门合作与政策配套，才能更好地推进教育公平。特别是学区制的建设，将有可能从简单的空间划分变为支撑基础教育均衡化和均等化发展的制度工具。基于北京的教育分异特征研究，提出空间公平方法与教育区划调整、就学政策补充相结合的规划路径建议。尽管这一系列设想还需要进一步实践验证，但就空间对社会作用的能动性来说，本书展示了空间规划在教育公平导向下干预就学问题更多的可能性。

● 不足与展望

针对"学区房"现象引出的城市就学问题，基于社会空间视角解读基础教育空间规划原理，辅以实证（实然）论述规划路径（应然），内容跨度和难度较大。教育资源配置理论、评价和优化、规划实践及制度体系相关研究浩如烟海。本书从中得出的规划建议与其他学科相比，尚不够鲜明，为的是寻求多个层面以空间实践为基础的共识与合作。限于精力，更多具体问题只能浅尝辄止。

实证评价方面，由于尚未有公开的就学专题人口普查数据，学校质量、就学距离、生源分异、择校偏好等信息只能通过二手资料或问卷访谈等传统途径获得。近郊的就学格局优化结果是基于有限的调查基础上获得。整体就学格局的分析也受到数据条件限制，还未上升到智慧应用大数据的层次，其仍有深入研讨的价值。

规划路径方面，基于补偿原则和规范思考给出，但认同非一己之力实现，因此尚未介入具体的规划实践。首都城市的教育分异特征和规划构想有其特殊之处。为了提升这套路径的有效性，规划方需要进一步考虑不同城市共性需求，边摸石头过河，边根据地方治理和公众参与检验体系政策建议的可靠度。

目前，我国对城市就学空间（包括住房市场、就学格局、居住与学校分异）系统评估的支持较为有限，尤其是人口、教育、规划等部门协调不足，影响教育均衡和均等化措施的实施效用。未来规划的制定过程需要多部门整合，清晰识别就学格局特征和内因，以支持兼顾理念落地、方法理性和实践有效的规划探索。一方面完善实际就学格局分析、模拟以及优化；另一方面在实践中达成空间治理共识、检验空间规划实施。

最后，真正实现教育公平在更高层面还存在相当多的制约，比如高考指挥棒、户籍制度改革、地域不平等、社会极化等问题，这类问题不是空间规划能够彻底解决的。对于教育公平的永恒矛盾，规划在构建治理平台、优化就学格局、整合就学生态、以多元途径促进就学公平上有许多作为可期。

参考文献

阿瑟·奥沙利文, 2008. 城市经济学 [M]. 周京奎, 译. 北京: 北京大学出版社.

埃比尼泽·霍华德, 2011. 明日的田园城市 [M]. 金经元, 译. 北京: 商务印书馆.

艾文平, 2016. 基于多目标优化模型的城镇小学学区调整规划 [D]. 广州: 华南农业大学.

安东尼·吉登斯, 2011. 现代性的后果 [M]. 田禾, 译. 南京: 译林出版社.

安体富, 任强, 2008. 中国公共服务均等化水平指标体系的构建——基于地区差别视角的量化分析 [J]. 财贸经济 (6): 79-82.

包金玲, 2009. 日本义务教育经费国库负担制改革方向——重建教育财政中的中央与地方的关系 [J]. 教育与经济 (4): 52-56.

鲍里斯, 1989. 资本主义美国的学校教育——教育改革与经济生活的矛盾 [M]. 李锦旭, 译. 台北: 桂冠图书股份有限公司.

毕波, 2015. 浅议新常态下城市基础教育空间规划转型思路 [C] //新常态: 传承与变革——2015中国城市规划年会, 中国贵州贵阳.

布迪厄·帕斯隆, 2002. 再生产——一种教育系统理论的要点 [M]. 邢克超, 译. 北京: 商务印书馆.

蔡禾, 何艳玲, 2004. 集体消费与社会不平等——对当代资本主义都市社会的一种分析视角 [J]. 学术研究 (1): 56-64.

蔡克光, 陈烈, 2010. 基于公共政策视角的城市规划研究进展 [J]. 城市问题 (11): 52-55.

曹晶, 2010. 西安城市边缘区基础教育设施配套研究 [D]. 西安: 西安建筑科技大学.

曹瑞, 王敏勤, 2011. 肖庆顺, 等. 2010年天津市市内六区基础教育满意度调查报告 [J]. 天津市教科院学报 (2): 25-28.

曹现强, 张福磊, 2011. 空间正义: 形成、内涵及意义 [J]. 城市发展研究, 18 (4): 125-129.

曹阳, 2015. 城郊公共服务设施选址布局合理性及优化研究 [D]. 大连: 辽宁师范大学.

柴彦威, 赵莹, 张艳, 2010. 面向城市规划应用的时间地理学研究 [J]. 国际城市规划, 25 (6): 3-9.

陈彬莉, 2007. 教育: 地位生产机制, 还是再生产机制——教育与社会分层关系的理论述评 [J]. 社会科学辑刊 (2): 59-64.

陈昌盛, 蔡跃洲, 2007. 中国政府公共服务: 基本价值取向与综合绩效评估 [J]. 财政研究 (6): 20-24.

陈成文, 曾永强, 2009. 农民工子女教育的边缘化: 一个资本分析的视角 [J]. 学习与探索 (6): 46-51.

陈锋, 孙成仁, 张全, 等, 2007. 社会公平视角下的城市规划 [J]. 城市规划 (11): 40-46.

陈慧, 周源, 2009. 我国大城市老城区中小学布局规划研究——以广州市越秀区中小学教育布局规划为例 [J]. 工程建设与设计 (12): 19-21.

陈培阳, 2015. 中国城市学区绅士化及其社会空间效应 [J]. 城市发展研究, 22 (8): 55-60.

陈日华，2007．中古英格兰的教区行政［J］．世界历史（1）：98-105．

陈武，张静，2005．城市教育设施规划探索——以温州市城市教育设施规划为例［J］．规划师（7）：45-46．

程黎，冯超，韦小满，等，2011．北京市公众基础教育满意度问卷编制［J］．教育学报，7（3）：85-91，104．

程萍，2014．基于空间句法的城市中小学布局规划研究［D］．合肥：合肥工业大学．

崔惠玉，刘国辉，2010．基本教育公共服务均等化研究［J］．财经问题研究（5）：81-88．

大卫·萨维茨基，帕特里斯·弗兰，单习章，等，2012．社区指标——文献综述、概念和方法问题评述［J］．国际城市规划，27（2）：16-27，34．

戴特奇，王梁，张宇超，等，2016．农村学校撤并后规模约束对学校优化布局的影响——以北京延庆区为例［J］．地理科学进展，35（11）：1352-1359．

党兰学，王震，刘青松，等，2013．一种求解混载校车路径的启发式算法［J］．计算机科学，40（7）：248-253．

丁维莉，陆铭，2005．教育的公平与效率是鱼和熊掌吗——基础教育财政的一般均衡分析［J］．中国社会科学（6）：47-57，206．

董琳琳，栗敏光，2016．GIS空间分析在学区划分中的应用［J］．城市勘测（2）：19-21，24．

杜鹏，侯佳伟，2006．北京市流动人口聚集地现状研究［C］//第三届首都人口与发展论坛论文集．中国北京：75-83．

范履冰，俞祖成，2012．战后日本教育行政法治化探析［J］．西南大学学报（社会科学版），38（1）：20-25．

范先佐，郭清扬，2009．我国农村中小学布局调整的成效、问题及对策——基于中西部地区6省区的调查与分析［J］．教育学文摘（1）：31-38．

方长春，风笑天，2008．家庭背景与学业成就——义务教育中的阶层差异研究［J］．浙江社会科学（8）：47-55，126-127．

冯皓，陆铭，2010．通过买房而择校：教育影响房价的经验证据与政策含义［J］．世界经济，33（12）：89-104．

高军波，江海燕，韩文超，2016．基础教育设施撤并的绩效与机制研究——基于广州市花都区实证［J］．城市规划，40（10）：32-37，110．

高军波，苏华，2010．西方城市公共服务设施供给研究进展及对我国启示［J］．热带地理，30（1）：8-12，29．

高军波，余斌，江海燕，2011．城市公共服务设施空间分布分异调查——以广州市为例［J］．城市问题（8）：55-61．

高军波，周春山，江海燕，等，2010．广州城市公共服务设施供给空间分异研究［J］．人文地理，25（3）：78-83．

高军波，周春山，叶昌东，2010．广州城市公共服务设施分布的空间公平研究［J］．规划师，26（4）：12-18．

顾朝林，田莉，王世福，等，2015．规划研究的新起点 规划学科的新高度——评《规划研究方法手册》［J］．城市规划，39（7）：112．

郭宏宝，2007．财政视角下公共服务均等化的功效系数评价——以教育均等化为例［J］．财贸经济（S1），42-46．

郭宏宝，2008．公共服务均等化：理论评价与实际应用［J］．当代财经（3）：29-33．

郭小聪，代凯，2013．国内近五年基本公共服务均等化研究：综述与评估［J］．中国人民大学学报，27（1）：145-154．

郭祎，2015．西安市基础教育设施配置空间公正评价研究——以城六区为例［D］．西安：西安外国语大学．

哈巍，吴红斌，余韧哲，2015．学区房溢价新探——基于北京市城六区重复截面数据的实证分析[J]. 教育与经济（5）：3-10.

韩高峰，秦杨，2013. 需求与供给分析视角下教育设施布局规划指标体系构建——以南康市中心城区中小学布局专项规划为例[J]. 规划师，29（12）：104-109.

韩艳红，陆玉麒，2012. 教育公共服务设施可达性评价与规划——以江苏省仪征市高级中学为例[J]. 地理科学，32（7）：822-827.

和学新，2001. 班级规模与学校规模对学校教育成效的影响——关于我国中小学布局调整问题的思[J]. 教育发展研究（1）：18-22.

侯晓颖，丁永为，2015. 日本教育委员会制度的变迁——从1948年到2014年[J]. 外国教育研究，42（10）：34-44.

胡明星，孙世界，2009. 基于空间自相关分析的城市公共设施空间公平研究——以杭州中心城区中小学布局为例[J]. 建筑与文化（9）：48-51.

胡畔，2015. 基本公共服务设施区位评价[M]. 南京：东南大学出版社.

胡思琪，徐建刚，张翔，等，2012. 基于时间可达性的教育设施布局均等化评价——以淮安新城规划为例[J]. 规划师，28（1）：70-75.

胡婉旸，郑思齐，王锐，2014. 学区房的溢价究竟有多大：利用"租买不同权"和配对回归的实证估计[J]. 经济学（季刊），13（3）：1195-1214.

胡咏梅，卢珂，薛海平，2008. 中小学择校问题的实证研究——基于北京市中小学的调查[J]. 教育学报，4（2）：74-78.

黄俊卿，吴芳芳，2013. 基础教育设施布局均等化的比较与评价——以上海郊区小学布局为例[C]//城市时代，协同规划——2013中国城市规划年会，中国山东青岛.

黄艳，薛澜，石楠，等，2016. 在新的起点上推动规划学科发展——城乡规划与公共管理学科融合专家研讨[J]. 城市规划，40（9）：9-21，31.

姬建军，2013. 从经济学视角分析农民对农村基础教育满意度的影响因素——以陕西省关中地区为例[J]. 农业经济（7）：76-78.

吉文昌，2015. 教育满意度测评方法与原则[J]. 教育研究，36（2）：82-85.

贾勇宏，曾新，2012. 农村中小学布局调整对教育起点公平的负面影响——基于全国9省（区）的调查[J]. 华中师范大学学报（人文社会科学版），51（3）：143-153.

江海燕，肖荣波，周春山，2010. 广州中心城区公园绿地消费的社会分异特征及供给对策[J]. 规划师，26（2）：66-72.

江海燕，周春山，高军波，2011. 西方城市公共服务空间分布的公平性研究进展[J]. 城市规划，35（7）：72-77.

江坚，2010. 基于学区房现状浅谈教育地产的发展[J]. 创新，4（2）：60-63.

江文政，乔观民，邵黎霞，等，2015. 基于改进潜能模型的城市居民就学可达性研究——以宁波市海曙区为例[J]. 生产力研究（5）：67-71.

晋璟瑶，林坚，杨春志，等，2007. 城市居住区公共服务设施有效供给机制研究——以北京市为例[J]. 城市发展研究，14（6）：95-100.

"全国教育满意度测评研究"课题组，2016. 基础教育满意度实证研究[J]. 教育研究，37（6）：31-42.

空间设计项目组，2016. 学校3.0的空间设计与营造初探[J]. 教育与装备研究，32（4）：29-33.

孔云峰，2012. 利用GIS与线性规划学校最优学区划分[J]. 武汉大学学报（信息科学版），37（5）：513-515.

孔云峰，李小建，张雪峰，2008. 农村中小学布局调整之空间可达性分析——以河南省巩义市初级中学为例[J]. 遥感学报，12（5）：800-809.

孔云峰，吕建平，2011. 就近入学空间模型分析——以河南省巩义市初级中学为例[J]. 地理与地理信息科学，27（5）：87-90，98.

孔云峰，王新刚，王震，2014．使用MIP优化器求解p-median问题——以学校选址为例［J］．河南大学学报（自然科学版），44（6）：725-730.

孔云峰，王震，2012．县市级义务教育学校区位配置优化设计与实验［J］．地球信息科学学报，14（3）：299-304.

雷万鹏，2010．义务教育学校布局：影响因素与政策选择［J］．华中师范大学学报（人文社会科学版），49（5）：155-160.

李刚，邓峰，2016．我国义务教育资源配置效率实证研究——基于DEA-Tobit模型［J］．现代教育管理（11）：22-27.

李瑾，2014．基于GPS技术的小学生放学路径调查与城市空间优化研究［D］．合肥：合肥工业大学.

李京生，张彤艳，马鹏，2007．上海嘉定区马陆镇社区公共服务设施配套研究［J］．规划师，23（5）：16-18.

李萌，2017．基于居民行为需求特征的"15分钟社区生活圈"规划对策研究［J］．城市规划学刊（1）：111-118.

李萍，2016．"走班制"十字路口的冷思考．［J］．辽宁教育（4）：10-12.

李强，2008．改革开放30年来中国社会分层结构的变迁［J］．北京社会科学（5）：47-60.

李强，2015．中国中产社会形成的三条重要渠道［J］．学习与探索（2）：23-33.

李强，陈宇琳，刘精明，2012．中国城镇化"推进模式"研究［J］．中国社会科学（7）：82-100，204-205.

李强，王昊，2014．中国社会分层结构的四个世界［J］．社会科学战线（9）：174-187.

李苒，2014．西安市城区基础教育资源配置与空伺布局的均衡性研究［D］．西安：西北大学.

李爽，2011．义务教育的分化与阶层地位的再生产——以北京市"小升初"择校现象为例［D］．北京：北京工业大学.

李涛，2015．中国教育公平亟待深度范式转型——"就近入学"政策背后的社会学观察［J］．教育发展研究，35（6）：10-13，57.

李伟涛，2013．复杂性科学视野下基础教育公共服务满意度测评方法的探讨［J］．上海教育评估研究（4）：6-10.

李伟涛，2014．基础教育阶段学生家长满意度的影响因素：来自上海的调研证据［J］．教育发展研究，33（22）：76-81.

李伟涛，郅庭瑾，2014．基础教育公共服务的家长满意度分析与建议——以上海市为例的实证研究［J］．全球教育展望，43（7）：43-50.

李祥云，2004．义务教育财政转移支付制度：日本与美国模式［J］．教育与经济（2）：54-57.

李祥云，祁毓，2012．中小学学校规模变动的决定性因素：人口变化还是政策驱动？——基于省级面板数据的实证分析［J］．北京师范大学学报（社会科学版）（4）：126-135.

李煜，2006．制度变迁与教育不平等的产生机制——中国城市子女的教育获得（1966—2003）［J］．中国社会科学（4）：97-109，207.

李忠路，邱泽奇，2016．家庭背景如何影响儿童学业成就？——义务教育阶段家庭社会经济地位影响差异分析［J］．社会学研究，31（04）：121-144，244-245.

梁鹤年，2004．政策分析［J］．城市规划（11）：78-85.

梁云，2012．殖民地时期美国学区制的发展［D］．上海：上海师范大学.

林文棋，毕波，2015．中小学布局优化模型研究综述［J］．北京规划建设（6）：19-23.

刘安生，赵义华，2010．基于可达性分析的常州市乡村地区基本公共服务设施布局均等化研究-以教育设施为例［J］．江苏城市规划（6）：6-8.

刘丹，2015．南京主城区学区中产阶层化动力机制及其社会空间效应研究[D]. 南京：南京师范大学.

刘宏燕, 陈雯, 2017. 中国基础教育资源布局研究述评[J]. 地理科学进展, 36（5）: 557-568.

刘佳燕, 2022, 大鱼社区营造发展中心. 参与式社区规划与设计工具手册[M]. 中国建筑工业出版社.

刘剑锋, 2007. 城市化快速发展时期新城基础教育设施配套标准研究——在大兴新城规划中的研究、发现与启示[J]. 城市发展研究（2）: 14-22.

刘望保, 闫小培, 曹小曙, 2008. 西方国家城市内部居住迁移研究综述[J]. 地理科学（1）: 131-137.

刘伟, 孙蔚, 邢燕, 2012. 基于GIS网络分析的老城区教育设施服务区划分及规模核定——以天津滨海新区塘沽老城区小学为例[J]. 规划师, 28（1）: 82-85.

刘潇, 2017. 基于可达性的小学规划布局优化研究[D]. 武汉：武汉大学.

刘晓琳, 胡永斌, 黄荣怀, 等, 2015. 全球视野下美国K-12混合与在线教育的现状与未来——与K-12在线教育国际联盟副主席艾雷森·鲍威尔博士的学术对话[J]. 现代远程教育研究（1）: 3-11.

刘垚玥, 2016. 信息时代"学校消亡论"的省思[J]. 教学与管理（3）: 5-8.

刘叶, 2016. 现代城市儿童户外游憩地规划设计研究[D]. 广州：华南农业大学.

刘易斯·芒福德, 2009. 城市文化[M]. 宋俊岭, 李翔宁, 周鸣浩, 译. 北京：中国建筑工业出版社.

卢晓旭, 2011. 基于空间视角的县域义务教育发展均衡性测评研究[D]. 南京：南京师范大学.

卢晓旭, 陆玉麒, 尚正永, 等, 2011. 学校体系规模调整和空间演化特征的测度与分析——以南京市普通高级中学为例[J]. 地理科学, 31（12）: 1454-1460.

卢晓旭, 陆玉麒, 袁宗金, 等, 2010. 基于可达性的城市普通高中生源区研究[J]. 地理科学进展, 29（12）: 1541-1547.

陆铭, 蒋仕卿, 2007. 反思教育产业化的反思：有效利用教育资源的理论与政策[J]. 世界经济（5）: 44-51.

陆铭, 张爽, 2007. "人以群分"：非市场互动和群分效应的文献评论[J]. 经济学（季刊）（3）: 991-1020.

陆天琪, 2015. 基于GIS的朝阳市中心城区小学教育资源布局及优化研究[D]. 长春：东北师范大学.

陆云泉, 2016. 学区制新改革：实现区域教育资源的深度整合[J]. 中小学管理（1）: 8-10.

路宏, 2006. 关于学校规模经济的研究综述[J]. 中国农业教育（3）: 43-45.

罗伯特·帕特南, 2011. 独自打保龄：美国社区的衰落与复兴[M]. 刘波, 祝乃娟, 张孜异, 译. 燕继荣, 校. 北京：北京大学出版社.

罗明东, 2016. 教育地理学：反思与前瞻[J]. 学术探索（1）: 137-144.

罗震东, 韦江绿, 张京祥, 2011. 城乡基本公共服务设施均等化发展的界定、特征与途径[J]. 现代城市研究, 26（7）: 7-13.

吕维霞, 2010. 论公众对政府公共服务质量的感知与评价[J]. 华东经济管理, 24（9）: 128-132.

马德成, 马福, 2009. 中小学远程教育应用存在的困惑及解决路径[J]. 中国教育信息化·基础教育（6）: 16-18.

马健生, 鲍枫, 2003. 缩小学校规模：美国教育改革的新动向[J]. 比较教育研究, 24（5）: 29-32.

马晓强, 2006. "科尔曼报告"述评——兼论对我国解决"上学难，上学贵"问题的启示[J]. 教育研究（6）：29-33.

诺伦·麦克唐纳，郑童，张纯，2015. 学校选址：社区学校的争议性未来[J]. 上海城市规划（1）：112-122.

彭国甫，2005. 地方政府公共事业管理绩效评价指标体系研究[J]. 湘潭大学学报（哲学社会科学版），29（3）：16-22.

彭永明，王铮，2013. 农村中小学选址的空间运筹[J]. 地理学报，68（10）：1411-1417.

千叶正士，李丽辉，2011. 19世纪日本学区制度和封建村社之间的关系-法律对社会作用的研究[J]. 社会中的法理（1）：501-508.

曲恒昌，2001. 西方教育选择理论与我国的中小学入学政策[J]. 比较教育研究（12）：42-46.

任若菌，2014. 贫困区基础教育资源空间布局及可达性研究——以重庆市黔江区为例[D]. 成都：成都理工大学.

邵晖，温梦琪，2016. 城市公共教育资源与人口空间分布匹配特征研究——以北京市为例[J]. 宏观质量研究，4（2）：119-128.

申美云，张秀琴，2004. 教育成本、规模效益与中小学布局结构调整研究[J]. 教育发展研究（12）：85-88.

沈怡然，杜清运，李浪姣，2016. 改进移动搜索算法的教育资源可达性分析[J]. 测绘科学，41（3）：122-126.

沈奕，2011. 巢湖市城区基础教育设施空间服务状况研究[D]. 杭州：浙江大学.

石人炳，2004. 国外关于学校布局调整的研究及启示[J]. 基础教育改革动态（12）：35-39.

石小岑，2016. 美国K-12混合式学习模式变革的多元化路径[J]. 远程教育杂志，34（1）：53-60.

石艳，2010. 再生产·抵制·拓殖——新马克思主义教育社会学的理论进展[J]. 外国教育研究，37（9）：11-15.

史健洁，耿金文，卢玲，2005. 镇江主城中小学布局的规划管制研究[J]. 城市规划（2）：74-78.

舒昊，马颖峰，2014. 国内中小学在线学习分析及思考[J]. 中国教育信息化（高教职教）（12）：19-22.

宋官东，韩雪，2013. 教育及其产品属性的新阐释[J]. 东北大学学报（社会科学版），15（4）：418-423.

宋小冬，陈晨，周静，等，2014. 城市中小学布局规划方法的探讨与改进[J]. 城市规划，38（8）：48-56.

宋正娜，陈雯，袁丰，等，2010. 公共设施区位理论及其相关研究述评[J]. 地理科学进展，29（12）：1499-1508.

宋正娜，陈雯，张桂香，等，2010. 公共服务设施空间可达性及其度量方法[J]. 地理科学进展，29（10）：1217-1224.

孙德芳，沈山，武廷海，2012. 生活圈理论视角下的县域公共服务设施配置研究——以江苏省邳州市为例[J]. 规划师，28（8）：68-72.

孙士杰，2010. 学校社会资本生成研究[D]. 重庆：西南大学.

孙霞，李早，李瑾，等，2016. 基于GPS技术的小学生放学路径调查与学区服务半径研究[J]. 南方建筑（2）：80-85.

孙怡帆，杜子芳，邢景丽，2016. 基本公共服务绩效评价指标体系的构建[J]. 统计与决策（5）：43-45.

孙瑜康，袁媛，2014. 城市居住空间分异背景下青少年成长的邻里影响——以广州市鹭江村与逸景翠园为例[J]. 地理科学进展，33（6）：756-764.

谭建川，2016. 危险的"再生"：日本教育委员会制度的新改革[J]. 清华大学教育研究，37（6）：53-58.

汤鹏飞，向京京，罗静，等，2017．基于改进潜能模型的县域小学空间可达性研究——以湖北省仙桃市为例［J］．地理科学进展，36（6）：697-708.

唐子来，顾姝，2001．再议上海市中心城区公共绿地分布的社会绩效评价：从社会公平到社会正义［J］．城市规划学刊，2016（1）：15-21.

滕大春．美国教育史［M］．北京：人民教育出版社.

田艳平，2014．国外城市公共服务均等化的研究领域及进展［J］．中南财经政法大学学报（1）：50-59.

田雁，2013．我国省级地方政府基本公共服务财政支出效率评价研究——基于DEA模型的实证分析［D］．重庆：重庆大学．

佟耕，李鹏飞，刘治国，等，2014.GIS技术支持下的沈阳市中小学布局规划研究［J］.规划师（S1）：68-74.

涂立桥，2016．基础教育公共服务均等化问题研究［J］．湖北理工学院学报（人文社会科学版），33（1）：76-80，88.

万波，2012．公共服务设施选址问题研究［D］．武汉：华中科技大学．

汪丞，2012．日本中小学教师"定期流动"保障机制研究［J］．外国中小学教育（9）：35-40.

汪明，2012．关于农村中小学合理布局的几点思考［J］．教育研究，33（7）：87-91，109.

王贝妮，2014．顺德区基础教育均等化规划探索［J］．城市发展研究，21（8）：69-75.

王冬明，邹丽姝，王洪伟，2009．基于GIS的长春市中小学校服务区空间布局研究［C］// 2009中国城市规划年会，中国天津．

王帆，2015．中国公共教育支出效率的研究及改进——基于DEA模型的实证分析［J］．石家庄经济学院学报，38（5）：131-135.

王非，徐渝，李毅学，2006．离散设施选址问题研究综述［J］．运筹与管理（5）：64-69.

王建梁，黄欢，2014．美国义务教育学校布局调整的百年进程、特点、争论及启示［J］．社会科学战线（8）：208-213.

王丽娟，2016．城市公共服务设施的空间公平研究［M］．昆明：云南大学出版社．

王伟，吴志强，2007．基于Voronoi模型的城市公共设施空间布局优化研究——以济南市区小学为例［C］//和谐城市规划——2007中国城市规划年会，中国黑龙江哈尔滨．

王侠，陈晓健，焦健，2015．基于家庭出行的城市小学可达性分析研究——以西安市为例［J］．城市规划，39（12）：64-72.

王兴平，胡畔，沈思思，等，2014．基于社会分异的城市公共服务设施空间布局特征研究［J］．规划师，30（5）：17-24.

王莹，2009．基础教育服务均等化：基于度量的实证考察［J］．华中师范大学学报（人文社会科学版），48（1）：112-118.

王瑜，2015．关于试行学区制的几点思考［J］．课程教育研究（14）：21-22.

王玥，2014．城市不同功能区学生家长对基础教育的意见和建议分析——基于2012年北京市区县教育工作满意度调查［J］．教育科学研究（7）：56-62.

魏琼，2015．基于GPS技术的小学生放学途中停留行为与城市空间的关联性研究［D］．合肥：合肥工业大学．

温娇秀，蒋洪，2014．中国省际间基础教育服务均等化水平的变化［J］．财贸经济（1）：44-53.

吴丹英，2011．义务教育"禁止择校"政策嬗变（1995~2010）［J］．上海教育科研（10）：16-20.

吴康宁，1998．教育社会学［M］．北京：人民教育出版社．

吴良镛，2001．人居环境科学导论［M］．北京：中国建筑工业出版社．

吴庆华，2011．城市空间类隔离［D］．长春：吉林大学．

吴志强，李德华，2010．城市规划原理［M］．北京：中国建筑工业出版社．

武苗，2013．政府基础教育资源配置公平性和公众满意度研究［D］．临汾：山西师范大学．

项继权，袁方成，2008．我国基本公共服务均等化的财政投入与需求分析［J］．公共行政评论（3）：89-123，199．

肖智峰，2011．西安市区中学教育设施空间分异研究［D］．西安：西安建筑科技大学．

肖作鹏，柴彦威，张艳，2014．国内外生活圈规划研究与规划实践进展述评［J］．规划师，30（10）：89-95．

谢锡美，2010．义务教育阶段民办学校未来走向探析［J］．教育发展研究，30（Z2）：18-24．

徐碧颖，周乐，2014．均等与多元：北京公共服务设施现状解析与发展探讨［C］//城乡治理与规划改革——2014中国城市规划年会，中国海南海口．

徐丛丛，2012．我国财政义务教育支出绩效评价研究［D］．昆明：云南财经大学．

徐南，2013．住区儿童友好型开放空间及其评价体系研究［D］．杭州：浙江大学．

薛海平，王蓉，2010．教育生产函数与义务教育公平［J］．教育研究，31（1）：9-17．

薛姣，2013．基于加权Voronoi图的小学优化配置模型［D］．石家庄：河北师范大学．

严圣禾，2012．日本的择校现象［J］．教育（18）：63．

杨秉翰，刘畅，2008．日本中小学建设标准的经验及其对我国的启示［J］．西南大学学报（社会科学版）（2）：129-134．

杨春，张朝晖，2013．新城发展背景下的基础教育设施规划模式探讨——以《北京市怀柔区基础教育设施专项规划》为例［C］//城市时代，协同规划——2013中国城市规划年会，中国山东青岛．

杨东平，2006．中国教育公平的理想与现实［M］．北京：北京大学出版社．

杨芳，2010．二元经济社会结构下山西省城乡义务教育差异研究［D］．太原：山西财经大学．

杨光，2015．省际间基本公共服务供给均等化绩效评价［J］．财经问题研究（1）：111-116．

杨国利，孙长影，2017．远程教育促进农村中小学教育发展研究［J］．教育观察（下半月），6（4）：70，77．

杨靖，马进，2007．建立与城市互动的住区规划设计观［J］．城市规划（9）：47-53．

杨军，2004．促进基础教育的均衡发展——来自美国的经验［J］．外国教育研究（11）：10-14．

杨卡，2016．北京市人口—教育资源空间协调度分析［J］．城市发展研究，23（2）：118-124．

杨梦佳，2016．基于可达性的典型县城教育服务水平评价［D］．武汉：华中师范大学．

杨挺，龚洪，2015．论教育中的程序公平与实质公平［J］．中国教育学刊（8）：9-13．

杨威，2011．日本教育公平分析及借鉴［J］．教育导刊（6）：43-46．

杨颖，孙亚玲，2017．国外学校布局合理性研究综述［J］．外国中小学教育（7）：31-36，8．

杨颖，孙亚玲，孙俊，2016．国外教育地理研究回顾与借鉴［J］．世界地理研究，25（4）：144-155．

杨震，汪桂生，仇凯健，等，2016．基于GIS的城市基础教育机构空间可达性及优化研究——以田家庵区为例［J］．智能城市，2（7）：245-246，248．

姚舜，2015．学社关系视角下日本区域教育理论与实践模式研究［D］．长春：东北师范大学．

于洋，韩增林，杜鹏，2017．教育资源公平性及布局优化研究——以大郑镇为例［J］．辽宁师范大学学报（自然科学版），40（1）：95-103．

余柳，刘莹，2011．北京市小学生通学交通特征分析及校车开行建议[J]. 交通运输系统工程与信息, 11（5）: 193-199.

余双燕, 2011. 基于可达性角度的基础教育资源空间优化研究[D]. 南昌: 江西师范大学.

袁敏, 2010. 教育公平研究综述[J]. 现代教育科学（5）: 38-43.

袁佩琦, 2008. 公共政策视角下的北京市义务教育资源均衡配置研究[D]. 北京: 北京邮电大学.

袁媛, 邓宇, 2012. 社区指标研究及规划运用综述[J]. 国际城市规划, 27（2）: 35-40.

袁媛, 王磊, 许学强, 2007. 基于社会剥夺理论的城市贫困空间研究体系[C]//和谐城市规划——2007中国城市规划年会, 中国黑龙江哈尔滨.

袁媛, 吴缚龙, 2010. 基于剥夺理论的城市社会空间评价与应用[J]. 城市规划学刊（1）: 71-77.

岳金辉, 李强, 2011. 基于双层规划和K-Harmonic means聚类分析的学校选址研究[J]. 山东理工大学学报（自然科学版）, 25（2）: 6-10.

臧佩红, 2022. 平成时代日本的教育改革及其启示[J]. 外国教育研究, 49（1）: 87-109.

詹姆斯·布坎南, 2009. 民主财政论[M]. 穆怀朋, 译. 北京: 商务印书馆.

张富, 朱泰英, 2012. 校车站点及线路的优化设计[J]. 数学的实践与认识, 42（4）: 141-146.

张建召, 胡畔, 2013. 基本公共服务政策要点梳理与绩效考核空间模式初探——基于政府主体视角的实证建构[J]. 国际城市规划, 28（1）: 15-20.

张京祥, 葛志兵, 罗震东, 等, 2012. 城乡基本公共服务设施布局均等化研究——以常州市教育设施为例[J]. 城市规划, 36（2）: 9-15.

张茂聪, 杜文静, 2015. 基于层次分析的县域基础教育政策评估指标体系构建[J]. 湖南师范大学教育科学学报, 14（4）: 68-74.

张敏, 2017. 全球城市公共服务设施的公平供给和规划配置方法研究——以纽约、伦敦、东京为例[J]. 国际城市规划, 32（6）: 69-76.

张娜, 2012. 公众对区域基础教育满意度影响因素研究——基于北京市公众教育满意度调查[J]. 中国教育学刊（8）: 22-25.

张鹏, 赵婕, 2015. 城市公共空间的儿童公园设计[J]. 城市住宅（9）: 122-124.

张仁俐, 赵旭, 黄宽宏, 等, 2001. 当前居住区公建配套标准的制订[J]. 城市规划汇刊（3）: 42-46, 80.

张淑锵, 程宏宇, 2001. 就近入学与择校现象: 教育机会均等问题浅析[J]. 教育理论与实践, 21（1）: 23-26.

张鲜鲜, 李久生, 赵媛, 等, 2015. 南京市高级中学可达性及空间分布特征研究[J]. 测绘科学, 40（11）: 111-114, 186.

张霄兵, 2008. 基于GIS的中小学布局选址规划研究[D]. 上海: 同济大学.

张以红, 2011. 新中国成立后我国中小学规划建设的回顾与展望[J]. 规划师, 27（2）: 104-108.

张英杰, 张原, 郑思齐, 2014. 基于居民偏好的城市公共服务综合质量指数构建方法[J]. 清华大学学报（自然科学版）, 54（3）: 373-380.

赵珂, 陈娜, 2013. 城市可持续社区空间建构[J]. 规划师（11）: 109-113.

赵民, 林华, 2002. 居住区公共服务设施配建指标体系研究[J]. 城市规划, 26（12）: 72-75.

赵民, 邵琳, 黎威, 2014. 我国农村基础教育设施配置模式比较及规划策略——基于中部和东部地区案例的研究[J]. 城市规划, 38（12）: 28-33, 42.

赵琦, 2015. 基于DEA的义务教育资源配置效率实证研究——以东部某小学为例[J]. 教育研究, 36（3）: 84-90.

赵蔚, 赵民, 2002. 从居住区规划到社区规划[J]. 城市规划汇刊（6）: 68-71, 80.

赵小童, 王若瑶, 刘凤霞, 2015. 北京市打工子弟小学现状调查及分析[J]. 小学科学（教师版）(1): 64-65, 120.

赵燕菁, 2016. 围墙的本质[J]. 北京规划建设（2）: 163-165.

真实的学习项目组, 2016. 真实的学习——记中关村第三小学的教育践行[J]. 教育与装备研究, 32（4）: 22-28.

郑磊, 王思檬, 2014. 学校选择、教育服务资本化与居住区分割——对"就近入学"政策的一种反思[J]. 教育与经济（6）: 25-32.

郑敏, 2011. 基于义务教育均衡发展的城区中小学布局研究——以长沙市城区为例[D]. 长沙: 湖南师范大学.

郑童, 吕斌, 张纯, 2011. 北京流动儿童义务教育设施的空间不均衡研究——以丰台区为例[J]. 城市发展研究, 18（10）: 115-123.

钟业喜, 余双燕, 2011. 南昌市基础教育资源空间可达性研究[J]. 江西师范大学学报（自然科学版）, 35（6）: 657-661.

周春山, 江海燕, 高军波, 2013. 城市公共服务社会空间分异的形成机制——以广州市公园为例[J]. 城市规划（10）: 84-89.

周家祥, 2016. 村镇小学布局与居民点体系的互动关系研究[D]. 中国城市规划设计研究院.

周俭, 钟晓华, 2016. 城市规划中的社会公正议题——社会与空间视角下的若干规划思考[J]. 城市规划学刊（5）: 9-12.

周亚杰, 吴唯佳, 2012. 北京居住与公共服务设施空间分布差异[J]. 北京规划建设（4）: 58-63.

朱庆余, 李昂, 李晓楠, 2013. 快速城市化地区中小学规划模式探讨——以沈阳市于洪区永安新城中小学规划为例[C]// 城市时代, 协同规划——2013中国城市规划年会, 中国山东青岛.

Albareda-Sambola M, Fernández E, Saldanha-da-Gama F, 2011. The facility location problem with Bernoulli demands[J]. Omega, 39(3): 335-345.

Allen R, 2007. Allocating pupils to their nearest secondary school: The consequences for social and ability stratification[J]. Urban Studies, 44(4): 751-770.

Andre-Bechely L, 2007. Finding space and managing distance: Public school choice in an urban California district[J]. Urban Studies, 44(7): 1355-1376.

Bahrenberg G, 1981. Providing an adequate social infrastructure in rural areas: an application of a maximal supply dispersion model to elementary school planning in Rotenburg/Wümme (FRG)[J]. Environment and Planning A, 13(12): 1515-1527.

Bajerski A, 2015. Erosion of the school catchment system as local policy: The case of Poznan, Poland[J]. KEDI Journal of Educational Policy, 12(1).

Ballou D, 2009. Magnet Schools and Peers: Effects on Mathematics Achievement[M]// Berends M, et al. Handbook of Research on School Choice. New York: Routledge: 409-426.

Bard J, Gardener C, Wieland R, 2006. Rural School Consolidation: History, Research Summary, Conclusions, and Recommendations[J]. Rural Educator, 27(2): 40-48.

Battersby S, Fischel W A, 2006. The competitive structure of urban school districts in the United States[J]. SSRN Electronic Journal.

Beaumont C E, Pianca E G, 2002. Why Johnny can't walk to school: Historic neighborhood schools in the age of sprawl[R]. Washington DC: National Trust for Historic Preservation.

Berke P, Godschalk D R, Kaiser E J, Rodriguez D A, 2006. Urban land use planning[M]. 5th ed. Urbana, IL: University of Illinois Press.

Berman O, Drezner Z, 2008. A new formulation for the conditional p-median and p-center problems[J]. Operations Research Letters, 36(4): 481-483.

Berman O, Kaplan E H, 1990. Equity maximizing facility location schemes[J]. Transportation Science, 24(2): 137-144.

Bernstein B, 1972. Social class, language and socialization[M]// Language and Social Context: 157-178.

Berry C R, West M R, 2008. Growing pains:

The school consolidation movement and student outcomes[J]. The Journal of Law, Economics, & Organization, 26(1): 1-29.

Bi B, Zhang X, 2016. "Attending Nearby Schools" in Central Beijing: Influencing Factors and the Policy Distortion[J]. International Review for Spatial Planning and Sustainable Development, 4(1): 31-48.

Bian Y, Logan J R, 1996. Market transition and the persistence of power: the changing stratification system in urban China[J]. American Sociological Review: 739-758.

Bifulco R, Ladd H F, 2007. School choice, racial segregation, and test-score gaps: Evidence from North Carolina's charter school program[J]. Journal of Policy Analysis and Management, 26(1): 31-56.

Bozkurt A, Akgun-Ozbek E, Yilmazel S, et al., 2015. Trends in distance education research: A content analysis of journals 2009-2013[J]. The International Review of Research in Open and Distributed Learning, 16(1).

Brasington D M, 1999. Joint provision of public goods: the consolidation of school districts[J]. Journal of Public Economics, 73(3): 373-393.

Bray D, 2005. Social space and governance in urban China: The Danwei system from origins to reform[M]. Redwood City, CA: Stanford University Press.

Bridge G, 2006. It's not just a question of taste: gentrification, the neighborhood, and cultural capital[J]. Environment and Planning A, 38(10): 1965-1978.

Brock C, 2013. The geography of education and comparative education[J]. Comparative Education, 49(3): 275-289.

Bronfenbrenner U, 1977. Toward an experimental ecology of human development[J]. American psychologist, 32(7): 513.

Brunner E J, 2013. School quality, school choice and residential mobility[J]. SSRN Electronic Journal.

Brunsdon C, 2001. A Bayesian Approach to Schools' Catchment-based Performance Modelling[J]. Geographical and Environmental Modelling, 5(1), 9-22.

Burgess S, Briggs A, 2010. School assignment, school choice and social mobility[J]. Economics of Education Review, 29(4): 639-649.

Campbell H, Fainstein S S, 2012. Justice, Urban Politics, and Policy[M]// Mossberger K, Clarke S E, John P (Eds.). The Oxford handbook of urban politics. Oxford: Oxford University Press: 545-566.

Caro F, Shirabe T, Guignard M, Weintraub A, 2004. School redistricting: Embedding GIS tools with integer programming[J]. Journal of the Operational Research Society, 55(8): 836-849.

Center for the Study of Education Policy, 2009. County School Districts: Research and Policy Considerations[R]. Illinois State University.

Chang H S, Liao C H, 2011. Exploring an integrated method for measuring the relative spatial equity in public facilities in the context of urban parks[J]. Cities, 28(5): 361-371.

Charleux L, 2015. A GIS Toolbox for Measuring and Mapping Person-Based Space-Time Accessibility[J]. Transactions in GIS, 19(2): 262-278.

Chen Y, Feng S, 2013. Access to public schools and the education of migrant children in China[J]. China Economic Review, 26: 75-88.

Chetty R, Hendren N, Katz L F, 2016. The effects of exposure to better neighborhoods on children: New evidence from the moving to opportunity experiment[J]. American Economic Review, 106(4): 855-902.

Chetty R, Hendren N, Kline P, Saez E, 2014. Where is the land of opportunity? The geography of intergenerational mobility in the United States[J]. The Quarterly Journal of Economics, 129(4): 1553-1623.

Chung C, 2002. Using Public Schools as Community-development Tools: Strategies for Community-based Developers[R].

Chung C, 2012. Connecting public schools to community development[M]// The Community Development Reader: 134.

Church R L, Murray A T, 1993. Modeling school utilization and consolidation[J]. Journal of Urban Planning and Development, 119(1): 23-38.

Clark W A, Onaka J L, 1983. Life cycle and housing adjustment as explanations of residential mobility[J]. Urban Studies, 20(1): 47-57.

Coleman J S, 1969. A brief summary of the Coleman Report[M]// Equal Educational Opportunity: 253-261.

Cooper L, 1963. Location-allocation problems[J]. Operations Research, 11(3): 331-343.

Costa C, Santana P, Santos R, Loureiro A, 2010. Pre-School Facilities and Catchment Area Profiling: a

Planning Support Method[M]// Painho M, Santos M Y, Pundt H. Geospatial Thinking. Berlin, Heidelberg: Springer: 97-117.

Croft J, 2004. Positive choice, no choice or total rejection: The perennial problem of school catchments, housing and neighborhoods[J]. Housing Studies, 19(6): 927-945.

Crowson R L, Goldring E B, 2009. The new localism: Re-examining issues of neighborhood and community in public education[J]. Yearbook of the National Society for the Study of Education, 108(1): 1-24.

De Souza Briggs X, 2005. The geography of opportunity[M]. Washington DC: Brookings Press.

Delafontaine M, Neutens T, Schwanen T, Van de Weghe N, 2011. The impact of opening hours on the equity of individual space-time accessibility[J]. Computers, Environment and Urban Systems, 35(4): 276-288.

DeLuca S, Rosenblatt P, 2010. Does moving to better neighborhoods lead to better schooling opportunities? Parental school choice in an experimental housing voucher program[J]. Teachers College Record, 112(5): 1443-1491.

Deng F, 2010. Moving for Opportunities? Examining Public School Attendance and Reading Achievement of Migrant Students in Beijing[D]. Ann Arbor, MI: University of Michigan.

Deruyter G, Fransen K, Verrecas N, De Maeyer P, 2013. Evaluating spatial inequality in pre-schools in Ghent, Belgium by accessibility and service area analysis with GIS[J]. International Multidisciplinary Scientific GeoConference: SGEM: Surveying Geology & Mining Ecology Management, 1: 717.

Diamond J T, Wright J R, 1987. Multiobjective analysis of public school consolidation[J]. Journal of Urban Planning and Development, 113(1): 1-18.

Ding X, Niu J, Han Y, 2010. Research on distance education development in China[J]. British Journal of Educational Technology, 41(4): 582-592.

Donnelly S, 2003. A toolkit for tomorrow's schools[J]. Planning, 69(9): 4-4.

Drezner T, Drezner Z, 2006. Multiple facilities location in the plane using the gravity model[J]. Geographical Analysis, 38(4): 391-406.

Duckett J, 2001. Bureaucrats in business, Chinese-style: The lessons of market reform and state entrepreneurialism in the People's Republic of China[J]. World Development, 29(1): 23-37.

Duncombe W, Yinger J, 2007. Does school district consolidation cut costs?[J]. Education Finance and Policy, 2(4): 341-375.

Duncombe W, Miner J, Ruggiero J, 1995. Potential cost savings from school district consolidation: A case study of New York[J]. Economics of Education Review, 14(3): 265-284.

Easton S, Ferrari E, 2014. An exploration of the relationship between neighborhoods, housing and primary school catchment areas in Sheffield, England[R]. Working Paper.

Easton S, Ferrari E, 2015. Children's travel to school—the interaction of individual, neighbourhood and school factors[J]. Transport Policy, 44: 9-18.

Ebery J, Krishnamoorthy M, Ernst A, Boland N, 2000. The capacitated multiple allocation hub location problem: Formulations and algorithms[J]. European Journal of Operational Research, 120(3): 614-631.

Ellen I G, Turner M A, 1997. Does neighborhood matter? Assessing recent evidence[J]. Housing Policy Debate, 8(4): 833-866.

Epple D, Romano R E, 1998. Competition between private and public schools, vouchers, and peer-group effects[J]. American Economic Review, 33-62.

Erkip F B, 1997. The distribution of urban public services: the case of parks and recreational services in Ankara[J]. Cities, 14(6): 353-361.

Ewing R, Schroeer W, Greene W, 2004. School location and student travel analysis of factors affecting mode choice[J]. Transportation Research Record: Journal of the Transportation Research Board, (1895): 55-63.

Fainstein S S, 2005. Cities and diversity: should we want it? Can we plan for it?[J]. Urban Affairs Review, 41(1): 3-19.

Fainstein S S, 2010. The just city[M]. Ithaca: Cornell University Press.

Farahani R Z, Hekmatfar M, Arabani A B, Nikbakhsh E, 2013. Hub location problems: A review of models, classification, solution techniques, and applications[J]. Computers Industrial Engineering, 64(4): 1096-1109.

Feng E, 2014. Beijing migrant education:

Challenges and prospects in light of the five certificate policy[R]. China Education Migrant Beijing Hukou.

Fernandez R, Rogerson R, 1996. Income distribution, communities, and the quality of public education[J]. The Quarterly Journal of Economics, 111(1): 135-164.

Fischel W A, 2014. Not by the hand of Horace Mann: How the quest for land value created the American school system[M]// Ingram G K, Kenyon D A Education, land and location. Cambridge: Lincoln Institute of Land Policy: 123-150.

Fischel W A, 2009. Making the grade: The economic evolution of American school districts[M]. Chicago: University of Chicago Press.

Francis R L, Lowe T J, Tamir A, 2002. Demand point aggregation for location models[M]// Drezner Z, Hamacher H. Facility location: application and theory. Springer Science Business Media: 207-232.

Fujita K, 2016. Residential segregation in comparative perspective: Making sense of contextual diversity[M]. New York: Routledge.

Fuller B, Vincent J M, McKoy D, Bierbaum A H, 2009. Smart schools, smart growth: Investing in education facilities and stronger communities[R]. Institute of Urban and Regional Development, (3): Working Paper.

Galster G C, 2002. The mechanism(s) of neighbourhood effects: Theory, evidence, and policy implications[M]// Neighbourhood effects research: New perspectives. Dordrecht: Springer: 23-56.

Galvao R D, Espejo L G A, Boffey B, 2002. A hierarchical model for the location of perinatal facilities in the municipality of Rio de Janeiro[J]. European Journal of Operational Research, 138(3): 495-517.

Galvao R D, Espejo L G A, Boffey B, Yates D, 2006. Load balancing and capacity constraints in a hierarchical location model[J]. European Journal of Operational Research, 172(2): 631-646.

Gao Y, He Q, Liu Y, Zhang L, Wang H, Cai E, 2016. Imbalance in spatial accessibility to primary and secondary schools in China: Guidance for education sustainability[J]. Sustainability, 8(12): 1236.

Gleason P, Clark M, Tuttle C C, Dwoyer E, 2010. The evaluation of charter school impacts: Final report[R]. National Center for Education Evaluation and Regional Assistance, NCEE 2010-4029.

Goldring E, Swain W, 2014. The school attendance and residential location balancing act: Community, choice, diversity[M]// Ingram G K, Kenyon D A. Education, land and location. Cambridge: Lincoln Institute of Land Policy: 92-117.

Gorard S, Smith E, 2004. An international comparison of equity in education systems[J]. Comparative Education, 40(1): 15-28.

Gordon N E, 2002. Essays in the economics of education[D]. Cambridge, MA: Harvard University.

Gordon N, Knight B, 2009. A spatial merger estimator with an application to school district consolidation[J]. Journal of Public Economics, 93(5-6): 752-765.

Gruber, J, 2004. Public finance and public policy[M]. London: Macmillan.

Gu C L, 2001. Social polarization and segregation in Beijing[J]. Chinese Geographical Science, 11(1): 17.

Gu C, Wang F, Liu G, 2005. The structure of social space in Beijing in 1998: A socialist city in transition[J]. Urban Geography, 26(2): 167-192.

Guri-Rosenblit S, 2005. 'Distance education' and 'e-learning': Not the same thing[J]. Higher Education, 49(4): 467-493.

Haase K, Müller S, 2013. Management of school locations allowing for free school choice[J]. Omega, 41(5): 847-855.

Hägerstrand T, 1970. What about people in regional science?[J]. Papers of the Regional Science Association, 24(1): 143–158.

Hamnett C, Butler T, 2013. Distance, education and inequality[J]. Comparative Education, 49(3): 317-330.

Han J, 2004. Survey report on the state of compulsory education among migrant children in Beijing[J]. Chinese Education & Society, 37(5): 29-55.

Hanley P F, 2007. Transportation cost changes with statewide school district consolidation[J]. Socio-Economic Planning Sciences, 41(2): 163-179.

Hanushek E A, 2014. Is location fate? Distributional aspects of schooling[M]// Ingram G K, Kenyon D A. Education, land, and location. Cambridge: Lincoln Institute of Land Policy: 25-61.

Harris R, Johnston R, 2008. Primary schools, markets and choice: studying polarization and the core catchment areas of schools[J]. Applied Spatial Analysis and Policy, 1(1): 59-84.

Harvey D, 2010. Social justice and the city[M]. Athens: University of Georgia Press.

Heller, M. Location optimization and simulation for the analysis of emergency medical service systems[D]. Baltimore, MD: Johns Hopkins University, 1985: 132.

Howley C, Johnson J, Petrie J, 2011. Consolidation of schools and districts: What the research says and what it means[R].

Hoxby C, 2000. Peer effects in the classroom: Learning from gender and race variation[R]. National Bureau of Economic Research, No. w7867.

Hoxby C M, 2000. Does competition among public schools benefit students and taxpayers?[J]. American Economic Review, 90(5): 1209-1238.

Iceland J, Weinberg D H, 2002. Racial and ethnic residential segregation in the United States 1980-2000[R]. Bureau of Census.

Jencks C, Mayer S E, 1990. The social consequences of growing up in a poor neighborhood[M]// Inner-city poverty in the United States: 186.

Johnson Jr O, 2012. Relocation programs, opportunities to learn, and the complications of conversion[J]. Review of Educational Research, 82(2): 131-178.

Kariv O, Hakimi S L, 1979. An algorithmic approach to network location problems. II: The p-medians[J]. SIAM Journal on Applied Mathematics, 37(3): 539-560.

Killeen K, Sipple J, 2000. School consolidation and transportation policy: An empirical and institutional analysis[R]. Arlington, VA: Rural School and Community Trust.

Knox P, Pinch S, 2014. Urban social geography: An introduction[M]. London: Routledge.

Kozol J, 1991. Savage inequality[M]. New York: Crown Publishers.

Kucerova S, Mattern T, Stych P, Kucera Z, 2011. Changes in the accessibility of elementary schools in Czechia as a factor of disadvantage impacting regions and localities[J]. Geografie, 116(3): 300-316.

Kwan M P, 1998. Space-time and integral measures of individual accessibility: A comparative analysis using a point-based framework[J]. Geographical Analysis, 30(3): 191-216.

Kwan M P, Weber J, 2003. Individual accessibility revisited: Implications for geographical analysis in the twenty-first century[J]. Geographical Analysis, 35(4): 341-353.

Lefebvre H, Nicholson-Smith D, 1991. The production of space (Vol. 142)[M]. Blackwell: Oxford.

Lemberg D S, Church R L, 2000. The school boundary stability problem over time[J]. Socio-Economic Planning Sciences, 34(3): 159-176.

Lerman D L, 1984. The economics of public school closings[J]. Journal of Urban Economics, 16(3): 241-258.

Li C S, Irby B, 2008. An overview of online education: Attractiveness, benefits, challenges, concerns and recommendations[J]. College Student Journal, 42(2).

Lineberry R L, Welch R E, 1974. Who gets what: Measuring the distribution of urban public services[J]. Social Science Quarterly, 700-712.

Liu Y, He S, Wu F, Webster C, 2010. Urban villages under China's rapid urbanization: Unregulated assets and transitional neighborhoods[J]. Habitat International, 34(2): 135-144.

Loo B P Y, Lam W W Y, 2015. Does neighbourhood count in affecting children's journeys to schools? [J]. Children's Geographies, 13(1): 89-113.

Lorena L A, Senne E L, 2004. A column generation approach to capacitated p-median problems[J]. Computers & Operations Research, 31(6): 863-876.

Lotfi S, Koohsari M J, 2009. Measuring objective accessibility to neighborhood facilities in the city (A case study: Zone 6 in Tehran, Iran)[J]. Cities, 26(3): 133-140.

Lu M, Sun C, Zheng S, 2017. Congestion and pollution consequences of driving-to-school trips: A case study in Beijing[J]. Transportation Research Part D: Transport and Environment, 50: 280-291.

Lucy W, 1981. Equity and planning for local services[J]. Journal of the American Planning Association, 47(4): 447-457.

Lyson T A, 2002. What does a school mean to a community? Assessing the social and economic benefits of schools to rural villages in New York[J]. Journal of Research in Rural Education, 17(3): 131-137.

MacLeod J, 2018. Ain't no makin'it: Aspirations and attainment in a low-income neighborhood[M]. New York: Routledge.

Malczewski J, Jackson M, 2000. Multicriteria spatial allocation of educational resources: An overview[J]. Socio-Economic Planning Sciences, 34(3): 219-235.

Mandujano P, Giesen R, Ferrer J C, 2012. Model for optimization of locations of schools and student transportation in rural areas[J]. Transportation Research Record: Journal of the Transportation Research Board, (2283): 74-80.

Martin D, Atkinson P, 2001. Investigating the spatial linkage of primary school performance and catchment characteristics[J]. Geographical and Environmental Modelling, 5(1): 67-83.

Massey D S, Denton N A, 1988. The dimensions of residential segregation[J]. Social Forces, 67(2): 281-315.

McDonald N C, 2010. School siting: Contested visions of the community school[J]. Journal of the American Planning Association, 76(2): 184-198.

McDonald N. C, Steiner R L, Lee C, Rhoulac Smith T, Zhu X, Yang Y, 2014. Impact of the safe routes to school program on walking and bicycling[J]. Journal of the American Planning Association, 80(2): 153-167.

McFadden D, Train K, 2000. Mixed MNL models for discrete response[J]. Journal of Applied Econometrics: 447-470.

McLafferty S, 1982. Urban structure and geographical access to public services[J]. Annals of the Association of American Geographers, 72(3): 347-354.

Mendenhall R, DeLuca S, Duncan G, 2006. Neighborhood resources, racial segregation, and economic mobility: Results from the Gautreaux program[J]. Social Science Research, 35(4): 892-923.

Miller H, 1991. Modelling accessibility using space-time prism concepts within geographical information systems[J]. International Journal of Geographical Information Systems, 5(3): 287-301.

Miller H, 2007. Place-based versus people-based geographic information science[J]. Geography Compass, 1(3): 503-535.

Miller H J, 1999. Measuring space-time accessibility benefits within transportation networks: Basic theory and computational procedures[J]. Geographical Analysis, 31(1): 1-26.

Millington J, Butler T, Hamnett C, 2014. Aspiration, attainment and success: An agent-based model of distance-based school allocation[J]. Journal of Artificial Societies and Social Simulation, 17(1): 10.

Miranda R A, Tunyavong I, 1994. Patterned inequality? Reexamining the role of distributive politics in urban service delivery[J]. Urban Affairs Quarterly, 29(4): 509-534.

Miyagawa M, 2009. Order distance in regular point patterns[J]. Geographical Analysis, 41(3): 252-262.

Møller-Jensen L, 1998. Assessing spatial aspects of school location-allocation in Copenhagen[J]. Geografisk Tidsskrift-Danish Journal of Geography, 98(1): 71-80.

Moore G C, ReVelle C, 1982. The hierarchical service location problem[J]. Management Science, 28(7): 775-780.

Mueller E, Van Zandt S, 2014. Beyond "Accidents of Geography": Using housing policy to improve access to quality education[M]//Ingram G K, Kenyon D A. Education, land and location. Cambridge: Lincoln Institute of Land Policy: 325-353.

Müller S, 2011. Assessment of school closures in urban areas by simple accessibility measures[J]. Erdkunde: 401-414.

Müller S, Haase, K, Kless S, 2009. A multiperiod school location planning approach with free school choice[J]. Environment and Planning A, 41(12): 2929-2945.

Müller S, Haase K, Seidel F, 2012. Exposing unobserved spatial similarity: evidence from German school choice data[J]. Geographical Analysis, 44(1): 65-86.

Müller S, Tscharaktschiew S, Haase K, 2008. Travel-to-school mode choice modelling and patterns of school choice in urban areas[J]. Journal of Transport Geography, 16(5): 342-357.

Musset P, 2012. School choice and equity: current policies in OECD countries and a literature review[R].

Neutens T, Delafontaine M, Schwanen T, Van de Weghe N, 2012. The relationship between opening hours and accessibility of public service delivery[J]. Journal of Transport Geography, 25: 128-140.

Neutens T, Schwanen T, Witlox F, De Maeyer P, 2010. Equity of urban service delivery: a comparison of different accessibility measures[J]. Environment and Planning A, 42(7): 1613-1635.

Noreisch K, 2007. School catchment area evasion: the case of Berlin, Germany[J]. Journal of Education Policy, 22(1): 69-90.

Norton R K, 2007. Planning for school facilities: School board decision making and local coordination in Michigan[J]. Journal of Planning Education and Research, 26(4): 478-496.

O' Kelly M E, 1986. The location of interacting hub facilities[J]. Transportation Science, 20(2): 92-106.

Ogryczak W, 2009. Inequality measures and equitable locations[J]. Annals of Operations Research, 167(1): 61-86.

Omer I, 2006. Evaluating accessibility using house-level data: A spatial equity perspective[J]. Computers, Environment and Urban Systems, 30(3): 254-274.

Östh J, Andersson E, Malmberg B, 2013. School choice and increasing performance difference: A counterfactual approach[J]. Urban Studies, 50(2): 407-425.

Pacione M, 1989. Access to urban services—the case of secondary schools in Glasgow[J]. Scottish Geographical Magazine, 105(1): 12-18.

Park J, Kim B I, 2010. The school bus routing problem: A review[J]. European Journal of Operational Research, 202(2): 311-319.

Parsons E, Chalkley B, Jones A, 2000. School catchments and pupil movements: A case study in parental choice[J]. Educational Studies, 26(1): 33-48.

Passmore S, 2002. Education and smart growth: Reversing school sprawl for better schools and communities[R]. Funders' Network for Smart Growth and Livable Communities.

Pearce J, 2000. Techniques for defining school catchment areas for comparison with census data[J]. Computers, Environment and Urban Systems, 24(4): 283-303.

Perry C A, 1929. City planning for neighborhood life[J]. Social Forces, 8(1): 98-100.

Pizzolato N D, Barcelos F B, Lorena N, Antonio L, 2004. School location methodology in urban areas of developing countries[J]. International Transactions in Operational Research, 11(6): 667-681.

Reardon S F, O' Sullivan D, 2004. Measures of spatial segregation[J]. Sociological Methodology, 34(1): 121-162.

Reardon S F, Grewal E T, Kalogrides D, Greenberg E, 2012. Brown fades: The end of court-ordered school desegregation and the resegregation of American public schools[J]. Journal of Policy Analysis and Management, 31(4): 876-904.

ReVelle C S, Eiselt H A, 2005. Location analysis: A synthesis and survey[J]. European Journal of Operational Research, 165(1): 1-19.

ReVelle C S, Swain R W, 1970. Central facilities location[J]. Geographical Analysis, 2(1): 30-42.

Richards M P, 2014. The gerrymandering of school attendance zones and the segregation of public schools: A geospatial analysis[J]. American Educational Research Journal, 51(6): 1119-1157.

Rivkin S, 2016. Desegregation since the Coleman report: racial composition of schools and student learning[J]. Education Next, 16(2): 28-38.

Roscigno V J, Tomaskovic-Devey D, Crowley M, 2006. Education and the inequalities of place[J]. Social Forces, 84(4): 2121-2145.

Rouse C E, Barrow L, 2009. School vouchers and student achievement: Recent evidence and remaining questions[J]. The Annual Review of Economics, 1(1): 17-42.

Rowe E E, Lubienski C, 2017. Shopping for schools or shopping for peers: public schools and catchment area segregation[J]. Journal of Education Policy, 32(3): 340-356.

Rubinowitz L S, Rosenbaum J E, 2000. Crossing the class and color lines: From public housing to white suburbia[M]. Chicago: University of Chicago Press.

Sack R D, 1986. Human Territoriality: Its Theory and History[M]. New York: Cambridge University Press.

Sampson R J, 2012. Great American city: Chicago and the enduring neighborhood effect[M]. Chicago: University of Chicago Press.

Sanbonmatsu L, Kling J R, Duncan G J, et al., 2006. Neighborhoods and academic achievement results from the Moving to Opportunity experiment[J]. Journal of Human Resources, 41(4): 649-691.

Saunders P, 2003. Social theory and the urban

question[M]. London: Routledge.

Saunders P, Harris C, 1990. Privatization and the consumer[J]. Sociology, 24(1): 57-75.

Schittekat P, Sevaux M, Sorensen K, 2006. A mathematical formulation for a school bus routing problem[C]//Service Systems and Service Management, 2006 International Conference on IEEE, 2: 1552-1557.

Schrader J G, 1963. School site selection[S]. American Society of Planning Officials, No. 175.

Schwartz H, 2011. Housing Policy Is School Policy: Economically Integrative Housing Promotes Academic Success in Montgomery County, MD[J]. The Education Digest, 76(6): 42.

Serban N, 2011. A space-time varying coefficient model: The equity of service accessibility[J]. The Annals of Applied Statistics: 2024-2051.

Shahraki A A, Ebrahimzadeh I, Kashefidoost D, 2016. Distributional planning of educational places in developing cities with case studies[J]. Habitat International, 51: 168-177.

Shen Q, 1998. Spatial technologies, accessibility, and the social construction of urban space[J]. Computers, Environment and Urban Systems, 22(5): 447-464.

Sher J P, Tompkins R B, 1976. Economy, Efficiency, and Equality: The Myths of Rural School and District Consolidation[R].

Siegel-Hawley G, 2014. Mitigating Milliken? School district boundary lines and desegregation policy in four southern metropolitan areas, 1990–2010[J]. American Journal of Education, 120(3): 391-433.

Singleton A D, Longley P A, Allen R, et al., 2011. Estimating secondary school catchment areas and the spatial equity of access[J]. Computers, Environment and Urban Systems, 35(3): 241-249.

Smrekar C E, Bentley L, 2011. HOPE VI neighborhoods and neighborhood schools: Understanding how revitalized neighborhoods influence school environments[J]. Peabody Journal of Education, 86(4): 416-435.

Smrekar C, Goldring E, 1999. School Choice in Urban America: Magnet Schools and the Pursuit of Equity[M]. Williston, VT: Teachers College Press.

Soja E, 2009. The city and spatial justice[J]. Justice Spatiale/Spatial Justice, 1.

Sutcliffe C M S, Board J L G, 1986. Designing secondary school catchment areas using goal programming[J]. Environment and Planning A, 18(5): 661-675.

Symaco L P, Brock C, 2013. Educational space[J]. Comparative Education, 49(3): 269-274.

Taleai M, Sliuzas R, Flacke J, 2014. An integrated framework to evaluate the equity of urban public facilities using spatial multi-criteria analysis[J]. Cities, 40: 56-69.

Talen E, 2001. School, community, and spatial equity: An empirical investigation of access to elementary schools in West Virginia[J]. Annals of the Association of American Geographers, 91(3): 465-486.

Teixeira J C, Antunes A P, 2008. A hierarchical location model for public facility planning[J]. European Journal of Operational Research, 185(1): 92-104.

Tello J E, Jones J, Bonizzato P, et al., 2005. A census-based socio-economic status (SES) index as a tool to examine the relationship between mental health services use and deprivation[J]. Social Science & Medicine, 61(10): 2096-2105.

Torma T, 2004. Back to School for Planners[J]. Planning Commissioners Journal, 56: 3-10.

Tsang M C, 2003. School choice in the People's Republic of China[J]. Choosing choice: School choice in international perspective: 164-195.

Tsang M C, Ding Y, 2005. Resource utilization and disparities in compulsory education in China[J]. China Review: 1-31.

Tsou K W, Hung Y T, Chang Y L, 2005. An accessibility-based integrated measure of relative spatial equity in urban public facilities[J]. Cities, 22(6): 424-435.

Vigdor J, Ludwig J, 2007. Segregation and the black-white test score gap[R]. National Bureau of Economic Research, No. w12988.

Vincent J M, 2006. Public schools as public infrastructure: Roles for planning researchers[J]. Journal of Planning Education and Research, 25(4): 433-437.

Vyas S, Kumaranayake L, 2006. Constructing socio-economic status indices: how to use principal components analysis[J]. Health Policy Planning, 21(6): 459-468.

Walker S R, 1979. Educational services in Sydney: Some spatial variations[J]. Geographical Research,

17(2): 175-192.

Wu F, 2016. Emerging Chinese cities: Implications for global urban studies[J]. The Professional Geographer, 68(2): 338-348.

Wu F, Webber K, 2004. The rise of "foreign gated communities" in Beijing: Between economic globalization and local institutions[J]. Cities, 21(3): 203-213.

Wu Q, Cheng J, Chen G, et al., 2014. Socio-spatial differentiation and residential segregation in the Chinese city based on the 2000 community-level census data: A case study of the inner city of Nanjing[J]. Cities, 39: 109-119.

Wu Q, Zhang X, Waley P, 2016. Jiaoyufication: When gentrification goes to school in the Chinese inner city[J]. Urban Studies, 53(16): 3510-3526.

Wu X, 2013. The school choice market in China: a case study[J]. Educational Research, 55(2): 195-218.

Yasenovskiy V, Hodgson J, 2007. Hierarchical Location-Allocation with Spatial Choice Interaction Modeling[J]. Annals of the Association of American Geographers, 97(3): 496-511.

Yoon E S, Lubienski C, 2017. How Do Marginalized Families Engage in School Choice in Inequitable Urban Landscapes? A Critical Geographic Approach[J]. Education Policy Analysis Archives, 25: 42.

Yuan X, Fang X, Liu Y, et al., 2013. Development of urban adaptation and social identity of migrant children in China: A longitudinal study[J]. International Journal of Intercultural Relations, 37(3): 354-365.

Zawacki-Richter O, Bäcker E M, Vogt S, 2009. Review of distance education research (2000 to 2008): Analysis of research areas, methods, and authorship patterns[J]. The International Review of Research in Open and Distributed Learning, 10(6): 21-50.

Zheng S, Hu W, Wang R, 2016. How much is a good school worth in Beijing? Identifying price premium with paired resale and rental data[J]. The Journal of Real Estate Finance and Economics, 53(2): 184-199.

后记

走出清华园，又是一个六年，不禁感叹时光飞逝。

我们处于一个瞬息万变的时代，人口形势、教育与住房体制、空间规划体系都在发生前所未有的变化。教育空间真实存在于我们的日常生活，其规划问题也绝非抽象而孤立的存在，值得跨界的持续探讨。书中难免疏漏错误之处，归于我自己。

感谢中国建筑工业出版社的陆新之副总编、徐冉、刘静、赵赫诸位编辑老师，对本书选题的认可，在修改过程中耐心、严谨、专业的态度。感谢每一位读者，期待您的批评指正。

本书基于博士论文研究，在资料收集、调查、访谈、讲座、课程学习等研究过程中得到许多老师、同学、朋友的无私帮助，在此恕不能一一详述。感谢我的导师尹稚教授，在学业、事业各方面的长期指导和关怀。

感谢北京林业大学园林学院和城乡规划系的各位领导、老师和同事，在事业初期给予我的研究平台和空间，得以完善本书。感谢北京林业大学城规22-1班的王雨晨同学，在插图改绘、文献校对等方面提供的帮助。

感谢父母对我不断的鼓励和支持，谢谢一直关心爱护我的朋友们！

毕波
2024年7月

本书基金支持

国家自然科学基金青年科学基金项目：
面向儿童友好的城市通学空间可步行性测度与优化研究（52008024）。

北京市社会科学基金青年项目：
基于多源数据融合的北京义务教育空间区划决策支持研究（20JYC013）。